现代校对学概论

周 奇◉编著

苏州大学出版社

图书在版编目(CIP)数据

现代校对学概论/周奇编著.—苏州：苏州大学出版社,2005.6(2010.1 重印)
(现代出版学丛书;2)
ISBN 978-7-81090-476-6

Ⅰ.现…　Ⅱ.周…　Ⅲ.校对-概论　Ⅳ.G232.2

中国版本图书馆 CIP 数据核字(2005)第 045752 号

现代出版学丛书
Contemporary Publication Studies Series

总策划

吴培华

现代校对学概论

编　著

周　奇

责任编辑

周　敏　丁　姗

出版发行

苏州大学出版社
(苏州市干将东路200号　邮编　215021)

印　刷

丹阳教育印刷厂
(丹阳市西门外　邮编 212300)

开本　720mm×940mm　1/16
印张　19.25　**字数** 310 千
版次　2005 年 6 月第 1 版　2010 年 1 月第 2 次印刷
书号　ISBN 978-7-81090-476-6
定价　25.00 元

现代出版学丛书

CONTEMPORARY PUBLICATION STUDIES SERIES

现代出版学丛书

出版者的话

Editor's words

为了适应出版产业培养复合型人才的需要，为了促进出版这一与时俱进、以创新为灵魂的内容产业的发展，也出于编辑出版学科建设的需要，我们于2004年推出了现代出版学丛书第一辑（七种），引起了业内强烈的反响，获得了广泛的好评，在此基础上，我们又策划了第二辑（六种）。我们对于本套丛书的设想是立足于创新，尽可能地吸收中国出版业发展的最新内容，改革的动态、技术的革新、政策的变化、发展的趋势都将纳入我们的视野。我们对于作者的选定侧重在那些长期关注中国出版业发展的教育工作者和理论研究工作者，他们中有担任过领导工作又长期从事出版理论研究的专家，有在编辑出版教育第一线耕耘不止的园丁，有在编辑出版管理部门从事实际工作的理论工作者，虽然他们分布在全国各地，从事的工作不同，但是都有一个共同点，就是都在为繁荣中国的出版事业而努力，他们的工作异常繁忙。

然而，正是因为创新的立足点和作者选定的侧重点，决定了本套丛书也许会出现很多缺憾。我们将在广泛收集反馈信息的基础上，选择适当的时机及时对本丛书进行修订。因此，我们真诚地希望广大读者、教育工作者和理论研究工作者出于对本丛书的爱护，对其中的不足之处和疏漏讹误，不吝赐教。我们虚心期待着大家的意见、建议，甚或是严厉的批评，因为我们对中国出版业的拳拳之心是共同的。

总序

Preface

书籍，是人类传承文明的主要载体；近代兴起了报纸和杂志，于是文明传承又多了一种工具和媒介，从而新闻与出版并称。但是二者在传承文明过程中所起的作用和各自的特点有所不同。报纸杂志的时效性强、内容多样；书籍则传世久远、影响深远。二者相济，既及时反映了即时发生的情况，又引导人们思考过去、现在和未来，于是人类的文明得以播散和流传。

任何国家的新闻出版事业都是为自己国家的利益服务的，绝无功利的新闻出版事业从来不存在。过去，我国的新闻出版事业只注重了它的宣传作用，而忽略了它还有商品性的一面。这是计划经济导致的必然结果。改革开放以后，人们很快意识到了出版事业的二重性：意识形态属性和商品属性。我国的新闻出版业，一方面要发挥党和人民喉舌的作用，另一方面也要按照社会主义市场经济的规律去建设、发展、生产和流通，这两种属性是并行不悖、相辅相成的。只有按照市场经济的规律去建设、发展、生产和流通，才能更好地宣传科学的理论、正确的思想，弘扬正气，凝聚人心；也只有坚持正确的导向，乘市场经济的浪潮发展，才不致于迷乱了本性，才能为最广大人民的根本利益服务，才能在世界范围内形成自己的特色，参与国际出版业的激烈竞争。

无论是哪个国家的出版业，也无论从我国出版事业的哪一方面的属性来说，要使这一事业发展壮大，人才都是关键。特别是我国的出版事业正处在由传统的生产方式向现代生产方式转变的过程当中，人才的问题更加显得重要而急迫。

现代的出版业需求怎样的人才呢？我想，这样的人才除了应该熟悉现代新闻出版的经营方式方法之外，还需要有较高的理论素养、创新的意识和能力。后者也许比前者更为重要，因为经营的方式方法可以在实践中摸索、总结，而理论修养和创新能力却需要较长时间的积累和一定的悟性，需要良好的环境和条件的熏陶与培育。

如果以上述的标准衡量，应该承认，我国新闻出版界的人才结构和知识结构的确急需改善。同时我们应该看到，我国出版教育事业要承担起培养新型出版人才的历史重任，还有很多工作要做，还有很长的路要走。在诸多应该做的工作当中，编写出版具有理论深度的著作和具有时代特色的教材是其中最重要的基础性建设。

目前比较系统的一套出版学丛书还是十年前编写的。出版事业和社会生活几乎是同步前进的，在"知识爆炸"的今天，出版事业的发展可谓一日千里，也只有一日千里才能跟上时代。永远向前看，这是出版业的重要特征。因此，原有的读物显然已经不能完全满足当前的需要。现在出版的这套由我国新闻出版界一批著名专家策划并编写的《现代出版学丛书》，就是为了跟上出版业改革发展的形势，根据他们在这一领域中多年积累的经验、最新的发展动态、研究的最新成果和对未来的深刻思考编写而成的，供正在出版事业前沿努力奋斗的专业人员和有志于投身这一事业的年轻人学习之用。

参加策划和编写的专家，都在出版业的各个方面工作过多年，有的担任过出版业领导工作并长期从事出版理论研究，有的在出版教育领域耕耘时久，有的一直在出版部门从事实际工作。他们虽然分布在全国各地，专业也不尽相同，但是有着一个共同的特点，这就是始终紧跟时代的脚步，密切关注着国际上出版界的动态，苦苦思考着我国的出版业如何适应21世纪中国和世界的情况。

任何著作都不可能十全十美，因为就在作者研究、写作的时候，客观情况已经在变化了；再加上每个人占有的资料很难滴水不漏，观察的角度彼此或异，如果读者发现这套丛书还有什么不足和可议之处，我看应属正常。我们总不能等到一切都研究得完美了再来编写——实际上永远不会有这样一天，重要的是做起来，教起来，学起来。

我衷心希望这套丛书尽快出齐，在听取读者的意见后不断修改提高，使之成为具有权威性的读物和教材；我同时希望我国的出版教育界以这套丛书的出版为新的起点，加强科学研究，逐步形成和完善具有中国特色的出版理论体系，使我国的出版事业不仅在数量和质量方面达到与我国的国际地位相应的水平，出色地承担起传承人类文明的重任，而且在理论建树和人才储备方面也能令世界刮目相看。

许嘉璐

于日读一卷书屋

Contemporary Publication

现代出版学丛书

目录

Contents

第四章　现代校对的主体、客体和校对活动过程

第五章　现代校对的方法

第六章　现代校对的技术

第七章　现代校对的基本制度

第八章　校对的思维

第九章　校对的阅读

第十章　校对的心理

第十一章　原稿和校样上常见差错类型

第十二章　书面材料文字出错的规律

第十三章　专业图书的校对

第十四章　校对的人才

第十五章　现代校对的管理

附　录

第一章 绪论

第一节

研究现代校对学的意义

本书定名为“现代校对学”，是为了区别于古代校雠学。现代校对学脱胎于古代校雠学，但不等同于古代校雠学，它既是对古代校雠学的继承，又是在现代出版条件下对古代校雠学的发展。

古代的校雠活动，有史可考的，可以上溯到西周时代。《国语·鲁语》记载：“昔正考父校商之名颂十二篇于周太师，以《那》为首，归以祀其先王。”正考父是周宣王时代宋国的大夫，而宋系商后裔的封国，保留了商代祭祀配乐的歌辞，这种歌辞通称“颂”，正考父搜集到十二篇名颂，请朝廷掌管礼乐、精通音律的太师帮助校正。汉代学者孔颖达经过考证，认为确有其事。他在《商颂谱疏》中解释说：“然言‘校’者，宋之礼乐虽则亡散，犹有此诗之本。考父恐其舛谬，故就太师校之也。”正考父校商颂的目的十分明确：恐其舛谬，以归其真正。正考父的校书活动距今已有两千八百多年。正考父之后，为了中华文化的传承，历代都有一批学者参与校书活动，著名的有孔子、刘向、刘歆、班固、郑玄、孔颖达、杜预、颜师古、陆德明、彭叔夏、郑樵、吴缜、岳珂、朱熹、何焯、戴震、章学诚、段玉裁、王念孙、顾广圻、阮元、俞樾等。

校雠成为学术，始于西汉，经过历代校雠家的实践、总结、提炼、概括，产生了许多校雠学著作，其中著名的如《校雠略》《新唐书纠谬》《经典释文》《论校雠》《校雠通论》《文苑英华辨证》《十三经注疏校勘记》《思适斋集》《群书拾补》《读书杂志》《校雠通义》《与诸同志论校雠之难》《古书疑义举例》以及现代出版的《刘向校雠学纂微》《校勘学释例》《校雠广义》《郑氏校雠学发微》等。

现代校对只有一百多年的历史，现代校对学的理论体系还有待建立。借鉴古代校雠学的理论成果，总结现代校对的实践经验，探索现代校对学的理论体系,是当代校对理论工作者不可推卸的责任。

古代校雠成为“治书之学”,是校理古籍、传承文化的客观需要。其一,古人著书用字,常假借同音字,给后人读书造成困难,必须找到它的本字并照本字去读,方能解读古书。汉代学者郑玄说:“其始书之也,仓卒无其字,或以音类比方,假借为之,趣于近之而已。”〔1〕不加校理,古代文化难以传承。其二,古书经辗转传抄翻刻,加之后人以意刊改,以致渐失原貌,需要校理以归其真正,恢复古书的原貌。《校仇学史》指出:“盖往古典籍,既经金石竹简缣纸之变,复因数千年之传抄翻刻,讹误漏阙,势所难免。……是古书之流传,已失本来面目。后人日读误书,驯至作者之本意,日就否塞,遂以一字之非,引起学者哓哓之争辩。故校雠之学,实为学者应有之学术。”〔2〕其三,两千多年来,我国不断发生战乱,使大量古书毁于战火,幸存的古书多残缺不全。正如王叔岷所说:“我国古籍,秦火之后,代有散亡,即或求而复出,得之先后不同,存者多寡亦异,虽经先儒整理,又难免改文以意,其间错杂窜乱,曷可胜纪?”〔3〕每次战乱之后,为了文化传承,必定兴起古书校雠。《清代学术概论》这样评说校雠的历史贡献:校雠的“直接效果是:一、吾辈向觉难读难解之古书,自此可以读可以解;二、许多讹书及书中窜乱芜秽者,吾辈可以知所别择,不复虚糜精力;三、有久堕之哲学,或前人向不注意之学,自此皆卓然成一专门学科,使吾辈学问之内容日益丰富”〔4〕。清代是我国校雠史上的鼎盛时期,梁启超曾这样评价清代校雠家们的历史功绩:“清儒之有功于史学者,更一端焉,则校勘也。古籍传习愈希者,甚传抄踵刻讹谬愈甚,驯致不可读,而其以废。清儒则博征善本以校勘之。”〔5〕

英国著名历史学家汤因比认为,古代埃及、苏末、米诺斯、马雅、安第斯及古代中国的文明,都是直接从原始社会产生的。但是,在人类社会历史上最早出现的这六个文明社会中,苏末、米诺斯、马雅、安第斯等四大文明早已在地球上消失,只留下一些建筑遗迹和文物;近代埃及文明也非古

---

〔1〕 转引自程千帆,徐有富著.校雠广义·校勘编.济南:齐鲁书社,1998.106

〔2〕 蒋元卿著.校仇学史.上海:上海书店,1991.4

〔3〕 王叔岷著.校雠通例.载历史语言研究所集刊,第二十三本下册。

〔4〕 蒋元卿著.校仇学史.上海:上海书店,1991.4

〔5〕 梁启超著.饮冰室合集.转引自程千帆,徐有富著.校雠广义·校勘编.济南:齐鲁书社,1998.22

代埃及文明的继续。自远古以来的一切文明中，历经几千年风雨，得以维持其文明性格一贯性的，惟有中国文化。[1] 汤因比的观点是符合历史事实的。然而，在世界文明史上，何以只有中国文化从远古到今天持续不断呢？多少年来，中外学者都在研究这个问题，都试图揭示中国文化历经几千年风雨而持续不断的原因，并给出了各种各样的答案。例如，封闭的地理环境，单一的田园经济所具有的内聚力，经长期融合而形成的多民族的集合体，等等。应当说，在中国文明发展史中，由于世代相续不断的校雠活动，保证了历史文化典籍的世代传承，是一个极为重要的原因。站在中国文明发展史的高度，我们会更加清楚地认识到校雠活动伟大的历史作用。

两千多年来，校雠一直是"治书之学"，是主要的编辑活动，所以，编校历来是合一的。历史上的编辑家都是校雠家。

校对同编辑分离，成为独立的专业和专门的学术，是近代以后的事，是为了适应出版事业的客观需要，是出版生产力发展的必然结果。铅活字排版和机器印刷使图书批量规模生产成为可能，导致图书出版的迅猛发展。图书出版生产的系统化、流程化，促使校对从编辑中分流出来而成为出版工作的独立专业、成为出版生产流程的独立工序。我国最早设置与编辑机构并列的校对机构的是建立于一百多年前的商务印书馆，它设有华文校对部和西文校对部[2]。

现代校对在图书出版生产流程中，已经成为编辑后、印制前的质量把关工序，它以编辑发排文本（通称"原稿"）和依据原稿排版打印的样张（通称"校样"）为工作对象，以猎错纠谬为手段，将一切差错消灭在图书出版之前，实现对编辑工作的补充和完善，从而成为图书编辑工作的必要延续，成为图书质量保障体系的最后防线。现代校对在经历了一百多年的实践后，逐渐形成专门的学问。

现在出版界流行一种错误观点，否认校对的学问，认为"校对是字对字，是简单劳动"。认识上的错误，导致出版工作决策的失误。几十年来，出版界一直将校对看做"技术性工作"，将校对机构定位为"出版技术部门"，在校对高级职称后面特别加注"（技术）"；更有甚者，许多出版社

---

〔1〕 转引自戴文葆. 编辑工作的重要意义. 论编辑和编辑学. 北京：中国书籍出版社，1991.10

〔2〕 瞿兆鸣. 我国印刷业概况调查. 中国印刷史资料汇编（第一辑）

否认校对专业独立存在的必要性，推行“编校合一”。然而，事物总是按照客观规律发展的，违背客观规律，轻视校对工作，必然遭受惩罚。

校对的基本方法之一是“对校”，对校当然要“字对字”；但是，“字对字”并不能涵盖校对的全部内容，而且即使是“字对字”也绝非“简单劳动”。现代学者蒋元卿在《校仇学史》一书中指出：“校雠之事，常人每以为能两本勘比，记其异同，便自诩为能事，其实不然。”[1]“校雠一事，似易而实难，似粗而实细，不明校雠之法，固不能为功；然即有精密之方法，若不悉古书致误之由，则亦无所施其技。”[2]现代校对也是如此，自有其独特的思维、独特的方法、独特的功能、独特的规律。只有掌握了方法，掌握了规律，才能在校对实践中得心应手。

我们研究现代校对学，研究它的客观规律性，构建现代校对学理论体系，有三个直接的目的：其一是指导校对实践，造就校对人才，提高校对工作的质量，从而保证出版事业的健康发展；其二是针对出版界的错误观点，从理论上作出回答，从而提高出版界对校对工作的认识，形成重视校对工作、尊重校对人才的良好出版环境；其三，其终极目的当然还是为了全面实现校对功能，将一切差错消灭在图书出版之前，为读者、为后代提供“可以读可以解”的优质图书。

何谓学？“学”就是毛泽东在《实践论》中说的“论理的认识”，即对客观事物的全面的本质的规律性认识。认识来源于实践，但人的认识不能停留在感性阶段。毛泽东在《实践论》中指出：“认识的真正任务在于经过感觉而到达于思维，到达于逐步了解客观事物的内部矛盾，了解它的规律性，了解这一过程和那一过程间的内部联系，即到达于论理的认识。”现代校对学就是关于现代校对活动的“论理的认识”。我国的校对工作已有两千多年的历史，古代的校雠工作留给我们十分丰富的宝贵遗产；现代的校对工作也有一百多年的历史，积累了丰富的实践经验。研究古代校雠的历史遗产，总结现代校对的丰富经验，从而得到对校对工作的全面的本质的认识，建立现代校对学理论体系，用以指导实践，并在实践中不断证实和发展真理，其意义是现实的又是深远的。

---

〔1〕 蒋元卿著. 校仇学史. 上海：上海书店，1991. 3

〔2〕 蒋元卿著. 校仇学史. 上海：上海书店，1991. 5

第二节

现代校对学的研究对象

独有的研究对象是一门学科存在的前提。校对学作为一门学科,其独有的研究对象是校对活动。

校对活动包括校对的外部活动和内部活动。校对的外部活动,指校对工序在出版生产流程中与其他工序的分工和合作。校对的内部活动,指校对过程中的各种矛盾运动。校对学的研究对象,就是校对的外部活动、内部活动及其矛盾运动的客观规律性。

图书出版生产是个系统工程。由新闻出版署颁布的《图书质量保障体系》把图书的质量保障分为前期、中期、后期三个环节,前期指选题策划和物色作者,其质量表现为选题和书稿的优化;中期又分为前后两个阶段,前阶段的工作是对书稿的审读和加工,以及图书的装帧设计,后阶段的工作是排版制片过程中的校对;后期指印刷装订成书,实现装帧设计要求。前期及中期前阶段图书质量保障的主体是编辑。编辑按照社会和读者的需求,策划选题,物色作者,然后以作者的原创书稿为客体,以审读、加工为手段,来实现选题策划要求,保障图书的内在质量。书稿发排后,意味着编辑工作基本结束,校对接替编辑进入角色,成为图书内在质量保障的主体。由于校对处在编辑后、印制前的关键环节,其作用举足轻重。编辑工作如果存在疏漏,可以在校对环节得到弥补和完善;而校对工作如果失检,就会给图书成品造成无可挽回的错误,错误多的图书甚至会成为废品而不能进入市场,图书质量保障工作因而功亏一篑。

从上述可知,校对工作虽然是出版生产流程中的独立工序,但是它不是孤立存在的,它与编辑工作紧密衔接,又与排版制片工作交叉进行,且与这两项工作既相互依存又相互对立,它是对编辑工作和排版工作的补充和完善,又是对编辑工作和排版工作的检查和监督,从而形成校对外部活动的矛盾运动。编、排、校之间以查错改错为特征的矛盾运动，贯穿于一本书稿的校对全过程，直至查错改错目的实现才会终止。

校对作为图书出版系统工程的独立环节，其内部也是一个系统工程，是出版大系统的子系统。任何系统都是由若干要素组成的。校对系统具有诸多要素，如校对主体、校对客体、不同校次、不同校法、不同功能、组织调度、质量监控、质疑、排疑等等，它们构成校对活动的系统工程。其中，校对主体的多元性，校对客体的多样性，不同校次、不同校法、不同功能的差异性和互补性，组织调度、质量监控的复杂性，校对操作的集体交叉与责任校对负责的结合，以及校对质疑与编辑排疑的结合，形成校对的内部活动的矛盾运动。

校对的外部活动和内部活动给我们提出了一系列研究课题，主要有：校对活动的起源及其演变；现代校对与古代校雠的联系和区别；现代校对的性质和特征及其与编辑工作的联系和区别；校对活动的功能、价值及其在出版工作中的作用和地位；校对的外部活动与内部活动之间的联系；作者校对、编辑校对与专业校对员校对的联系与区别；校对活动的过程及主体和客体的矛盾运动；校对主体的心理活动对校对活动的影响以及良好心理素质的养成；校对客体出错的类型及出错的内在规律；校对活动的方法、技能以及方法、技能的综合运用；计算机校对及其与人工校对的结合；校对活动的校读方式和思维方式及其对猎错改错的影响；校对主体的基本素质、知识结构及校对人才的培养；校对活动的组织管理与质量管理。

现代校对学，既要研究校对外部活动的客观规律，探索协调编、排、校的关系，使三者和谐合作并形成合力的途径和方法；又要研究校对内部活动的客观规律，探索校对活动过程的有序化和校对效能的优质化；还要研究校对主体的心理活动，校对客体出错的内在规律，校对队伍的建设和校对人才的培养。最后，要对校对外部活动和校对内部活动进行综合研究，把外部活动和内部活动联系起来，从而认识校对活动的本质特征和基本规律，构建现代校对学的理论体系，使之成为一门独立的、新兴的学科。

第三节

现代校对学的理论体系

现代校对学理论由三部分内容组成:其一,现代校对学的基本概念、一般概念和由它们组成的校对概念系统;其二,对概念及其相互关系的理论分析和从理论分析中得出的原理原则;其三,将上述内容按照它们的内在联系和逻辑结构组织而成的理论体系。

现代校对学属于应用科学,其特征是学术兼备、学术相融。

现代校对的"学",指对校对活动的本质特征和基本规律的认识,即校对理论,它所回答的是"是什么""为什么"。现代校对的"术",指校对活动的方式方法、操作程序和校对制度,即校对实务,它所回答的是"做什么""怎么做"。

我们说现代校对学的特征是学术兼备、学术相融,是因为它既不是一种纯学术的基础理论,又不是单纯的应用技术,而是应用科学,其特征是把"是什么""为什么"和"做什么""怎么做"结合起来。现代校对还涉及众多学科知识,需要研究这些学科知识在校对过程中的应用。比如汉字学,它所研究的是汉字的起源、演变、结构特征等等;校对学也涉及汉字学,而它研究的是汉字使用的出错规律和汉字使用正误的辨识方法,其注重点在于应用。又如心理学,它所研究的是认识、情感、意志等心理过程,以及能力、性格等心理特征的规律;校对学也涉及心理学,而它研究的是校对主体在校对过程中的心理活动及其对校对活动的影响,其关注点在于减少乃至消除不良心理因素对校对活动的不利影响。校对活动的具体对象涉及文、史、哲、天、地、生、数、理、化等各门学科,但都是应用这些学科知识解决校对实践中的种种问题。

我们说现代校对学学术兼备、学术相融,还因为校对的"学"与"术"不是截然分开的,而是学中有术、术中有学,两者是辩证的统一。校对活动的终极目的，是将一切差错消灭在图书出版之前，从而保障图书的内在质量，为读者、为社会提供优质图书。因而校对学要解决三个根本问题：一是校对工作与图书出版工作的关系，明确校对的性质、功能、价值以及在出版工作中的作用和地位；二是校对主体与客体的关系，掌握客体存在差错的内在规律，探索最大限度地消灭差错，实现最佳校对效果的科学方法；三是校对过程与校对主体之间的关系，找到激发主动性、能动性、和谐协作、形成合力的方法和机制。把校对子系统与出版大系统结合起来，把"学"与"术"结合起来，把人与物的关系结合起来，把人与人的关系结合起来，这就是现代校对学的理论体系的研究方法。因此，现代校对学研究，必须走理论与实践相结合的道路。脱离校对实践去研究校对理论，只能使校对学研究成为概念游戏；同样，把校对活动看做单纯的技术活动，而不去研究校对活动错综复杂的关系，了解它的客观规律性，也不能得到校对活动的"论理的认识"。

校对学有一系列基本概念，如：校雠，校勘，校对，校对主体，校对客体，校对功能，校对性质、价值、作用和地位，校对过程，校对心理，汉文字使用出错规律，版面格式的出错规律，校对改错的基本原则，等等。校对学还有一系列一般概念：校对主体概念如校对主体多元，作者校对（自校），编辑校对（半自校），专业校对，责任校对，社外校对；校对客体概念如原稿，校样，清样，软片等；校对程序概念如校次，一校，二校，三校，通读检查，对片，核红，过红，文字技术整理等；校对方法和操作技术概念如对校，本校，他校，理校，折校，点校，读校，通读，机校，人机结合校对，质疑，排疑等；校对制度概念如责任校对，集体交叉校对，定额，灭错率，留错率等。这些一般概念都是从基本概念衍生出来的。基本概念构成校对学"学"的范畴，是研究校对学理论体系之网的纽结。一般概念构成校对学"术"的范畴，是研究校对技术系统之网的纽结。把两种纽结连接起来，即是由基本概念和一般概念组成的校对学概念系统。

现代校对学概念系统的核心，是校对主体、校对客体及其矛盾运动。校对客体存在差错的客观性、复杂性和出错原因的多样性，与校对主体消灭差错的主动性、能动性和知识的有限性、投入的有限性构成的矛盾运动，贯穿于校对活动的全过程，因此，建立现代校对学理论体系，必须抓住校对主体和校对客体的矛盾运动这个牛鼻子，同时紧紧地与校对工作和出版工作的关系、校对主体内部的关系联系起来进行研究。

2

第二章

现代校对的概念和性质

第一节

现代校对与古代校雠

现代校对是由古代校雠演化而来的。从古代校雠到现代校对，经历了两千八百多年的演变，演变的动力是出版生产力的发展。现代校对是出版生产现代化的产物，是历史的进步。

校雠史学界认为，我国古代校雠学的发展，经历了五个时期：发轫于孔子，建立于西汉，魏晋以降渐趋衰落，唐宋复兴，至清进入鼎盛期。

有史可考的校书活动，出现在西周宣王时代，即本书《绪论》中所述“正考父校商之名颂”，距今两千八百多年。虽然后代学者孔颖达考证了史书记载的可靠性，但是正考父校商颂毕竟是个例，只能说是我国历史上校书活动的萌芽。历史上真正的校书活动始于正考父的七世孙孔子。孔子为了教学和传道的需要，校理了被后世尊为“六经”的《易》《诗》《书》《礼》《乐》《春秋》。《孔子·家语》上有这样的记载：“齐太史子与适鲁见孔子，孔子与之言道。……遂退而谓南宫敬叔曰：‘孔子生于衰周，先王典籍，错乱无纪。而乃论百家之遗记，考其正义，祖述尧舜，宪章文武，删《诗》述《书》，定《礼》理《乐》，制作《春秋》，赞明《易》道，垂训后嗣，以为法式，其文德著矣。’”春秋末年，周室衰落，礼乐废，诗书缺，先王古籍错乱无序，孔子加以校理删述，使学者知其所归，使先王之道得以传承后世。孔子的校书活动，《史记·孔子世家》里有比较详细的记载。司马迁用“高山仰止，景行行止，虽不能至，心向往之”盛赞孔子的伟大成就。正如孔子的弟子子贡所言：“自生民以来，未有如夫子者也。”

先秦时代为什么将比勘订正古籍的活动叫做“校”呢？

关于“校”字的含义，古代学者有两种说法。其一说认为：校，本义“木囚”，即木制的桎和枷。此说有《说文解字》和《易经》为证。《说文解字》云：“校，木囚也。”《易》曰：“屦校灭趾，何校灭耳。”屦，古代用葛和麻制作的鞋,在此诗句中指代"脚",屦校即锁住双脚的桎;何,通荷,何校即套在脖子上的枷。那么,古代学者为何用木囚的"校"表示校书的"比勘订正"呢?说法也不一。有人认为桎与枷都是两片对合囚人的,先秦的学者们借用它的"对合"义,表示古籍校理时的比勘订正,所以将"校"定义为:比勘篇籍文字同异而求其正。[1] 有人认为,"校"有"就范"之义,从而引申出"考核"。《荀子·君道》云:"知虑取舍,稽之以成;日月积久,校之以功。""校"即"考核",后来又引申为专用于文字的考核。其二说认为:校,本义"横木",即门闩。后作为"榷"的假借字。榷,本义"敲击",引申为推敲、商讨。古代学者们用"校"的"推敲"义表示比勘订正。[2] 明末以后,不少学者用"挍"代"校",释义为"比较"。两种说法有一个共同点:"校"字用于校书,含义是"比勘订正"。

到了西汉,"校"这个词被"校雠"取代。提出"校雠"概念的是西汉的著名学者刘向。刘向为什么用"校雠"取代"校"呢?这还得从刘向所处的时代背景说起。春秋战国时代,周朝衰落,诸侯争霸,战乱不断,正如《史记·孔子世家》所云,礼乐废,诗书缺,纲纪散乱。孔子晚年毅然以传道后世为己任,完成了"六经"的校理工作。也正是此时,百家争鸣,学术昌明,诸子著作,纷纷推出。但是,秦始皇灭六国建立大一统的国家后,推行错误的政策:焚书坑儒,燔灭文章,以愚黔首。收缴烧毁了大量民间藏书。不但扼杀了学术自由,而且烧毁了大量典籍。后来,楚霸王项羽攻陷咸阳,一把火烧毁了秦皇宫,又把宫廷藏书烧毁了。中华文化面临断失的危险。汉朝建国后,为了抢救中华文化,立即着手搜集民间残存藏书。经过一百多年的努力,终于搜集到大量古籍,但是大都残缺不全,错乱相糅。汉成帝河平三年(公元前26年)八月,朝廷开始组织大规模的校书活动,命大夫刘向校经传诸子诗赋,步兵校尉任宏校兵书,太史令尹咸校数术,侍医李柱国校方技,由刘向主持全面校书工作。在当时的历史条件下,刘向校书不仅仅是"比勘文字",还须兼备众本、篇第审定、定立书名、厘定部居、叙述源流,要做大量的搜集、查考、判断、审定工作。显然,如此艰巨复杂的校书活动,只用校的"比勘"义是不够的。于是,刘向创造了"校雠"这个词来表示校书的新功能和新方法。

---

[1] 程千帆,徐有富著.校雠广义·校勘编.济南:齐鲁书社,1998.1

[2] 蒋元卿著.校仇学史.上海:上海书店,1991.1

关于“校雠”的含义，刘向是这样界定的：

一人读书，校其上下得缪（通谬）误，为校；一人读书，一人持本，若怨家相对，故曰雠也。

“一人读书，校其上下得缪误”，是说校书主体是一个人，客体是一本书，校书人采用通读的方法，通过书中的内在矛盾发现并改正谬误。“一人读书，一人持本，若怨家相对”，是说校书主体是两个人或多个人，客体是一种书的不同抄本（通称版本），采用对照读校的方法，发现不同版本之间的差异，再对诸本相异的字词句进行辨析，“择善而从之”，以改正传抄的谬误，恢复原著本来的面目。刘向赋予“校”以新的含义：“校其上下得缪误。”又用“雠”取代“校”的“比勘”义：“一人读书，一人持本，若怨家相对。”

刘向为什么要赋予“校”以新的含义呢？因为在刘向的校书活动中，“校订字句，则其小焉”〔1〕，比勘订正只是校书的基础性工作。刘向校书不仅要“辨异同，订脱误，删复重”，还要“准经义，究得失，述疑似，存别义”，乃至“部次条别，辨章学术，考镜源流”，只用“比勘”显然是不够的。刘向为什么要用“雠”取代“校”的“比勘”义呢？雠，会意字。隹，是“短尾鸟”的象形字，两个“隹”中间夹个“言”，会意为“对鸣”，引申为对答、对比，对头、仇敌。刘向用“雠”表示文字订正，除了用“比勘”义外，还用了“仇敌”义，表示视谬误如仇敌。所以后人又将“校雠”称作“校仇”。刘向创造“校雠”概念，是对校雠学理论的重大发展。它表明校雠之事，“细辨乎一字之微，广极夫古今内外载籍浩瀚”。从刘向开始的校雠活动，日益突破“文字订正”的狭小范围，而成为“治书之学”。用古代校雠家的话来说，“其事以校勘始，以分类终。明其体用，得其鳃理，斯称校雠学”〔2〕。因此，后代校雠家将校雠分为“广义校雠”和“狭义校雠”两类，广义校雠涵盖比勘、版本、目录、典藏，即所谓治书之学；狭义校雠则专指文字比勘订正。

至南北朝时，学者们给狭义校雠定名为“校勘”。勘，会意字，从甚从

〔1〕 章学诚.信摭.转引自程千帆，徐有富著.校雠广义·校勘编.济南：齐鲁书社，1998.3
〔2〕《风俗通义·古制》已佚，据王利器《风俗通义校注》辑本。

力，会意为“覆定”（《玉篇》），表示须细心尽力再三推察而后定。文字比勘订正的学问，从此成为“校雠学”的分支——“校勘学”。校勘又称校刊。刊，本义“削”。据《风俗通义·古制》考证：“刘向为孝成皇帝典校书籍二十余年，皆先书竹，为易刊定。可缮写者，以上素也。”就是说，刘向校书，先将初步校订的书抄写在竹简上，然后再校，发现了谬误，就将其削去，予以改正（刊定）；待全书校定后，才抄写在缣帛上（上素）。从这个考证里，我们可以体会到古代校勘家严肃认真的精神和一丝不苟的态度。

随着出版生产力的发展，校勘工作又出现了分工。东汉发明了纸，隋唐发明了雕版印刷术，使书籍批量复制成为可能，出版生产力因而发生重大革命。古籍经校勘而成定本之后，或新著定稿之后，便可雕版复制，批量出版。雕版复制的工序是：先用毛笔将定本（或定稿）誊写在纸上，叫做“写样”；再将写样与定本（或定稿）对校，改正誊写的错漏；然后将写样反贴在木版上，雕刻复制成书。对写样的校勘，后来称作“校对”。到了宋代，发明了活字排版，因为活字排版容易发生错乱，所以排版完成后必须打样校对，校对从此成为图书出版生产工艺的重要工序。宋版书上署有校对者的姓名，说明那时开始出现编校分工。隋唐开始出现的“校对”，具有现代校对的雏形。到了近代，由于引进铅活字排版和机器印刷技术，出版生产力发生了革命性的变化，催生了我国最早的出版企业，编辑工作和校对工作从此彻底分离，成了出版生产流程的两道工序，从而产生了编辑专业和校对专业。

校（先秦）
　出版方式：甲、金、简
校雠（西汉）
　出版方式：简牍、缣帛、纸抄本
校勘（南北朝）
　出版方式：纸抄本
校勘、校对（隋唐以降）
　出版方式：雕版、活字
近现代校对
　出版方式：铅活字排版、机器印刷

校雠演变示意

我国的校对活动最早出现在西周，历经两千八百多年的发展和演变，由校而校雠而校勘而古代校对而近代校对，发展成现代校对，这是出版生产力不断发展的必然结果。

现代校对是由古代校雠演化而来的，但是同古代校雠有着很大的区别，最主要的区别有三个方面：其一，地位和作用不同。现代校对处在编辑（包括古籍校勘）工作完成之后，成为图书出版生产流程的独立工序，负有消灭排版错漏和弥补编辑工作疏漏的双重使命。其二，对象不同。

现代校对的对象有两个:原稿(编定本,又称发排稿)和校样(依据原稿排版的打印样)。其三,方法不尽相同。古代的校异同,只是发现差错的方法,发现了两种或多种版本之间的“异”,并不能立刻依据哪个版本改正错讹,而必须“据异同而定是非”,“择善而从之”。现代校异同,发现了校样与原稿不同之处,原则上依据原稿改正校样,而无需进行是非判断。现代校对不仅创造了诸如折校、点校、读校、核红、文字技术整理等新的校对方法,还应用新技术手段让计算机替代人工“校异同”的部分功能,实现人校与机校的结合。

但是,我们认真地审视校雠演变的历史,将现代校对与古代校雠进行全面比较,就会发现现代校对与古代校雠是一脉相承的,它们的性质、功能、作用和基本规律、基本方法都是相通的。了解古代校雠的含义及其演变历史,了解古代校雠对于抢救文化典籍、传承中华文化的伟大历史贡献,可以提高对现代校对的认识,理解现代校对在出版工作中的作用和地位,及其在文化传播、文化承传中的价值。

第二节

现代校对在出版工作中的作用和地位

关于现代校对在出版工作中的作用和地位,可以概括为三句话:校对是最重要的出版条件;校对是编辑工作的必要延续,是对编辑工作的补充和完善;校对是实现图书文化传播、文化传承价值的重要保证。

一、校对是最重要的出版条件

图书出版生产是个系统工程。系统有两个重要特征:整体性和结构性。系统是由许多要素组成的统一整体,系统内部的各个要素又是相对独立的,相对独立的各个要素之间相互联系、相互补充、相互制约,从而构成有结构的整体。图书出版生产也是如此,它由编辑、校对、装帧设计、印制各个要素构成系统工程,是有结构的整体。只有各个要素在各自环节充分发挥作用，都做得最好，形成合力，才能最终保障图书的整体质量。

在图书出版生产流程中，校对处在编辑工作完成之后、印制开机之前的特殊环节，编辑工作的疏漏，可以由校对来补充和完善，而校对工作的失检，则会造成图书成品中无可挽回的错误。校对的这种特殊地位，使它在图书质量保障体系中举足轻重。正因为如此，列宁强调指出："最重要的出版条件是：保证校对得很好。做不到这一点，根本用不着出版。"[1]

为什么列宁如此强调校对工作的作用和地位呢？

图书生产是一种精神生产，图书是一种精神产品。高尔基说过："书籍是人类进步的阶梯。"莎士比亚也说："书是全世界的营养品。"图书是一种思想文化信息载体，其作用在于将负载的信息传递给读者，并作为文化遗产积累留存，通过文化传播和文化传承发挥"营养全世界"、引领"人类进步"的作用。实现图书的文化传播和文化传承功能，前提条件是"信息保真"，即准确无误、完整无缺。失真的、残缺的信息是没有传播和传承价值的。

图书是通过文字符号记载、贮存信息的，信息的"保真"有赖于用字、用词乃至标点符号使用的准确无误，只有如此，图书才"可以读可以解"。南朝梁学者刘勰说过："心既托声于言，言亦寄形于字。"心，指思想，思想借助语言来表达（托声于言），而语言要靠文字来记录（寄形于字），只有用字用词正确、贴切、明晰，才能准确地表达思想。他在《文心雕龙》一书中还指出："夫人之立言，因字而生句，积句而成章，积章而成篇。篇之彪炳，章无疵也；章之明扉，句无玷也；句之清英，字不妄也。"[2]他把"字不妄"作为著书立说的基本要求。清代学者戴震说得更明白："经所以载道、所以明道者，词也；所以明词者，字也。学者由字以通其词，由词以通其道。"[3]用字、用词的错误，会直接影响"道"的传播。有时一字之误，也会造成谬误流传，贻误读者乃至后代。

南宋学者洪迈在《容斋随笔》里，叙述了宋刻本杜诗一字之误造成的谬误。杜甫弃官客居秦州，触景生情，写了一首题为《雨晴》的五言诗，诗中有两句："天永秋云薄，从西万里风。"描写了秦州天高地远、万里来风的景色，也抒发诗人的高尚情志和远大抱负。可是，宋代刻本却将"天

[1] 列宁. 列宁全集：第53卷. 北京：人民出版社，1988. 354

[2] 《文心雕龙·章句》。

[3] 转引自蒋元卿著. 校仇学史. 上海：上海书店，1991. 205

永”错作“天水”。永,本义“水流长”,引申为时间的久远和空间的辽阔,“天永”,义为“天高地远”。而“天水”乃秦州郡名,无高远含义,虽然仅仅一字之差,却歪曲了诗意,贬低了诗人的情志和抱负。洪迈很愤慨地说:“若用之入此篇(将“天永”错作“天水”),其志思浅矣(诗人的情志和抱负就显得浅薄了)!”[1]

钱钟书的《管锥编》是一部现代名著,在读书界影响很大,可是在初版本中却存在500多处错误,其中有不少就是一字之误而致改变原意。例如,书中有一处引文,其原文是:“为文者盍不思文之所由生乎?”意思是:做文章的人为什么不思考文章是怎样产生的(所由生乎)?但初版时这句引文中“所由生”中的“由”字漏掉了,意思就变成:做文章的人为什么不想想文章产生了什么(所生乎)?与原文的意思完全不一样了。该书再版时钱先生改正了错漏,写了一篇《再版识语》,诚恳地说:“初版字句颇患讹夺,非尽排印校对之咎,亦原稿失检错漏所致也。”先生不禁慨叹:“亦知校书如扫落叶,庶免传讹而滋蔓草尔。”虽然钱先生主动承担了“原稿失检”的责任,但是,出版社的编辑和校对是难辞其责的。鲁迅曾经指出:“校对和创作的责任是一样重大的。”[2]鲁迅把校对摆在与创作同等重要的地位,给图书出版过程的校对环节以明确的责任定位。校对工作的完善,可以使作者的创作完美地出版;反之,校对工作的失检,会给作者的作品留下污迹,甚至会使作者的劳动前功尽弃。

二、校对是编辑工作的必要延续,是对编辑工作的补充和完善

图书质量保障体系有两个主体:编辑和校对。两个主体处在图书出版生产流程的两个相互衔接的不同环节:编辑主体以原稿为对象,以加工为手段,通过消灭原稿中的差错来保障图书的质量;校对主体以校样和原稿为对象,通过对校消灭排版错漏,再通过通读检查发现并改正原稿可能存在的错漏,从而将一切差错消灭在图书出版之前。编辑和校对相互衔接,形成合力,共同构筑图书质量保障体系。

纵观中国古代出版史,编校不仅同源,而且长期合一,从孔子校书起

---

〔1〕 容斋随笔・三笔・杜诗误字.长沙:岳麓书社,1998.328
〔2〕 鲁迅.鲁迅全集:第11卷.北京:人民出版社,1981.494

到近代出版企业出现，校雠一直是编辑工作的主要组成部分，古代的编辑家首先是校雠家。西汉刘向将古籍整理工作的内容归纳为23条，其中属于"校"的就有备众本、准经义、辨异同、究得失、订脱误、删复重、增佚文、述疑似、存别义、待刊改10条，差不多占了全部内容的一半。而且古代学者整理古籍的基本工作程序是先校而后编的。

到了近现代，由于出版生产力发展的客观需要，校对从编辑中分流出来，成为独立的专业。但是，校对作为编辑工作的重要组成部分这一基本属性并未改变。作为图书内在质量保障体系的两个主体之一的校对，其根本任务是将一切差错消灭在图书出版之前，从而保证图书的传播价值和传承价值。正是在这个意义上说，校对是编辑工作的必要延续，是对编辑工作的补充和完善。可见校对工作是取消不得的。

那么，能不能实行编校合一呢？从基本属性来说，校对是编辑工作的组成部分，是编辑工作的延续；但是，从现代出版的编校分工来说，校对却是特殊的编辑工作。其特殊性在于：以不同于编辑的校读方式、感知习惯、工作方式、思维方式和心理素质，弥补编辑工作的不足，从而发挥着特殊的作用。正是由于校对工作的这种特殊性，决定了编校不能合一，而必须分工合作。

其一，校对的校读方式和感知习惯与编辑不同。编辑审读是"线性阅读"，即把句子作为阅读单位扫视，因而感知的是"线"（一个句子），对句子里面个体字符的差异（错别字、字体字号差异、标点符号错用等），往往会视而不见。校对校读是"点性阅读"，即把字符作为阅读单位，细察一字一符的异同，因而感知的是"点"，句子里面的个体差异逃不出他们的眼睛。比如"科学意味着文明"这个句子，在编辑眼里是一个视点，而在校对眼里却是"科学""意味""着""文明"四个视点。"科学意味着文明"有三个易错点："科学"容易错作"科技"（义连致讹），"着"容易错作"看"（形似致讹），"文明"容易错作"文化"（义连致讹）。可是，"科技意味看文化"在编辑眼里往往依然是"科学意味着文明"。校对把字符作为阅读单位，把字符作为注意元，注意字符各维度的特征，如结构特征（辨形）、组合特征（辨词）、形貌特征（辨字体、字号、标点符号）、分布特征（辨行距、字距），因而容易发现差错。用编辑审读书稿的方式是做不好校对工作的。

其二，校对的工作方式和思维方式与编辑不同。校对的工作方式是比勘订正，以猎错改错为职责，是抱着挑错的心态做校对工作的，甚至以发现差错为乐事。因此，校对思维与编辑思维有着很大的差异。为了挑错，他们的思维方式有五个特点：一是逆向思维，带着挑剔、怀疑的眼光，这个字用得对不对，这个标点符号用得对不对，不放过任何疑点；二是联想思维，如前后联想，文注联想，文图、文表联想，细心捕捉内在矛盾；三是比较思维，如原稿与校样比较，原稿前后比较，原稿与相关规范比较，从比较中发现谬误；四是猎异思维，对校是依据原稿猎校样之异，本校是猎前文与后文之异，他校是依据他书猎本书之异，猎异的目的是求同；五是发散思维，如从语义、语法、语用等多角度辨析字词。校对思维的这些特点，有助于校对主体在校对活动过程中突破恒定的思维模式，展开联想、比较、猎异、发散，变换思路，从而敏捷地捕捉讹误。

其三，校对的心理素质与编辑不同。编辑既要调查研究、策划选题、物色作者，又要审读书稿、修改加工，因而要求他们"动如脱兔，静如处子"，跑得出去，坐得下来。校对工作的对象是原稿和校样，工作方式是比勘和订正，因而要求他们耐得寂寞，注意集中，自觉调整心理状态。心理浮躁、心猿意马是做不好校对工作的。

三、校对是实现图书文化传播、文化传承价值的重要保证

校对活动在图书出版过程的价值，在于将作者的劳动成果准确而完整地转换为印刷文本，并且在作者劳动成果的基础上进行再创造，发现并改正原稿可能存在的错漏，从而使作者的劳动成果趋于完善。校对的创造性劳动，使作者的劳动成果成为可以读、可以解、有用、有益的精神产品，从而实现文化传播和文化传承的价值。

在我国文化传播、文化传承的历史中，校对历来占据着重要的地位。孔子校理"六经"，使《诗》《书》《礼》《乐》《易》《春秋》得以传承后世，影响中华文化几千年。《史记》作者司马迁用"高山仰止，景行行止"赞誉这位至圣先师。西汉刘向父子在秦火之后，为了抢救中华文化，毅然担负校理残存古籍的重任，为此献出了两代人的毕生精力和才智。清代学者章炳麟这样评价刘向父子的功绩："刘向父子，总治《七略》，入者出之，出者入之，穷其原始，极其短长，此即与正考父、孔子何异！辨次众本，定异书，

理讹乱，至于杀青可写，复与子夏同流。”〔1〕

西汉校理的图书，在王莽之乱中又遭浩劫。至东汉，又有班固、傅毅等学者依据刘向的《七略》重新校理古籍；班固还集校理成果而编《汉书·艺文志》，又一次使中华文化免于断失。后代学者金榜说：“不通汉艺文志，不可以读天下书。”〔2〕班固之后，又有学者郑玄校注《周易》《尚书》《毛诗》《仪礼》《论语》等古籍，删繁裁芜，刊改漏失。后代学者范晔说：“自是学者略知所归。”〔3〕

魏晋至隋，三百几十年间，竟有十二个朝代之多，战争频仍，社会动乱，是中国历史上最混乱的时期，书籍当然难逃劫难。唐宋以后，历代君王都很重视古籍校理，在朝廷设立专门机构，集中方家学者，从事校书工作。加之雕版印刷术和活字印刷术的相继发明，图书批量复制成为新的出版手段，出版事业日益走向繁荣，由此带来了学术繁荣、文化繁荣。文化学术的日益繁荣，又反过来推动校雠事业的发展和校雠学术著作的纷纷问世。纵观周秦以来两千多年文明史，校雠之于中华文化源流不断，可谓功勋不朽。

后唐明宗长兴三年（公元932年），朝廷为校刻《九经》颁诏，强调指出：“亥豕有差，鱼鲁为弊，苟一言致误，则大义全乖。倘不详讨，渐当纰谬。”这段诏文，说得很深刻。“亥豕有差，鱼鲁为弊”〔4〕不正是当今出版的痼疾吗！“苟一言致误，则大义全乖”，可谓至理名言！现代校对的价值，正在于纠正“亥豕之差，鱼鲁之弊”，只有这样，才不致“一言之误”而“大义全乖”，从而保障图书传播文化、传承文化的价值。这个价值是无法用金钱来计算的。近代学者叶德辉曾用两句话、八个字评价校雠的作用：“有功古人，津逮后学。”“古人”指原著作者，改正了传抄、翻刻的错讹，恢复了原著的本来面目，而且改正原著中的错讹，当然有功于作者。“津”，作“渡口”或“桥梁”讲，“逮”，作“到、及”讲，“津逮后学”即将正确

〔1〕 转引自蒋元卿著.校仇学史.上海：上海书店，1991.37

〔2〕 转引自蒋元卿著.校仇学史.上海：上海书店，1991.42

〔3〕 转引自蒋元卿著.校仇学史.上海：上海书店，1991.51

〔4〕 “亥豕有差，鱼鲁为弊”：指文字错讹。“亥豕有差”出自《吕氏春秋·慎行论》：“子夏之晋，过卫，有读史记者，曰：‘晋师三豕涉河。’子夏曰：‘非也，是己亥纪，夫己与三相近，豕与亥相似。’至于晋而问之，则曰：‘晋师己亥涉河也。’”“鱼鲁为弊”出自《抱朴子·遐览》：“书三写，鱼成鲁，虚成虎。”后人用“鱼鲁亥豕”比喻文字错讹。“鱼鲁亥豕”还是“形似易讹”的汉字出错的一条规律。

的、有用的知识传给读者，传给后人。他说的就是通过校雠，改正讹误，使图书实现文化传播、文化传承的价值。叶德辉对古代校雠作用的评价，完全适用于评价现代校对。

从一定意义上讲，作者的创作文本并不完全具备出版条件，经过编辑审读加工之后的发排文本也只是个"准出版物"，而必须通过校对主体的再创造活动，改正了各种错漏，才能付诸印制而成为出版物。出版物的价值，当然主要是作者创造性劳动的体现；但同时，也是编辑、校对的再创造性劳动的体现。可以说，图书是创作主体、编辑主体、校对主体共同的创造成果。从出版生产过程分析，作者的创作文本是创作主体创作活动的终点，又是编辑主体活动的起点；编辑的发排文本是编辑活动的终点，又是校对主体活动的起点。正是作者、编辑、校对三者接力式的不断创造，才使出版生产过程有始有终。从表象看，校对改正的是孤立的、局部的差错，而通过纠谬改错，使书稿内容得以完善，实际上是对书稿价值的提升。校对主体的创造性活动，是实现作者、编辑劳动价值的保障。

《简明不列颠百科全书》将"价值"分为四种类型：工具价值（即作为某一目的是善的），技术价值（即善做某事），贡献价值（即作为整体的部分是善的），终极价值（即作为整体是善的）。[1] 现代校对的价值，不仅表现在采用正确的方法，消灭了各种差错（工具价值、技术价值、贡献价值），更表现在为读者、为后代提供了"善本"（无错或差错很少的图书），从而实现了文化传播和文化传承，这就是现代校对的"终极价值"。正是由于这种终极价值，鲁迅才说"校对和创作的责任是一样重大的"。

综合上述论证，关于现代校对在出版工作中的作用和地位，可作如下界定：

> 校对工作是编辑工作的重要组成部分，是出版生产流程中的独立工序，处在编辑后、印制前图书内在质量的把关环节，其作用是将文字差错和其他差错消灭在图书出版之前，从而保证它的传播价值和传承价值。校对工作同编辑工作一样，是文字性、学识性的创造性劳动，是编辑工作的必要延续，是对编辑工作的补充和完善，因而是最重要的出版条件。

---

〔1〕 简明不列颠百科全书：第4卷（中文版）. 北京：中国大百科全书出版社，1986. 306

第三节

继承与发扬古代校雠的优良传统

我国的校对事业源远流长，现在又逢空前的出版盛世。现代校对处在承前启后的历史阶段，历史赋予我们继往开来的使命：继承古代校雠的优良传统，开创新技术条件下的校对工作。

两千多年来，历代校雠家为了传承文化，殚精竭虑，精益求精，不但为我们留下了丰富的文化典籍，而且为我们留下了优良的校对传统，这些优良传统和文化典籍一样，都是我们民族宝贵的精神遗产。

我国古代校雠的优良传统，主要有如下三个方面：

一、既对作者负责，又对读者负责

清代学者朱一新考察了我国历代校雠家的校雠成果，得出这样的结论："大抵为此学者，于己甚劳，而为人则甚忠。"所谓为人甚忠，其含义就是前引叶德辉说的"有功古人，津逮后学"，就是既对作者负责，又对读者负责。古代校雠家的道德追求就是：改正"错本"，创造"善本"。"善本"是无错或错误很少的书，"错本"即错误很多的书。古代校雠家对"错本"深恶痛绝，认为它"诬古人（诬枉作者），惑来者（误导读者）"，"不如不刻之为愈也"。

为了不诬古人、不惑来者，古代校雠家殚精竭虑，精益求精。孔子校书，精细详慎。刘向校书，"其始则合众本以校一书，次则撮指意而为叙录，终则寻源流而别部居"[1]。宋代学者岳珂校《九经》《三传》，"广征副本，精审字画，详订音释，定句读，一字一音一义，无不参订同异，厘舛辨

[1] 蒋元卿著. 校仇学史. 上海：上海书店，1991.17

疑,使读者有所依据"[1]。清代学者鲍廷博校刻《知不足斋丛书》也是古代学者精校古籍之范例。他"一编在手,废寝忘食,丹铅无已时。一字之疑,一行之缺,必博征以证之,广询以求之"[2]。"每定一书,或再勘、三勘,或屡勘、数四勘。祁寒毒暑,舟行旅舍,未尝造次铅椠去手也。"[3]正是历代校雠家的艰苦校雠,才使中华民族几千年的文明得以传承和延续,才使后代读者能够从古代典籍中吸取文化营养。

清代校雠家段玉裁总结历代校雠实践经验,将校雠的基本任务界定为:正底本,断是非。他认为:"不先正底本,则多诬古人;而不断是非,则误今人。"[4]"正底本"即改正传抄翻刻的错漏,"断是非"即改正原著中的错讹。既"正底本",又"断是非",才能使图书完善完美。有人称赞清代校雠家卢文弨:"他人读书,受书之益;子读书,则书受子之益。"经过精细校雠,改正错讹,书受其益,作者受其益,最终还是读者受益、后人受益。所以说,对作者负责与对读者负责是一致的。

现代校对和古代校雠一样,出发点和落脚点都只能是:既对作者负责,又对读者负责,并把两者结合起来。

二、认真校异同,严肃校是非

"校异同"与"校是非"是校雠的两大功能。这两大功能,不可偏废,而必须相互补充,以求最大限度地消灭差错。

古代校异同,指同一种书的不同版本相互对照,通过不同版本的异同,发现传抄翻刻的错讹,然后进行分析判断"择善而从之"。段玉裁把纠正这类错误称作"定底本",即恢复原著本来的面目。不纠正这类错误,就是对作者不忠。古代的校是非,指采用通读的方法发现疑点,然后进行查考、分析、推理,改正原著的错讹。段玉裁把原著的是非谓之"立说之是非",认为不纠正就是对读者不忠。既校异同,又校是非,消灭一切差错,方能成为"善本"。

为了校异同,古代校雠家在着手校勘之前必"备众本",还要弄清它

〔1〕 蒋元卿著.校仇学史.上海:上海书店,1991.132

〔2〕 清朱文藻《知不足斋丛书序》。

〔3〕 清顾广圻《思适斋集》卷十二。

〔4〕 清段玉裁《与诸同志论校书之难》。

们的源流，通过比较分析，选出其中一本基础较好的为“底本”，其他的本子作为比照的“校本”；在校勘过程中必“辨异同”“订脱误”“删复重”“增佚文”；校定之后还要撰写“校勘记”，交代校勘过程中发现的问题及处理意见。以刘向为例，他校书二十余年，始终兢兢业业，每校一书必备众本，以为比勘。他的“众本”中，有中书（宫中藏书）、外书（官藏的同书异本）、太常书、太史书、臣某书（某大臣的藏书）、臣向书（刘向自家的藏书）。正如清代学者章学诚所言，刘向“博求诸书，乃得雠正一书”。刘向“辨异同”更是精细。他校《易经》，发现有的“本子”有“无咎”“悔亡”，有的“本子”则无。这是辨字句的异同。校《孝经》，发现《曾子敢问》有的“本子”多出一章。这是辨篇章的异同。校《列子》，发现其中《力命》与《杨子》两篇不似一家之言。这是辨学术的异同。字句、篇章、学术的异同，都在他的审视之下。刘向这种广征版本、精细比勘的治学精神，为后世所推崇。

对于校是非，古代校雠家倡导勇于质疑，勇于纠谬，不迷信权威。不少校雠家，批评只“校异同”不“校是非”的偏废。宋代校雠家吴缜校《新唐书》，发现20类谬误，如“书事失实”“自相违舛”“纪志表传不相符合”“先后失序”“载述有误”“义例不明”等等。他特地撰写《新唐书纠谬》，批评某些校者“但循故袭常，唯务喑默”，而不“讨论击难”，只是字对字的死校，对书中的问题一无发现，致使“讹文谬事，历历俱存”。他说：“若止于执卷唱读，案文雠校，则是二三胥吏足办其事，而假文馆之士乎？”译成现代语言就是：假若只是字对字，还要专业校对干什么？

但是，在校是非实践中，古代校雠家又都十分谨慎，强调“慎改”，要求反复考证，辨析义理，务求改所当改，改必有据。力主校是非的清代校雠家段玉裁也强调慎改，他说：“识不到则或指瑜为瑕，而疵颣（lèi，缺点，毛病）更甚。”又说：“古书之坏于不校者固多，坏于校者尤多。坏于不校者，以校治之；坏于校者，久且不可治。”〔1〕

因妄改、妄删而致误的例子，在我国校雠史上是不少的。韩愈的儿子韩昶改“金根车”为“金银车”，早已成为校雠史上的笑话。《芦浦笔记·金根车》记载了韩昶妄改金根车的笑话：“崔豹《古今注》云：‘金根车，秦制也。阅三代之舆服，谓殷得瑞山车，一曰金根，故因作为金根之车。秦

〔1〕《经韵楼集》卷八《重刊明道二年〈国语〉序》。

乃增饰而乘御,汉因不改。'《晋舆服志》载金根车,天子亲耕所乘,置耒耜于轼上,乃知是车盖耕车也……韩昶为集贤校理,史传中有说金根车处,皆臆断之曰:'岂其误欤?必金银车也。'悉改'根'为'银'……昶,文公之子也,而不知古,抑又可叹。"妄改之风以某些坊刻本最为严重。清代学者顾广圻指出:南宋时,建阳各坊刻书最多,每刻一书,必雇不知谁何之人,任意增删换易,致使古书多失其真。妄改之风到了明代愈演愈烈,后人这样评说:"明人好刻古书而古书亡。"

鲁迅也强调校对时一定要对照原稿,他在致沈雁冰的信中谈及不对照原稿而妄改的现象时说:"初校送来,却颇干净,错误似不多,但我们是对原稿的,因此发见印刷局的校员,可怕之至,他于觉得错误处,大抵以意改令通顺,并不查对原稿,所以有时简直有天渊之别…… 真令人寒心。"[1]

宋代学者彭叔夏校《文苑英华》十分谨慎,《四库全书总目》卷一八六《文苑英华辨证》提要指出:"叔夏此书,考核精密,大抵分承讹当改、别有依据不可妄改、义可两存不必遽改三例。"[2]"承讹当改、别有依据不可妄改、义可两存不必遽改",也应该是现代校是非的三条原则。第一条原则,承讹当改。用现代语言来说就是,明显的错误,一定要改正。第二条原则,别有依据不必妄改。这句话好懂,只要原作有据可依,就不必按照校者的想法去改。第三条原则,义可两存不必遽改。一字、一词、一句,存在两种不同的解释,可以这样理解,也可以那样理解,就不要匆忙去改。

段玉裁的老师戴震提出"识字为本,博搜证佐,空所依傍"[3]的原则,也是现代"校是非"应当遵循的原则。识字为本,说的是要认真研究字,掌握真义。只有掌握真义,才能判断是非。博搜证佐,说的是改错要有根据。戴震主张"无证不信,孤证阙信",要广搜证据,比较分析,然后才能作出是非判断。空所依傍,说的是不要先入为主,须经客观地、缜密地思考之后,再作出是非判断。

清代另一校雠大家顾广圻甚至提出"不校校之"[4]的原则。何谓"不校校之"?顾广圻解释说:"毋改易其本来,不校之谓也;能明其是非

---

〔1〕 鲁迅.鲁迅全集:第13卷.北京:人民文学出版社,1981.420

〔2〕 转引自程千帆,徐有富著.校雠广义·校勘编.济南:齐鲁书社,1998.9

〔3〕 蒋元卿著.校仇学史.上海:上海书店,1991.205~207

〔4〕 转引自程千帆,徐有富著.校雠广义·校勘编.济南:齐鲁书社,1998.449

得失之所以然，校之谓也。”只有确实错了，“能知其是非得失之所以然”，才予以改正。近代学者孙诒让这样概括古代校雠家的严肃认真精神：“一字不略过，一字不轻改。”这种精神是值得我们学习的。

三、以苦为乐，苦中求乐

校书是苦差事，寂寞，单调，枯燥，艰苦。近代校雠家叶德辉用“独居无俚（俚，聊赖）”来形容校书生活的寂寞。但是，苦与乐是一对矛盾，在一定的条件下是可以互相转化的。北齐学者邢子才这样形容自己校书的感受：“日思误书，更是一适。”“适”，即快适感。“日思误书”会产生快适感。这种快适，这种乐趣，只有校书人才能体会。校对主体产生的这种感受，就是美学所称的“美感”。它是从心底漾起的一种不可抑制的愉悦情绪，是精神上的一种满足感，类似于事业上的成就感，自我价值的实现感。校对主体通过自己的创造性劳动，不仅创造出“善本”，以此来满足人们的精神需求，也是对自我本质力量和自我创造才能的发现和肯定。清代学者朱文藻这样形容校雠大家鲍廷博的校书情志：“一编在手，废寝忘食，丹铅无已时。一字之疑，一行之缺，必博征以证之，广询以求之。有得，则狂喜如获珍贝；不得，虽积累岁月不休。溪山薄游，常携简策自随，年几五旬，精明不惫，勤勤恳恳，若将终身。”〔1〕清代校雠家孙诒让这样叙述自己校勘工作的感受：“遇有鉤（鉤今简化为“钩”，草名，似蓟）棘难通者，疑牾絫（古累字，义为“堆叠，积聚”）积，辄（副词，作“就”解）郁不怡。或穷思博讨，不见端倪，偶涉它编，乃获塙（同“确”）证，旷然昭寤，宿疑冰释，则又欣然独笑，若陟穷山，榛莽霾塞，忽覯（遇见）微径，竟达康庄。”〔2〕把校书人以苦为乐、苦中求乐的心态描写得淋漓尽致。

苦转化为乐是有条件的，其条件就是校对主体必须敬业乐业。具有强烈的社会责任感，以确保图书质量为己任，因而全身心地投入，就会把苦和寂忘得一干二净，而沉浸在“日思误书”的乐趣之中，并从中发现自我的力量和价值。

校书的工作对象是同一种书的不同版本，校书的工作方式是一字一

〔1〕 转引自程千帆，徐有富著. 校雠广义 · 校勘编. 济南：齐鲁书社，1998. 25

〔2〕《校雠通例》，载《历史语言研究所集刊》第二十三本下册. 本书转引自程千帆，徐有富著. 校雠广义 · 校勘编. 济南：齐鲁书社，1998. 25

字地比勘,是字斟句酌地推敲,是反反复复地查考,因而要耐得"独居无俚"的寂寞,心静如水。所以叶德辉强调校书人要"习静养心"。古代哲学家认为:"静则得之,躁则失之。"只有心静如水,才能"细辨乎一字之微",发现字里行间的错讹,取得校书的成功,浮躁、烦躁是校书的大敌。要达到心静如水的境界是不容易的,必须同私欲、杂念作斗争,真正做到"除烦断欲"的思想净化。

鲁迅继承并发扬了古代校雠的优良传统。他把生命的一部分用在替别人校书上,"出于自觉地将一滴滴血滴过去,以饲别人,虽自觉渐渐瘦弱,也以为快乐"。鲁迅说的"自觉"就是苦转化为乐的条件。古往今来的校雠家追求的"乐",不是获得一己之利的快乐,不是获得感官刺激的快感,而是"长夜破睡,严冬御寒,废寝忘餐,难境易过"、"奇文独赏,疑窦忽开"的悲壮美,是"日思之,遂以与天下后世乐思者共思之"的崇高美,是超越自我的高尚心态。

上述三个优良传统,一个是工作出发点,一个是工作作风,一个是工作态度。把三个优良传统发扬光大,对于发展我国现代出版校对事业,对于造就现代校对人才,都是大有益处的。

第三章

现代校对的功能及其实现

第一节

校对的基本功能

校对的基本功能有二:校异同,校是非。

早在西汉时代,刘向关于“校雠”的定义,就已经概括了校雠的两个基本功能:“一人持本,一人读书,若怨家相对”——发现同一种书不同版本之异同,存同改异,目的是纠正传抄的错讹,恢复原著的本来面目;“一人读书,校其上下得谬误”——通过原著的内在矛盾发现问题,进而纠正谬误。清代校雠家段玉裁,总结了两千多年来的校雠经验,用更加明晰、更加准确的语言,将校雠的两个基本功能概括为:校异同,校是非。这两句话六个字也是现代校对的基本功能。

将现代校对的基本功能也界定为“校异同,校是非”,并不是说现代校对等同于古代校雠。关于现代校对与古代校雠的区别,本书《绪论》已经作了详细论述。单就校对功能而言,古代校雠的“校异同,校是非”与现代校对的“校异同,校是非”也不尽相同。

第一,“校异同”的对象不同。古代“校异同”,对象是同一种书的不同抄本或刻本,校书人必须广搜众本,再从众本中选出一本基础比较好的(通常是出版年代早远的或曾经过著名校雠家精校过的)为“祖本”,而用其他抄本或刻本为“别本”,然后将祖本与别本比照校核。现代“校异同”,对象是编辑发排文本(通称“原稿”)和依据原稿排版后打印的样张(通称“校样”)。

第二,“校异同”的处理方法不同。古代“校异同”,发现了“异”(祖本与别本不同),但不能依据“别本”修改“祖本”,因为可能是“别本”错了,也可能是“祖本”错了,甚至可能祖本和别本都错了。处理方法是“据异同而定是非”,“择善而从之”。实际上是用“校是非”的方法来处理“校异同”发现的问题。由此可知,古代“校异同”的功能只是发现错讹,而改正错讹还得靠“校是非”。现代“校异同”是依据“原稿”比照校核“校样”,发现了校样上不同于原稿的“异”,原则上是依据原稿修改校样。只有在发现原稿本身是错误的特殊情况下,才用“校是非”的方法改正错误。

第三,“校异同”的具体目标不同。古代“校异同”的具体目标,是发现并改正传抄、翻刻的错讹,恢复原著的本来面目。现代“校异同”的具体目标,是发现并改正录排差错,保证将原稿不错、不漏地转换为印刷文本。

第四,“校是非”的内涵不完全相同。古代“校是非”,除了校正语言文字的是非外,还有版本、篇章甚至书名的是非。现代“校是非”,主要是查找出语言文字的是非,依据原稿排版一般不存在版本、篇章、书名的是非。但是,现代“校是非”还有发现并纠正原稿中的事实性、知识性、政治性错误的任务。

虽然古今校书功能的内涵存在上述不同,但从性质上分析,“校异同,校是非”作为校书的两个基本功能,则是古今相通的。

关于校雠两个基本功能的具体内涵,段玉裁作了简要而明确的诠释。

何谓“校异同”? 段玉裁说:“照本改字,不讹不漏。”

古今“校异同”虽然有些差别,但通过比照,查检“异同”,发现错漏,然后改讹补漏,两者的目的和达到目的的方法都是相同的。

无论是古代校雠还是现代校对,“校异同”都是校书的首要功能,或者说是校书的基础性工作。古今校勘家,都用“归其真正”“克复其旧”来表述“校异同”的功能。《校雠广义·校勘编》认为:“读书治学只有依据符合或接近原貌的书面材料,方能得出正确或较为正确的结论”,“校勘就是改正书面材料上由于种种原因而形成的字句篇章上的错误,使之恢复或接近本来面目”〔1〕,“校勘不但是使今本符合或接近原貌的一种特定手段,而且也是鉴定是否符合或接近原貌的一种可靠方法”〔2〕。

现代校对与古代校雠一样,也强调“校异同”的功能,而且扩大了它的功能,创造了新的方法。现代“校异同”的方法,除了比照原稿逐字逐句地核对校样外,还有校改后的“核红”和“文字技术整理”;现代“校异

〔1〕 程千帆,徐有富著. 校雠广义·校勘编. 济南:齐鲁书社,1998.3
〔2〕 程千帆,徐有富著. 校雠广义·校勘编. 济南:齐鲁书社,1998.30

同”的内容,除了比勘订正文字外,还要发现标点符号、数字用法、量和单位使用、图、表、公式、字体、字号以及版面格式等类的异同;但对“异”的处理则比古代“校异同”简单得多,发现了校样上与原稿不符的字、符、图、表、公式等,原则上依据原稿改正校样,最终达到全部消灭排版错漏的目的。

何谓“校是非”? 段玉裁说:“定本子之是非。”“本子”指的是原著(现代校对的“本子”指的是“原稿”)。段玉裁认为:“校书之难,非照本改字,不讹不漏之难也;定其是非之难。是非有二:曰底本之是非,曰立说之是非。”“何谓底本? 著书者之稿本是也;何谓立说? 著书者所言之义理是也。”[1]这里说的“是非”是广义的,不仅仅是语言文字错误。

原著(原稿)存在差错,也是客观事实,只是“校异同”解决不了这方面的错讹。所以,在“校异同”的基础上,必须进一步“校是非”,发现并改正原著(原稿)中的错讹。这样才能使图书的内容趋于完善。

清代学者王念孙校《广雅》,发现大量错讹,撰写了《广雅疏证》,对错讹详加辨析。他在《广雅疏证·自序》中指出:“盖是书之讹脱久矣,今据耳目所及,旁考诸书以校此书,凡字之讹者五百八十,脱者四百九十,衍者三十九,先后错乱者百二十三,正文误入音内者十九,音内字误入正文者五十七。”各类错讹共计1 318处,而错别字(字之讹者)就占了44%。

现代史学家陈垣以元本及诸本校沈刻《元典章》,发现了谬误13 000余处。他剖析了这些谬误,发现造成谬误的原因有二:“无心之误半,有心之误亦半。”[2]所谓无心之误,指疏忽造成的错漏,如“形近而误、声近而误、正文讹为小注、小注讹为正文、空字误连、因同字而脱字、一字误为二字”等,这类错漏用“校异同”的方法,一般容易发现。所谓有心之误,主要是“不谙元时语法、不谙元时用语、不谙元时年代、不谙元时体制、不谙元时部族、不谙元时人名、不谙元时地名、不谙元时官名、不谙元时物名”等造成的“妄改、妄添、妄删”。既有语法错误,也有知识性错误。这类谬误比较隐蔽,似是而非,必须运用学识和心智“校是非”,才能发现和改正。

现代校对同样要面对“无心之误”和“有心之误”。“无心之误”大多

---

〔1〕 清段玉裁《与诸同志论校书之难》。

〔2〕 陈垣著.校勘学释例·自序.转引自程千帆、徐有富著.校雠广义·校勘编.济南:齐鲁书社,1998.16

发生于录排过程，只要认真将校样同原稿比照，是比较容易发现和改正的，所以，校对界将这类差错称作"显性差错"。"有心之误"是作者错写、编辑错改造成的，这类差错似是而非，不大容易发现，所以，校对界将这类差错称作"隐性差错"。消灭显性差错，主要靠"校异同"的功夫；而对于隐性差错，"校异同"却无能为力，还要靠"校是非"的功夫。

统计数据表明：现代的一校样上的差错率通常在15/10 000～20/10 000，其中：录排差错率为12/10 000～15/10 000，改版差错率为1/10 000左右，原稿差错率为2/10 000～4/10 000。只"校异同"，即使消灭了全部录排、改版差错，差错率仍然高达2/10 000～4/10 000，达不到编校质量合格的水平。要求编辑在加工过程中，消灭书稿中的所有差错，而且不出现任何错改，事实上是做不到的。在当今市场经济条件下，编辑工作的重心转向策划，要求编辑加工留错率控制在1/10 000以下，也是很难做到的。正因为如此，编辑发排文本并非"善本"，只是个"准出版本"，要完全达到出版水平，还需要校对过程的"校是非"，以此弥补编辑工作的疏漏和错改。

第二节

现代校对功能新变化与校对新理念

传统校对以"校异同"为主要功能。传统校对有两个客体：一个是加工定稿后的编辑发排文本（即"原稿"），一个是依据原稿排版打印出来的样张（即"校样"）。校对的首要任务是：将校样与原稿逐字逐句比照，查检两者的异同，发现了"异"，则依据原稿改正校样。这样做的目的是：保证排版与原稿完全一致。据此，1980年国家出版事业管理局制定的《出版社工作暂行条例》规定："校对工作应对原稿负责，消灭一切排版上的错误。"在当时的条件下，校对的主要功能是"校异同"，"校是非"只是校对的辅助功能。因此，《条例》明确规定："发现原稿有错漏和不妥之处，应及时提交编辑部门解决。"根据这个规定，校对发现了原稿中的错漏，无权直接在校样上改正，只能用铅笔标注作为质疑向编辑提出，由编辑决定应否修改或怎样修改。校对质疑与编辑排疑相结合，就成为现代校对“校是非”的基本形式。

现在，校对客体发生了变化，纸介质书稿被电子介质书稿取代，多数作者交给编辑的不再是手写书稿，而是一张磁盘，有的甚至用电子邮件发送书稿。书稿介质的变换，导致编辑加工和排版方式的改变，编辑在磁盘打印稿（或电子邮件下载稿，以下统称“电子书稿”）上进行加工，定稿后只需打开电子书稿在电脑上进行修改，然后根据版式设计要求进行版式转换，无需重新录入排版。这样一来，校对只需将打印稿中修改的部分进行核对，其他部分同电子书稿并无二致，已无“校异同”的实际意义。这种方式的“校异同”操作，在一定程度上只起“核红”的作用。传统的原稿和校样就这样合二而一了。原稿与校样的合二而一，同时也将录入（作者录入或由他人代录）差错和原稿（作者错写或编辑错改）差错合二而一了。编定稿转换版式后，可能存在如下五类差错：（1）录入差错；（2）作者写作错误；（3）编辑错改；（4）排版人员修改电子书稿时的漏改、错改；（5）版式转换过程可能发生的内容丢失和错乱。除（4）、（5）两类差错可以用核红或对校的方法发现外，（1）、（2）、（3）三类差错均以“是非”形式隐藏在字里行间。对电子书稿的校对，因无原稿可资比照，校对主体实际上是进行“无原稿校对”操作，主要通过是非判断来发现各类差错。

校对客体的变化引发校对方式的变化，使得校对的两个基本功能的关系发生变化：“校异同”下降为辅助功能，“校是非”则上升为主要功能，以“校异同”为主的传统校对，被以“校是非”为主的当代校对取代。图书校对功能的这种变化，将对现代校对的价值、作用、地位、方法、制度以及校对队伍建设和校对人才培养产生重大而深远的影响。这是校对学理论研究的新课题。

纵观两千多年的校对史，校对的两大功能的关系从来就不是一成不变的，而是随着出版生产力的发展和校对的主体和客体的变化而不断改变的。孔子校书，以严肃著称，强调“述而不作”，后人称之为“死校”；孔子的学生子夏，从校书实践中总结出“形似易讹”的规律，首倡辨形审义改错，后人称之为“活校”；到了西汉，由于客观形势变化的需要，刘向提出“校雠”的新概念，把校书的功能扩大了，“校”（校是非）与“雠”（校异同）并重，把“死校”和“活校”结合起来。唐宋以降，由于雕版印刷，辗转翻刻，古书错讹增多，校是非的功能日渐提升。到了清代，明确把“定本子之是非”作为校对的基本功能之一。学者们在长期的校对实践中发现,“本子之是非”是客观存在的。不校是非,难得善本。清代校雠家段玉裁主张“信其是处则从之,信其非处则改之,其疑而不定者,则姑存以俟之”[1]。他批评不论是非而不敢改易一字的态度,明确地指出:“不得勿论其是非,不敢改易一字。意欲存其真,适滋后来之惑也。”[2]不校是非,本意是“存其真”(用现代校对术语来说就是“对原稿负责”),而结果却会造成“惑来者”的不良后果。

当今的电子新技术催生了出版生产革命,也催发了校对功能的演变,使沿袭了两千多年的校对功能发生重大变化。这就要求校对工作者与时俱进,适应这种变化,革新校对理念,从“对原稿负责”的狭小圈子中跳出来,树立“对读者负责,对社会负责”的校对新理念。

在当今条件下,校对主体如果仍然固守“对原稿负责”的传统理念,就意味着校对实际上只是在做“核红”工作,保证编辑对电子书稿的修改不错不漏,而对电子书稿内存在的差错不负责任。现代校雠家陈垣早就指出,“校异同”的“优点是不掺己见,缺点是不负责任”,他认为“校异同”是“机械法”,是“死校”,因此必须辅以“校是非”。“校异同”的这种弊端在书稿电子化后,显得更为突出。有些校对员拿到校样,只用“核红”的方法,对照修改稿核对编辑修改部分的内容,而不去花力气通读检查,往往造成大面积差错。这是典型的不负责任的表现。

对谁负责的问题,是出版工作者职业道德的核心问题。把校对工作的责任归结为“对原稿负责”,是片面的认识,从道德责任要求来讲更是不够的。校对工作同编辑工作一样,最终应对读者负责、对社会负责,而不仅仅是“对原稿负责”。这是校对职业道德的最高境界,也是校对工作的终极目的。这种道德责任的建立,对做好校对工作十分重要,任何量化检查都替代不了道德责任。我们研究校对的功能,必须充分注意校对是图书编校质量最后防线这个特殊地位,全面实现校对的两大功能,才能最大限度地把各种差错消灭在图书出版之前。

当然,说“校异同”降为辅助功能,并不是说“校异同”失去存在的价值,“校异同”依然是校对的基本功能之一。认为现代校对的基本功能就是“校是非”,也是片面的;认为校对工作做的就是编辑加工,更是不正确

---

〔1〕〔2〕 清段玉裁《经韵楼集》卷四《与黄尧圃论孟子音义书》。

的。首先，现在仍然存在传统的纸介质书稿，仍然要录入排版，因而仍需要首先做好“校异同”的工作，从实际出发，对“老对象”采取“老办法”。其次，即使是校对电子书稿，在核红和技术整理过程，也要采用“校异同”的办法。还有，在通读“校是非”过程中，上文与下文对照，正文与注释对照，文与图、文与表对照，正文标题与目录对照，实际上也属于“校异同”。可见，“比勘订正”依然是现代校对的基本方式。全面的、正确的观点是：认真校异同，严肃校是非，全面实现校对的两大功能。

第三节 全面实现校对的两大功能

“校异同”和“校是非”，是猎错灭错的双刃剑，功能是互补的，目的是一致的，因而同样重要，不可偏废。正如《图书校对工作基本规程》指出的：“不校异同，则不能保证作者劳动成果准确而完整地转换；而不校是非，则不能发现和弥补作者创作和编辑加工的疏漏。偏废校异同，或者偏废校是非，后果是一样的，都会造成谬误流传，既损害作者，更贻误读者。”两种功能必须全面实现。

全面实现校对的两大功能，即把改正录排差错与发现原稿差错由可能性转化为现实性，必须具备必要的条件，这个条件就是校对主体作用于校对客体的校对活动。

具体地说，必须具备如下三个条件：

一、校对工作必须实行专业化

清代校雠大家段玉裁写过一篇文章专论校书之难，他认为校书之难难在“定其是非”。清代另一位校雠大家顾广圻也论校书之难，认为校书之难难在“得其人”（原文为：“所校必得人而后可。”）[1]。两位校雠大家

〔1〕 清顾广圻《思适斋集》卷十二。

都论校书之难，虽然关注点不同，却有异曲同工之妙。段玉裁着眼于客体，分析客体的两类错讹，得出“校书之难，非照本改字，不讹不漏”，而在“定其是非”的结论。顾广圻着眼于校对主体，分析主体与客体的矛盾，得出校书之难在于难“得其人”的结论。段、顾的“校书之难”说，从不同角度阐述了一个共同规律：校对工作必须实行专业化，“得其人”才能“克其难”。列宁提出“必须雇一个有学识的校对员”“情愿付出加倍的报酬”。鲁迅在《三闲书屋校印书籍》中，甚至主张“重金礼聘校对老手，宁可折本关门，决不偷工减料”。其道理都在于此。

校对主体是实现校对功能的决定因素。校对不仅要改正录排中的错误，而且要发现作者创作和编辑加工中的错误，客体错误的多样性和隐蔽性，与校对主体投入的有限性，构成一对矛盾。校对主体面对的客体，涉及各门学科，校对客体涵盖知识的广泛性，与校对主体知识的有限性，又构成另一对矛盾。因此，校对是文字性、学识性的创造性劳动，是高度智能化工作。校对工作的这种特殊性，对校对人才提出了特殊的要求。

校对有三种境界：第一是悟境，第二是法境，第三是通境。悟境，指对校对工作有了正确的认识，有做好校对工作的志向，也就是说，悟出了道理，懂得了校对工作的意义，因而自觉地敬业乐业。法境，指掌握书面材料的出错规律，精通校对的方法和技术，从而在校对实践中运用自如。通境，指对校对工作融会贯通，具有博学通识，因而得心应手。这就是说，校书人首先要热爱校对工作，其次要掌握校对的规律、方法和技术，还要具有博学通识，有了这样的校对人才，才能攻克“校对之难”。

《广段玉裁论校书之难》一文作者分析了古代校书家的成就，认为“校勘家应具备二种学识：一曰常识，二曰特识。常识者，即前所谓校勘学识，无工作界域之区别，一切校书家俱用之，如‘误文例’与‘误文疑似例’之认识，以及校勘方法与规律之演习皆属之。特识者，从事工作时特殊对象之鉴别。……惟书籍之舛讹，千奇百怪，仅借通例通则之应用，或不足以发现幽隐，知讹文之所在，或虽知之，无征无信，疑莫能定。”〔1〕

上述“常识”与“特识”，说的就是校对人才的能力结构。校对人才必须具备一定的语言文字功底，比较广博的知识积累，并且掌握文字出错的规律，精通各种校对方法，这样才能应对“千奇百怪”的舛讹，“发现幽

〔1〕 清顾广圻《思适斋集》卷十二。

隐”,并且“知讹文之所在”,迅速找到释疑的征信。这种“常识”,是校对工作者都必须具备的。出版社是有专业分工的,出书的学科门类不尽相同,因而不同出版社的校对工作者,除了必须具备上述“常识”外,还必须具备相关专业的“特识”,掌握相关专业的学科知识,只有这样才能应对专业图书的校对工作。

“得其人”才能“善其事”,这是再简单不过的道理。然而,出版界不少人却缺少这种见识,其突出表现就是:否认校对独立存在的客观必要性,撤销校对机构,推行编校合一,或者完全依靠外校;一些设置校对机构的出版社,又否认校对的独特学问,认为“校对是简单劳动”,因而虽有校对机构,却“不得其人”,校对人员的素质低化,导致校对功能的弱化。大量事实表明:“无错不成书”与校对工作“不得其人”是有直接关系的。

建立校对专业机构,培养校对专业人才,尤其是培养高级校对人才,是全面实现校对功能、保障图书校对质量的基本条件。这是不以人的主观意志为转移的出版工作客观规律。

二、校对主体要发挥猎错灭错的主观能动性

前面说了,校对客体差错是多样的、隐蔽的,因此“校书如扫落叶”,校对主体的投入在很大程度上决定校对灭错的质量;然而校对主体的力量和校对周期的要求,都决定校对的投入是有限的。以有限的校对投入,取得最大限度的灭错效果,就要求校对主体充分发挥主观能动性,以弥补校对投入的不足。

校对主体的主观能动性,不表现在加班加点拼体力上,那样做往往适得其反。这一点古代校雠家早就认识到了。《广段玉裁论校书之难》一文指出:“吾人体力有强疲,心神有愉忧,倘注意偶不能周,心理忽起变化,则将视而无睹,或竟是非倒置。”[1]人的体力是有限的,身体的疲劳会引起心理的疲劳,心理的疲劳会造成注意的分散,而导致“视而无睹,或竟是非倒置”。所以加班加点不可取。

校对主体的主观能动性主要表现在如下三个方面:

〔1〕《广段玉裁论校书之难》,转引自程千帆,徐有富著.校雠广义·校勘编.济南:齐鲁书社,1998.504

其一，在从事校对工作时，始终保持最佳的精神状态，认真负责，不急不躁，专心致志，注意集中。

校对工作是一项十分细致的工作，正如古代校雠家所说的，要"细辨乎一字之微"，一字一词都要审视，"丿""丨"","、"都要细察，校对主体的注意必须高度集中。所谓注意集中，是指心理活动对选择的对象维持指向的紧张度。注意不仅是有选择地指向一定对象，而且要维持这种指向，抑制无关刺激的影响，使心理活动不断深入下去。注意紧张度越高，维持指向就越稳定，校对活动的效率就越高。但是人不可能长时间地处于注意紧张状态，而必须有张有弛。校对主体要掌握注意的客观规律，学会科学地调节注意，在经历一段注意紧张之后适当地休息，通过转移大脑皮层的优势兴奋中心，以解除紧张注意所造成的身心疲劳，从而提高校对工作效率。

其二，在校对实践中不断总结经验，不断研究出错规律，提高辨别异同的职业敏感和猎错改错的职业本领。

何谓能动？能动就是自觉努力、积极活动，就是变被动为主动。校对客体的差错存在多样性和隐蔽性，而校对主体的投入却受到自身力量和校对周期的制约，加之编辑发稿量日益增多，原稿存在的差错也随之增多，校对主体疲于应付，常常处于被动地位。校对主体只有自觉而积极地认识校对规律，并且按照客观规律改造校对客体，以事半而功倍的工作效率，变被动为主动，以较少的校对投入而取得较大的校对效果，从而守住图书质量保障的最后防线。这就是校对主体的主观能动性。

其三，在校对实践中"校学相长"，不断地扩大知识储备，以不断增强应对校对客体差错的多样性。

校对涉及的知识面广，校对主体的知识储备在很大程度上影响猎错改错的效率。识不到而指正为谬的案例，在我国古今校对史上层出不穷。

古例，如《元典章》有"腹里已有贡举定例"句，后代刻本疑"腹里"的"腹"字有误，有的将"腹里"错改作"服里"，有的将"腹里"错改作"肠里"。原因都是不知"腹里"是元代的专名，指中书省所辖山东西、河北之地。〔1〕 又如宋代词人周邦彦《渔家傲》词云："赖有蛾眉能煖客，长歌屡劝金杯侧。"后人疑"煖客"的"煖"字有误，改为"缓客"。〔2〕 原因是不知

〔1〕《怀任斋文集·误校七例》，转引自程千帆，徐有富著. 校雠广义·校勘编. 济南：齐鲁书社，1998. 347

〔2〕《周邦彦集点校失误举例》，载《古籍整理简报》第175期。

道“煖、暖、软”都是“餪”的假借字，唐宋以来有“软脚、暖房、煖女”等说法，“煖客”即“餪客”，是以酒食饷人的意思。再如《战国策·赵策》：“士为知己者死，女为悦己者容，吾其报知氏之雠矣。”“之雠”是后人妄加的。清代学者王念孙指出：“‘吾其报知氏’者，承上文‘为己者死’言之，谓报知氏之恩，非报知氏之雠（仇）。下文曰：‘知伯以国士遇臣，臣故国士报之。’又曰：‘而可以报知伯矣。’并与此句同义。后人以下文多言为知伯报雠，故加‘之雠’二字。不知彼自言报雠，此自言报恩也。”〔1〕

今例，如今版《周邦彦集》附有清真集诗文辑佚一卷，其中《楚村道中之一》云：“果逢南使还，冯寄好消息。”诗中的“冯”原作“凴”，是“凭”的通假字，今简化作“凭”，不应简化作“冯”。〔2〕又如今人校勘古籍，将“於戏！吾不为也。”错改作“于戏，吾不为也。”将“其利甚溥”错改作“其利甚薄”，都是不明字义而造成的妄改。“於戏”即呜呼，音义皆同。改作“于戏”就失去原义了。“其利甚溥”的“溥”，义为“广”，改作“薄”，含意就完全相反了。〔3〕

校对主体的“识”对于校对的意义由此可见一斑。校对主体的“识”，主要依靠长期积累。校对涉及的知识面广，对校对主体的学识无疑是挑战，但反过来说，又是难得的学习机会，校对工作者要抓住机会，在校对实践中做有心人，边校边学，日积月累，不断扩大自己的知识面。这也是一种主观能动性。

三、校对主体要善于应用新技术

当代计算机技术，为机器校对提供了技术手段。现在，计算机校对软件已经日趋成熟了，可以替代部分人工校对。

汉语计算机校对，目前主要采用三种方法：

（1）同一文本分别录入，然后用计算机逐字比较、排查异同。这种方法类似人工折校、点校的对校法。其优点是准确性高，但工作量大，成本

〔1〕《读书杂志·战国策第二·赵·报知氏之雠》。

〔2〕中国出版工作者协会校对研究委员会编. 校对的学问（三编）. 杭州：浙江人民出版社、浙江教育出版社，2004. 365、366

〔3〕中国出版工作者协会校对研究委员会编. 校对的学问（三编）. 杭州：浙江人民出版社、浙江教育出版社，2004. 366

高,且无查找原稿错误的功能。这种方法适用于校对古籍和经典著作,可以替代人工“校异同”的部分功能,有利于消灭录排差错。

(2) 语音校对。其方法是由语音合成系统读出录入的文句,校对员一边听一边对照原稿。这是一种人机合作的对校方法,类似“一人持本,一人读书”。其优点是可以减轻人工校对的劳动强度;缺点是没有查错提示功能,难以发现错用同音字的错误。

(3) 基于分词和词间接续关系,首先将文章分词,然后与软件中的词库快速对照,从而查找词语错误,并且给予质疑警示,提出改错建议。这种方法具有明显的优点:查错速度快,对词语错误辨识率高。不足之处是:误报率高,一般在50%左右,而且对词语以外的错误以及字句漏失均无能为力。

目前,比较实用、比较成熟的机校方法是第三种,即基于分词和词间接续关系的方法。这种方法适用于一般社科读物的校对,用于其他读物校对则须编制(或添加)专业词库,作为通用词库的补充。由于机校存在相当高的误报率,必须实行人校与机校结合,机校报误后由人工进行是非判断。因此,存在一个人机结合的模式问题。校对主体在人机结合校对中的主观能动性,主要表现在三个方面:其一,熟练地掌握机校操作方法;其二,探索人机结合校对的最佳模式,充分发挥机校的优势;其三,掌握编制(或添加)专业词库的技术,根据本社出书学科门类的需要,编制(或添加)校对专业词库。如果校对主体充分发挥了主观能动性,从而充分发挥机校的优势,不但可以减少人工校次,缩短校对周期,而且可以提高校对质量,大大降低差错率。

4

第四章

现代校对的主体、客体和校对活动过程

第一节

现代校对的主体

主体和客体,是哲学上的两个概念。主体指有认识和实践能力的人;客体指主体认识和实践的对象。

校对主体就是从事认识和实践校对活动的人——校对者;校对客体就是校对主体认识和实践的对象——原稿和校样。

由于图书在生产过程中(包括创作、古籍校理、审读加工、录入排版、制片等)不可避免地发生各种错漏,这些错漏都反映在校对客体上,需要校对主体补漏改错,使图书完美地问世。校对客体存在错漏的客观性,校对主体力图补漏改错的主动性,构成主体和客体的矛盾运动,这就是校对活动。

古代的古籍校理出版,历来存在两种形式:官刻和私刻。官刻即朝廷或地方政府组织校理,都要成立专门机构(如昭文馆、集贤院、龙图阁等),设置校书官员(如正字、校理、学士、郎中、校官等);私刻即私家校书,校书主体是藏书家和校雠家。无论是官刻还是私刻,校书主体都是学者个人,校书活动基本上是以个体劳动形式出现的。

现代校对主体与古代不同,其特征是主体多元化。所谓主体多元化,是指作者、编辑、非专业校对人员和专业校对人员共同参与校对活动,组成校对主体群。校对主体群的不同成员,具有各自的优势和劣势,校对活动的组织者,通过分派任务、交叉校对,明确职责、协调监控,使他们扬长避短,优势互补,共同实现校对的功能。

作者校对,属于自校,即自己校对自己创作的作品。作者作为校对主体之一,其优势在于对书稿的总体把握,对书稿涉及知识的全面掌握。这样,就有利于在校对过程中把握全局,判断是非,一般不致"前后失顾","改不误为误"。作者自校也存在"天然"劣势:在校读心态上"自我欣赏”,往往难以客观地查疑猎错;在校读方式上“得意(文句意义)忘形(字符形体)”,往往难以感知字里行间个体字符的差异;由于在创作过程形成思维定式,往往对错漏“熟视无睹”。

编辑校对,属于半自校,即自己校对自己反复审读加工过的书稿。编辑作为校对主体之一,其优势在于对书稿内容的了解,对相关知识的熟悉。编辑同作者一样,也存在“思维定式”的问题,由于“先入为主”的潜在影响,在审读加工过程没有发现的错误,在校对过程一般也发现不了。

在图书出版生产全过程中,编辑的思维特征往往与作者思路趋同。图书是编辑精心策划的,作者是编辑反复遴选的,创作大纲是编辑与作者共同拟订或作者拟订、编辑审定的,编辑对书稿的肯定就是与作者思路趋同的表现。这种趋同性,必然形成本书的主流思维,同时造成编辑难以突破的“思维死角”和“思维盲区”。这种“思维死角”和“思维盲区”,会使编辑处于对原稿“不疑”或“少疑”状态。这就是编辑校对难以发现错漏的内在原因。不是他们不认真、不仔细,而是由于先入为主而陷入“蒙迷”。因此,需要一种逆向思维来冲破主流思维的樊篱,发现书稿中的错漏。

专业校对人员就是具有这种逆向思维的主体。

专业校对人员是以猎错改错为职业的,其思维特征就是多疑。他们在校读过程中,一字、一词、一符地审视,脑海里不断地设疑提问:这个字用得正确吗?这个词语是否得当?这个标点符号用法有无不妥?这个句子符合语法规则吗?句子里的数字、量和单位使用符合国家标准吗?这段文字有没有事实性、知识性、政治性错误?如此等等。专业校对人员脑海里的这些设疑提问,开启自身的知识库存,伴随着目光下闪过的字词对接,参照以往掌握的字、词、句的出错规律,快速地自我排疑答问,从而敏捷地捕捉错误。逐字校读(或比照原稿对校)—设疑提问—调动知识储备—参照出错规律—排疑答问—捕捉错误,贯穿于校对活动的全过程。

下面举一个校对实例。一位资深校对员校对到下面这段文字:

元稹《胡旋女》曰:“才人观者相为言,承奉君恩在圜变。是非好恶随君口,南北东西逐君眄。柔软依身着佩带,裴回绕指向环到。佞臣闻此心计回,荧惑君心君眼眩。”

初读，生疑三处：圜变，裴回，荧惑；再读，又觉“向环到”的“到”韵脚与前句“变”、后句“眩”不同，疑也有误。搜索关于唐诗的记忆，一时难以作出准确判断。便停下来“他校”，查检《全唐诗》。果然，原来生疑的“圜变”“裴回”“荧惑”“向环到”乃“圆变”“徘徊”“惑乱”“同环钏”之误；原来没有生疑的“着佩带”也有误，应作“看佩带”。56 个字的引文竟错了 8 个。那位校对员事后在一篇文章里回忆说：“作者是唐代文学史专家，引用这首诗当不致出现如此离谱的错误，作者交给出版社的是磁盘和电子打印稿，可以断定是代录者录入的错误。但是，没有作者的原始文本，校对者校对时无所依凭，就只能从‘多疑’入手，再查书排疑。如果不‘多疑’……想想真有点心惊肉跳。”

正是这种以猎错为出发点、以多疑为特征、以正误为目的的校对活动，使专业校对员能够突破作者、编辑的“思维死角”和“思维盲区”，将隐藏在字里行间的错误一一捕获。郭沫若是位百科全书式的大学问家，但是，他校对自己创作的《青铜器时代》和《十批判书》时，校了多次，终不免有错，因而发出“深感校对之难”的慨叹。郭沫若深感校对之难，当然并非学识不足。如果让一位学识远不如郭沫若的校对员来校那两本书，灭错率可能会高于郭沫若。其实，这原因并不复杂，就是韩愈在《师说》里说的“术业有专攻”。《广段玉裁论校书之难》一文作者也指出：“能分工然后能专门，能专门然后学识之标准能充分也。”不承认校对专业化的必要性，不培养校对专门人才，正是当前“无错不成书”的一个重要原因。

同作者、编辑相比较，专业校对员具有如下特殊优势：(1) 完全客观的心态；(2) 猎错改错的强烈责任心；(3) 一字一符不放过的“点性阅读”习惯；(4) 一丝不苟的工作态度；(5) 以多疑、猎异、联想为特征的思维方式；(6) 因掌握出错规律而养成的职业敏感；(7) 在校对实践中长期积累的知识储备；(8) 娴熟的校对操作技术。

非专业校对人员是个不稳定的校对群体，包括社内、社外的非专业校对人员和校对服务公司的从业人员。其中只有很小一部分人是退休的校对工作者，大部分人没有经过校对专业培训，又缺乏校对实践经验。这部分人数量很大，是校对工作的一个方面军，但只能充当校对的辅助力量，通常只能承担一校、二校。

上述对校对主体群的分析表明：专业校对才是校对的主力军，校对主体群应以专业校对为核心，校对主体多元化必须与专业化相结合。

第二节

现代校对的客体

现代校对的客体,就是原稿和校样。但是,这个客体是个难以驾御的对象。

首先,它们是个种类繁多的大家族。

有文、史、哲、天、地、生、数、理、化,还有政治、经济、法律、农业、工业、军事、医药、音乐、戏剧、美术等等。按照《中国图书馆图书分类法》的标准,基本大类就有22个之多。

有汉文和藏、蒙、维、朝鲜等众多少数民族文字图书,还有各种外文图书。

有理论著作、学术著作、辞书、古籍、译著、教科书和教辅读物、文学读物、社会科学和自然科学普及读物、少儿读物和低幼读物以及各种专业图书。

有新书、重印书、再版书。

校对主体人人博学通识,事实上做不到,驾御这么多种类的对象绝非易事。

其次,它们存在的错误是多种多样的。

编辑发排文本(原稿),虽然已经“齐、清、定”,但并不是完美无缺的,还可能存在这样那样的错误。从总体上说,可能存在如下10个类型错误:文字错误,词语错误,语法错误,标点符号使用错误,数字使用错误,量和单位使用错误,版面格式错误,事实性错误,知识性错误,政治性错误。

每种类型错误的表现形式又都是多种多样的。比如文字错误的表现形式有:错字、别字、错合、错分、互倒、漏字、多字、错简、错繁等等。词语错误的表现形式有:误用词语,褒贬不分,错用成语,等等。语法错误的表现形式有:词性误用,指代不明,数量表达混乱,搭配不当,成分多余或残缺,语序不当,句式杂糅,不合事理,等等。

有些错误孤立看没有错,但从整体看却是错的。辞书原稿条目技术规格不一致,就是这类错误的一个典型。例如:

A 条目:清光绪二十四年(1898)。

B 条目:清道光二十三年(1843 年)。

C 条目:李鸿章……字少荃,安徽合肥人。

D 条目:李庭芝……随州(今湖北随县)人,字祥甫。

孤立看,四个条目都没有错误;但是,作为一部辞书,各个条目的技术规格应该是一致的。按照这个要求,A 与 B 显然不一致,C 与 D 也不一致。从辞书的整体统一性看,这种不一致就存在错误。辞书的条目,出自众多作者之手,这种技术规格不一致的情况十分常见。

原稿中的知识性错误更是似是而非,令人难以捕捉。例如,某书将《论语》中子夏说的“学而优则仕”译作“学习优秀就可以做官”,如果校对者不明了句子里“优”“仕”二词的古今含义不同,是很难发现译文错误的〔1〕。又如某书将杜甫诗中的“葵藿倾太阳”译作“向日葵老是围着太阳转”,如果校对者不了解“葵藿”并非“向日葵”,是很难发现错误的〔2〕。再如某书说“明长城东起山海关”,如果校对者不知道明代山海关外还有长城直抵鸭绿江〔3〕,也是很难发现错误的。这类错误以讹传讹,如滋蔓草,其害无穷。

有的知识性错误,必须刨根究底地认真查证,才能弄清错在哪里。例如某书稿云:

> 据《幕府燕闲录》载:黄巢起义爆发,唐昭宗逃难……

这句话写得很含糊,“黄巢起义”与“唐昭宗逃难”可以理解为一个历

---

〔1〕《说文解字》:优,饶也。饶即饱,故第一引申义为“有余”,再引申为“优裕,优越”。“优秀”是“优”的远引申义。仕,学也,事也。清段玉裁注云:“训仕为入官,此今义也。”朱熹集注云:“优,有余力也。仕与学理同而事异,故当其事者必先尽其事,而后可及其余。然仕而学,则所以资其仕者益深;学而仕,则所以验其学者益广。”可见“学而优则仕”是子夏“学用结合”的主张,跟“做官”不相干。

〔2〕葵,古代的一种蔬菜,有“叶倾阳”的生物特性;藿,豆科植物的叶子;葵藿,即葵叶。

〔3〕明长城东起鸭绿江畔。

史事件:因为黄巢起义爆发,唐昭宗被迫逃难。如果不刨根究底地查证,这处史实性错误就会放过去。历史事实是:唐昭宗即位于公元888年,而黄巢早已在4年前(公元884年)就已兵败自杀于泰山狼虎谷。就是说,黄巢起义时,唐昭帝还没有即皇帝位。唐昭宗的确逃过难,而且不止一次:公元895年,为李茂贞所逼出奔华州韩建;公元901年,被中尉韩全诲劫持到凤翔;公元904年,被朱温劫持迁洛阳。但是,唐昭宗逃难和被劫持,都发生在黄巢死后多年,跟黄巢起义不相干。

原稿上还经常出现文与注不一致和参见互见落空的错误,还有文表、文图不衔接甚至张冠李戴的错误。

原稿上的差错率通常占总字数的2/10 000～4/10 000,超出合格标准一至三倍。

原稿经过录排打成校样,又增加了录排差错,包括文字差错和版面格式差错,还可能发生漏句、漏行、漏段。录排差错率通常高达12 /10 000～15/10 000。

在校改过程中还会出现漏改、错改等改版差错,有时三校样上会重新出现一校已经改正过的错误。改版的差错率通常为1/10 000左右。

校对主体既要消灭原稿的差错,又要消灭录排差错,还要防范改版差错,确确实实"校书如扫落叶"。

再次,它们出错的原因错综复杂。

原稿出错的原因,有作者"无心之误"(疏忽、笔误、错简、错繁)和"有心之误"(自以为对而实为错),也有编辑的错改,还有作者引文所据文本的错误。

录排、改版差错的原因更多,如拆字失误,手指移位不准或左右手动作不协调而错击邻键、对称键,手指未真击键而漏码,指令失误,邻行邻位错改,等等。作者在电脑上写作,多半采用拼音输入法,因而误录同音字的现象相当普遍。作者自录盘必须进行版式转换,由于制式不同而发生不兼容,或者遭遇病毒侵害,转换过程还可能发生内容丢失、错乱和莫名其妙的错误。

出错原因如此错综复杂,简直防不胜防。校对主体群如果缺乏一定数量的专业人才作为骨干,如果不能保证必要的校对投入,图书的编校质量是无法保障的。

第三节

现代校对活动的过程

现代校对活动的过程，就是校对主体与校对客体矛盾运动的过程。一方面客体存在错误，一方面主体要改正错误，两者互为条件，既相互对立又相互依存。只有当客体的错误得到改正，主体查错改错的目的得以实现，校对的矛盾运动才会终止。

校对主体与校对客体的矛盾运动，主要表现在三个方面：校对客体存在错误的客观性和校对主体消灭错误的主动性的矛盾；校对客体存在错误的复杂性和校对主体知识的局限性的矛盾；校对客体出错原因的多样性和校对主体投入的有限性的矛盾。校对主体与校对客体的这些矛盾，反映了校对活动的本质特征。

校对活动的具体过程，即校对主体与校对客体矛盾运动的具体过程，如图所示。

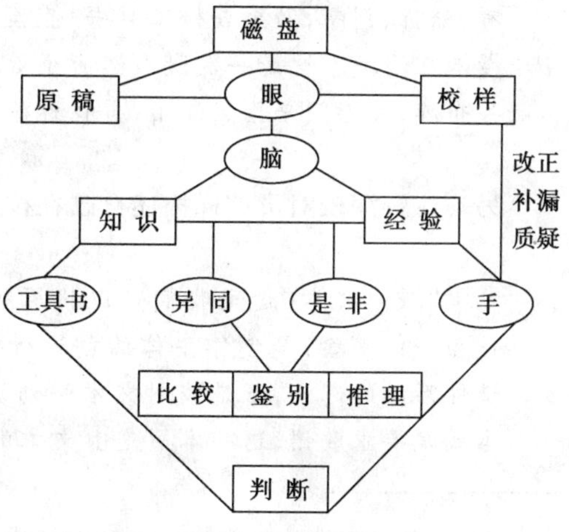

校对活动过程示意图

首先是客体作用于主体的眼，然后经过大脑进行比照和判断，其间，要运用知识和经验，开展比较、鉴别、推理等一系列活动，必要时还要查检相关资料（工具书、国家有关的标准和规范、权威著作等），最后作出是非正误判断，并指挥手对校样进行修改或质疑。这个过程，有时是短暂的甚至是瞬间的，有时却需要花费较长时间。校对者知识渊博，经验丰富，猎错的反应就快捷，活动过程就缩短；反之，活动过程就会拉长，甚至花费很长时间仍不能作出是非正误判断。

一位资深校对员这样描述自己的无原稿校对（通读）活动过程：

“校对主体面对数字化书稿（指电子书稿——引者注），从接触第一行字开始，即踏上情感、知觉、学识、联想为依托的校对之旅。凭借洞察力和判断力，穿越外部表象，潜入客体的深层，进行理性的是非判断，从而达到保真、扬美、纠谬、正误之目的。这就是无原稿校对的过程。

“一个字、一个词、一个标点地看下去，眼睛扫在哪里，刹那间就有十多个信息流过脑际：单字的形（1）声（2）义（3）正确不？词语有无误用（4）或修辞性错误（5）？连成的短语、句子有无语法（6）逻辑（7）错误？整段、整篇文字有无事实性（8）知识性（9）政治性（10）错误？文内的标点符号（11）、数字（12）、量和单位（13）的使用是否符合国家标准和规范？版面格式（14）是否符合设计要求？……

“校对主体脑子里这一切设疑、记忆、联想的流动，与目光下闪过的字、词、句对接，校样上的文字、符号与记忆中的规范、标准、规则、知识相符，目光便继续往后移动；一旦发现不相符，便停下来思考、分析、判断，乃至查检工具书，直至找到答案动手改错，才继续缓慢地往下读。这是一次激烈然而小心翼翼的生命之旅。在书斋里点兵布阵，关起门来指点江山，自我称雄，凄凉而孤独。”〔1〕

另一位资深校对员这样描述自己在校对过程中的感受：

“校对文本（这里我们可以将原稿和它的派生物——校对文本作为一体来看）是创作主体的创造性活动的终点，又是校对主体创造性活动的起点，正是校对文本沟通了两个主体世界。校对文本的本质是要求改错，这一本质是由文本的‘未定性’决定的。用出版的

〔1〕 程浩. 无原稿校对艺术探索. 校对的学问（三编）. 杭州：浙江人民出版社、浙江教育出版社，2004

标准来衡量，校对文本的'未定性'构成文本的'召唤结构'，这种文本结构赋予校对者参与创造出版条件的权力。校对者从一开始就对校对文本带有强烈的'偏见'，错误被改正的潜在性，就产生于校对主体与校对客体的碰撞之中。由于两者不间断的矛盾冲突，客体内在的遗漏得以弥补，错误得以改正，客体的整体价值因而得以提升，终于变'未定性'为'确定性'，获得了出版的'通行证'。”

“从表面看，校对活动是对校对文本的局部的纠错补漏，但从实质上看，却是对校对文本的一种再创造。校对活动要求校对主体充分调动主观能动性，激活自己的学识储备、创造性思维能力、感悟能力，将心理、生理素质调整到最佳状态。”〔1〕

两位资深校对员对校对过程的描述，真有点硝烟弥漫，惊心动魄，虽然校对室里是那么的静谧。

校对活动极具挑战性，集中表现在前面提及的校对客体存在错误的客观性与校对主体消灭错误的主动性的矛盾，校对客体存在错误的复杂性与校对主体知识的有限性的矛盾，校对客体出错原因的多样性与校对主体投入的有限性的矛盾。解决矛盾的方法只有一个：充分调动校对主体的主观能动性，充分激活校对主体的知识储备，充分发挥校对主体的逆向思维、联想思维、发散思维等思维活力，并且在校对过程中边校边学、校学相长。

由此可见，现代校对活动的过程，是校对主体生理的、心理的转换过程，是信息流通和处理过程，是校对主体创造性的思维过程，是校对主体自始至终处在主导地位，按照出版要求精心改造客体的过程，是为作者的劳动成果创造出版条件的过程。

---

〔1〕 吕琳. 释放与提升：对校对主体价值实现的一种描述. 校对的学问(续编). 昆明：云南教育出版社，1998

第五章 现代校对的方法

第一节

校对的基本方法

校对的基本方法有四种：对校法，本校法，他校法，理校法。

这四种方法原是古籍校勘的基本方法，是现代史学家陈垣概括出来的，得到校雠学界的公认，被称为“四种基本校法”。

这四种方法，完全适用于现代校对，因而也是现代校对的基本方法。由于现代校对的对象与古代校勘的对象不同，现代校对“四种基本校法”的具体应用，当然与古代校勘不尽相同。

一、对校法

陈垣认为，“对校者，即以同书之祖本与别本对读”，“其主旨在校异同，不校是非”[1]。陈垣说的是古籍校勘的“对校”，句子里有两个概念：祖本，别本。古籍校勘的对校，是同一种书的不同版本的对校。校勘开始前，必须搜集到众多版本，校书人先要从众多版本中挑选出一本基础好一些的本子作为底本，然后将它同其他版本比照，找出它们之间的异同。做底本的版本叫做“祖本”，做比照的版本叫做“别本”，又叫做“校本”。发现了祖本与别本有“异”，却不能依据别本改祖本，因为存在三种可能性：祖本错了，别本错了，诸本都错了。因此，必须进行分析判断，弄清孰是孰非，“择善而从之”。这就是说，古籍校勘的对校只是发现异同的方法，改正错误还得“校是非”。古籍对校的目的是“存真”，即改正传抄翻刻的错漏，恢复原著的本来面目，表现了对“古人”（原著作者）负责。

---

〔1〕 陈垣著. 校勘学释例·校法四例. 上海：上海书店，1997. 以下所引陈垣关于本校法、他校法、理校法的释义均引自此书。

现代校对的对校就不一样了，它将原稿与依据原稿录排打印的校样比照“校异同”，发现了校样上与原稿不符的“异”，则依据原稿改正校样，无须进行是非判断。现代对校的目的是“保真”，即消灭录入排版的错漏，保证原稿准确而完整地转换成印刷文本，表现对原稿的负责。

因为如此，出版界就有人认为：“校对不过是字对字，是简单劳动，认得字的都可以干。”这是想当然的误解。对校当然要“字对字”，但“字对字”也大有学问。校对者必须娴熟地掌握对校的方法和操作技术，快捷而准确地“字对字”；还必须耐心地、逐字逐句地比照，并且按照文字和标点符号的出错规律，细心地捕捉字里行间的“异”，包括字形“异”，字体“异”，字号“异”，标点符号“异”，数字、量和单位“异”，版面格式“异”，等等。

对校的功夫在“对”，是真正的“机械法”，所以古代校雠家把它称做“死校”。死校的第一要义就是“不掺己见”，校对者采取绝对客观的态度，这是它的优点。高明的校对员在对校时可以做到“得形（字符形体）忘意（文句含意）”，字字符符全都一一过目、一一比照，对校完成后，竟然不知道书里的具体内容。不这样做，是难以在大量的“同”中捕捉少量的“异”的。所以说，实行对校、机械比照，是校对的基础性工作，是校对的基本功。

为什么必须实行对校、机械比照呢？

对校法有两个长处：

其一，容易发现错误。有些句子的文义表面上无误可疑，只有对校才能知道其误；有些句子文义可疑，只有对校才能知道错在哪里。下面举例来说明。某书引文：

> 虎之情不爱蟠也，然而不以环寸之蟠害七尺之躯，权也。

这个句子文义显然不通。老虎既然“不爱蟠”，就不存在“不以环寸之蟠害七尺之躯”的得失“权衡”。但是，错在哪里？不对校是无法找到答案的。事实是漏了一个字。原文是：

> 虎之情非不爱蟠也，然而不以环寸之蟠害七尺之躯，权也。

引文在“不”字前面漏了个“非”字。补上“非”字,句子的文义就明白无误了:“虎之情非不爱蟠也”,老虎并非不爱蟠,只是觉得为了那“环寸之蟠而害七尺之躯”,太不合算了,权衡得失之后,还是远离蟠。只有对校才能知道错在哪里。

其二,可以找到改正错误的直接依据。改必有据是校对改错的一条重要原则,有了疑问首先就应从同书的其他版本中寻找排疑改错的直接依据。也举例说明之。

明刻本宋邵雍诗《首尾吟》云:“车稳如茵草上归。”文义显然不通。经与宋刻本对校,方知原诗是“草嫩如茵车上归”,明刻本将“草”“车”二字颠倒了,又将“嫩”错作“稳”。

校后改版时,还会产生新的差错,其主要表现是邻行邻位错改,发现这种错误更需要对校。何谓邻行邻位错改?例如:

> 周振甫先生以“精心比勘,悉心补阙核校”的编校实践,为我们树主了校书人的完美形象,是广大校对工作者的学习榜样。

文中“树主”乃“树立”之误。一校时在校样上将“主”字画出来,改为“立”。但是改版时可能发生这样的情况:“主”字没有改为“立”,却把“主”字上下左右相邻的某个字错改作“立”,以致造成旧错未改又添新错。这叫做邻行邻位错改。消灭这类差错,也只有依靠对校,即核红,如果发现“主”字未改,除重新标改外,还必须核对上下左右邻行邻位的字有无错改。

总之,对校是发现并改正错漏的重要方法。

对校法也有缺点,用陈垣的话说,“短处是不负责任”。因为对校的对象是同一种书的不同版本,发现错漏的方法是通过比照查检异同。然而古籍原著如果有误,往往各本皆同,现代原稿如果有误,在校样上也无异可寻,只用对校是发现不了原著、原稿的错漏的。段玉裁正是虑及此,提出“不先正底本,则多诬古人;而不断是非,则误今人”的著名论断。只对原稿负责不能说是对读者完全负责。

二、本校法

陈垣说："本校者，以本书前后互证，而抉摘其异同，则知其中之谬误。"这里说的"异同"，是指本书的内在矛盾，如前后矛盾、文注矛盾、文表矛盾、文图矛盾、文气不贯等等。一本书或一篇文章，前后是有内在联系的，文气是贯通的，文注、文表、文图的内容是关联的，如果前后矛盾、文气不贯、文注矛盾、文表矛盾、文图矛盾，就可能存在问题。由于问题出在本子或原稿本身，表现在不同版本上或原稿与校样上是"同"而无"异"的，用对校法根本发现不了，必须通过"前后互证"，发现内在矛盾，进而判断是非，才能找到问题所在。

关于本校法的优点，陈垣在《校勘学释例》中叙述了自己的切身感受："予于《元典章》曾以纲目校目录，以目录校书，以书校表，以正集校新集，得其节目讹误者若干条。至于字句之间，则循览上下文义，近而数叶（页），远而数卷，属词比事，牴牾自见，不必尽据异本也。"

《校雠广义·校勘编》将本校法的具体运用归纳为四条：

其一，据相同词句校勘。同一词汇，同一文句，有时一书屡见，因而可以相互参照，校正讹误。例如蒋礼鸿《梨园按试乐府新声校记》云："关汉卿[双调乔牌儿]套[碧玉篇]：'昏晚相催，日月走东西。'（三页）按：昏晚应作昏晓。十页[双调新水令]套[豆叶黄]：'昏晓相催，断送了愁人多多少少。'可证。"

其二，据相同句式校勘。作者行文往往有时代的或自己的习惯和特点，这往往表现为常采用相同或相近的句式，据此也可校正书面材料中的某些错误。例如屈原《离骚》有云："乃年岁之未晏兮，时亦犹其未央。"闻一多指出："'犹其'二字当互乙。上文'虽九死其犹未悔'，'唯昭质其犹未亏'，'览余初其犹未悔'，'览察草木其犹未得兮'，并作'其犹未'可证。"

其三，据对文校勘。例如《荀子·成相》篇云："上能尊主爱下民。"王念孙云："爱下民当作下爱民，与'上能尊主'对文。《不苟》《臣道》二篇并云'上则能尊君，下则能爱民'是其证。"

其四，据文义校勘。《晏子春秋》内篇《谏上》云："男女辟乐者，周觞五献，过之者诛。"孙诒让校云："'周'当为'酬'之假字。（《仪礼乡饮酒礼》注云:"酬之言周。")'五'疑当为'三'。前《景公饮酒酣愿大夫无为礼晏子谏》章云:'觞三行,遂罢酒。'外篇重而异者,《景公饮酒命晏子去礼礼晏子谏》章亦云'用三献',是不得过三献也。(宣二年《左传》云:'臣侍君宴,过三爵,非礼也。')"

上述本校法的四种具体运用完全适用于现代校对。

下面举几个现代运用本校法的实例。

例1. 某书稿引用西汉枚乘《七发》的一段文字,加了现代的标点符号:

> 太子曰:"善。然则涛何气哉?"客曰:"不记也。然闻于师曰,似神而非神者三:疾雷闻百里;江水逆流;海水上潮;山出内云,日夜不止。"

细读这段文字,发现存在内在矛盾:前句说"似神而非神者三"(江涛的三种气势),后句却是四种气势。这是典型的"前后互证,而抉摘其异同"。错误出在哪里?稍加分析便可知"江水逆流"后面的分号用错了,应该改为逗号。"江水逆流,海水上潮"是同一种现象,因为"海水上潮"造成"江水逆流"。江涛的气势"似神而非神",表现在三个方面:一是声音——疾雷闻百里;二是水流——江水逆流,海水上潮;三是云气——山出内云,日夜不止。由于错用了一个标点符号,导致文义的错误。这是应用"前后互证"的典型案例。

例2. 某书稿正文里说:

> 公元756年,四川发生大地震。

校到书末发现一条注文:

> "天宝十五年,帝奔蜀,川中大震。"

正文说"公元756年,四川发生大地震",而注文说"天宝十五年,帝奔蜀,川中大震",正文和注文发生了矛盾。天宝十四年,即公元755年,爆发了安史之乱,唐玄宗仓皇出逃,于次年(天宝十五年,公元756年)逃到了四川,四川百姓大为震惊。这就是“川中大震”的含义。显然作者误解了“川中大震”的含义。这是应用文注互证的典型案例。

有时一个句子就存在前后矛盾,只要细心推敲便可发现错误。例如某文有如下三个句子:

(某某)精通东方文化,认识个把汉字。

大厅里空荡荡的,人迹寥寥,东边坐着一帮子外国记者。

早已物是人非,看不到任何痕迹。

这三个句子存在着明显的内在矛盾。只“认识个把汉字”的人,怎么可能“精通东方文化”? 既然“坐着一帮子外国记者”,怎能说“人迹寥寥”? 既然“物是”(物依旧),怎么会“看不到任何痕迹”? 这是句子内部的“前后互证”。

“本校法”的方法,就是通读检查。在通读过程中可以有多种检查方法。古代校雠家,经常利用本书、本篇的各种对应关系来进行检查。例如[1]:

用字对应　校《新序·义勇·白公之难》,有“既惧何不返”句。反、返二字古通用。经上下互证得知:全书皆用“反”。故此句当用“反”,应改为“既惧何不反?”

用词对应　校《淮南子·原道》,有“授万物而无分前后”句。查上文有“禀授无形”“布施禀授而不益贫”;下文有“禀授于外而自饰也”。上下皆用“禀授”一词,故此句宜用“禀授”,应改为“禀授万物而无分前后”。

用语对应　校《吕氏春秋·当务》,有“有妻之子,而不可置妾之子”句。本句上下凡表此义均用“不可而”,本句亦应改为“不可而置妾之子”。

承接对应　校《淮南子·诠言训》有“目好色,耳好声,口好味,此四者,耳目鼻口不知所去取,心为之制,各得其所”句。后面总结为耳目鼻口“四者”,而前文只有“目好色、耳好声、口好味”三者,显然前后承接不对应,“耳好声”后当漏“鼻好香”。

---

〔1〕 以下五例摘引自管锡华著.汉语古籍校勘学.成都:巴蜀书社,2003.164~169

反对应 校《孟子·万章下》有"故闻伯夷之风者,顽夫廉,懦夫有立志"句。从反对应关系分析,"廉"与"贪"对应,与"顽"不对应,故"顽"实"贪"之误。

古代校雠的"对应关系"本校法,值得现代校对借鉴。现代校对方法中的"文字技术整理",如根据正文标题核对目录上、书眉上的标题是否一致,检查插图上的形象与文字说明是否相符,核对封面、扉页、书名页上的译著者姓名是否一致,实际上也是利用对应关系施行"本校法"。

现在,由于书稿电子化,原稿与校样合二而一了,校对员只能进行"无原稿校对"操作,"对校法"主要用于"核红"和"文字技术整理","本校法"已经成为现代校对的主要方法。

三、他校法

陈垣说:"他校法者,以他书校本书。"这里说的"他书",与"对校法"的"别本"不同,是指与本书有关的其他的书。

古籍校勘的"他校法"所用的"他书",主要有如下三种:

(1) 书有采自前人者,可以前人之书校之。

(2) 书有为后人所引用者,可以后人之书校之。

(3) 其史料有为同时的书所并载者,可以用同时之书校之。

古籍校勘"他校"的内容[1]主要有如下三种:

(1) 引文,包括一般书的引文、类书引文和注解引文。

(2) 述文,引的不是原文,而是根据被引书的内容加以叙述之文。例如《史记》多采用先秦的书,《汉书》多采用《史记》,《资治通鉴》多采用前史,但不是摘录原文,而是采用作者转述的形式。

(3) 释文,不同于注解中所引的他书之文,而是指注解中引文之外的文字。

上述古籍校勘"他校"用书及"他校"内容,完全适用于现代校对的"他校"。

现代校对的"他校"还有其他内容和用书。主要内容和用书如下:

(1) 简化字,简化字转为繁体字,以《简化字总表》为"他书",防范错

[1] 管锡华著.汉语古籍校勘学.成都:巴蜀书社,2003.173~181

简、错繁。

(2) 异体字,以《第一批异体字整理表》为“他书”,防范错用异体字。

(3) 数字用法,以《出版物上数字用法的规定》为“他书”,防范数字使用错误。

(4) 标点符号,以《标点符号用法》为“他书”,防范标点符号使用错误。

(5) 量和单位,以《量和单位》为“他书”,防范量和单位使用错误。

(6) 汉语拼音,以《汉语拼音方案》《汉语拼音正词法基本规则》《中国人名汉语拼音字母拼写法》《中国地名汉语拼音字母拼写法》《中国各省、直辖市、自治区名称汉语拼音字母缩写法》《中国各民族名称的罗马字母拼写法及代码》《中文书刊名称汉语拼音拼写法》等为“他书”,防范汉语拼音错误。

上述“他书”,都是国家法定的标准或规范,凡与之相悖的,均以国家标准和规范为依据修改。

此外还有:辨别汉语字词使用正误,可以参考比较权威的字典、词典,如《辞海》《辞源》《现代汉语词典》《汉语大字典》《汉语大词典》《新华字典》《新华词典》等。辨别知识、史实的正误,可以查阅比较可靠的相关工具书和著作。工具书与国家标准不同,可以说是“专家标准”。在“他校”过程中,如果发现“专家标准”与“国家标准”相悖,则应以国家标准为准。如果发现几种工具书说法不一,则要进行分析和比较,“择善而从之”。

陈垣指出:“此等之法,范围较广,用力较劳,而有时非此法不能证明其讹误。”原稿中有些错误似是而非,必须找到可靠的书证,才能作出是非判断。“他校法”是判断是非的有效方法,也是防范臆断妄改的有效方法。所以,必要时(即“非此法不能证明其讹误”之时),要不惜花时间、费气力,以“打破砂锅纹(问)到底”的精神,查到水落石出。

下面举四个笔者“他校”实例。

例 1. 成语“再接再厉”常错作“再接再励”。但是,不少编校人员不以为然,问我:“为什么用‘厉’而不用‘励’?”人们错用字词,有不少就是不知其所以然造成的。而要知其所以然,例如弄清“再接再厉”中“厉”字的确切含义,就必须“他校”。笔者为了弄清这句成语的来龙去脉,弄清它的确切含义,先后查阅了《成语辞典》《全唐诗》《韩昌黎全集》。先查《成语辞典》,得知这句成语出自韩愈和孟郊《斗鸡联句》的诗句:“一喷一醒然，再接再砺乃。”但是这句诗是什么意思，《成语辞典》未作解释。再查《全唐诗》，也没有得到答案。接着查《韩昌黎全集》，才终于弄明白了：原来，韩愈和孟郊一块儿观斗鸡，两个鸡斗了一个回合，便都精疲力竭了。两只鸡的主人立即给鸡身上喷水，两只鸡像睡了一觉醒来，立马来了精气神；但是，它们并不马上厮斗，而是各自在地上磨喙。孟郊看到此情此景，便写了两句诗：“一喷一醒然，再接再砺乃。”把斗鸡的神态描写得惟妙惟肖。在古代，“厉”是“砺”的通假字，诗句演变为成语时，“再接再砺”就变成“再接再厉”。这个“厉”字的含义是“磨砺”，同它的本义无关。作为成语，“再接再厉”比喻做事贵在坚持，要一次接一次地不懈努力。

例2. 某《唐诗鉴赏辞典》收有杜甫《自京赴奉先县咏怀五百字》一诗，将其中“葵藿倾太阳，物性固难夺”译作“向日葵老是围着太阳转”。笔者读后生疑：“葵藿”是不是“向日葵”？遂查他书释疑。先查《说文解字》，得知“葵”是古人常吃的一种蔬菜，其生物特性（物性）是叶子向阳。“藿”是一种豆种植物的叶子，在杜甫诗句中显然替代“叶”，“葵藿”即“葵叶”。又查植物方面的工具书，发现向日葵原产北美洲，17世纪中国才引种，而杜甫生活在8世纪，根本没见过向日葵。上述“他校”证明，杜诗中的“葵藿”并非“向日葵”，而是葵菜的叶子。那么，杜诗中的“葵藿倾太阳”的含义是什么呢？再查古代诗文，得知：古代文人将“葵叶倾阳”人格化，说葵叶倾阳是为了“卫其足”，赋予“手足亲情”的内涵。曹植在《求通亲亲表》中，借用了这个词语，表白自己“若葵藿之倾叶”，衷心拥戴哥哥曹丕。显然，辞书作者犯了望文生义的错误，误将“葵藿”译作“向日葵”。

例3. 某辞书“斗”字条义项㊃云：“星名，即北斗。《诗·小雅·大东》：‘维北有斗，不可以挹酒浆。’”笔者知道，“斗”并不是“北斗”的专名，天上还有一个“斗”，即二十八星宿中的“斗宿”，俗称“南斗”。查古代诗文，“斗”也非专指“北斗”。例如成语“斗转星移”中的“斗”，指的是“北斗”。古代天文书上说：“斗柄东指，天下皆春；斗柄南指，天下皆夏；斗柄西指，天下皆秋；斗柄北指，天下皆冬。”因此，古人用“斗转星移”比喻时光流逝。可是，苏轼《前赤壁赋》“月出东山之上，徘徊于斗牛之间”中的“斗”，王勃《滕王阁序》“龙光射斗牛之墟”中的“斗”，指的都是“南斗”。可见“斗，星名，即北斗”释义有误。再查《诗·小雅·大东》，原诗有两句：上句“维北有斗，不可以挹酒浆”；下句“维南有箕，不可以簸扬”。

诗中的“斗”和“箕”，指的是“斗宿”和“箕宿”。再查天文学著作，得知“斗”和“箕”同在黄道星座的人马座，“斗”偏北，“箕”偏南。所以《诗经》上说“维北有斗”“维南有箕”。某辞书所引的书证恰恰说的是“南斗”而不是“北斗”。

例4. 某书引用东汉学者王符在《潜夫论》中的《爱日论》一文，说：“王符为富国追根求源，找到了日力即太阳能的充分利用这个根本。”“明确提出‘化国之日舒以长’的发展战略。”笔者读后生疑：东汉时代就发现了太阳能利用？“化国之日舒以长”含义就是“太阳能充分利用”的“发展战略”？释疑的直接办法就是查阅《潜夫论》中的《爱日论》。笔者在《后汉书》中找到了《爱日论》，原来该文的论题“爱日”与太阳能利用不相干，而是“与民休养生息”的政治主张。文中的“日力”指的是“时日”“民力”。文中特别对“化国之日舒以长”这句话的含义作了相当明确的解释：“舒长者，非谓羲和安行，乃君明而力有余也。”羲和，古代神话里给太阳驾车的神，这里作代词用，指代太阳。译成现代语言就是：我说的舒长，不是指太阳运行，而是说，国家政治清明，百姓才有充足的时间和精力从事生产劳动。至此，可以断定：王符的“爱日”观点，是一种政治主张。作者没有读懂《爱日论》，完全误解了王符的主张。

上述四例，都是通过繁复的“他校”，才证明错误并弄清了致误原因的。例1是为了查清字词的确切含义；例2、例3是为了纠正知识性错误；例4是为了查清一篇古文的真实意义。知识性错误是书稿中常见错误之一，纠正知识性错误尤其要运用“他校法”。在对待知识问题时，既要尊重专家，又不能迷信专家，因为“专门家是多悖的”（鲁迅语），要善于以“他校法”来发现和改正错讹。

四、理校法

对校法、本校法、他校法，从实质上讲，都是“对校”，都是有所依凭。理校法则与对校法、本校法、他校法完全不同，它不采用比照异同的方法，而是采用是非判断的方法。

理，即推理，“理校法”即运用自己的知识储备和判断能力，进行分析、推理，从而作出是非判断的校对方法。陈垣说：“段玉裁曰：‘校书之难，非照本改字不讹不漏之难，定其是非之难。’所谓理校法也。遇无古本可据,或数本互异,而无所适从之时,则须用此法。此法须通识者为之,否则卤莽灭裂,以不误为误,而纠纷愈甚矣。故最高妙者此法,最危险者亦此法。”发现了问题,又找不到可靠的根据,或者各说不一而无所适从,就只能运用“理校法”,但是,此法“最高妙”,对校书人的知识水平和判断能力都是考验;此法还“最危险”,容易造成“以不误为误”,必须十分谨慎。

历代校雠家总结理校的经验,认为理校主要从语言、体例、史实三个方面入手。

(一)从语言入手

所谓从语言入手,是说如果发现确有错误而又无别本、他书可据,则可以从分析语言文字着手,通过辨析字形、字音、文意、语法等手段,来推断其出错原因,从而作出是非判断,改正语言文字错误。

辨析字形是进行理校的有效方法。

这个方法是孔子的学生子夏发现的。《吕氏春秋》上有这样的记载:“子夏之晋,过卫,有读史记者曰:‘晋师三豕涉河。’子夏曰:‘非也,是己亥也。夫己与三相近,豕与亥相似。’至于晋而问之,则曰:‘晋师己亥涉河也。’”子夏首先对“晋师三豕涉河”生疑:晋国的军队怎么会赶着三头猪涉河?然后分析出错原因,得出“字形相似容易混淆致讹”的结论,最后作出正确的判断:“是己亥也。”这是从分析字形入手辨误纠谬的经典案例。字形相似容易混淆致讹,是汉字使用出错的第一规律。

辨析字音是进行理校的又一有效方法。

汉字的特点之一是多字同音,字音相同容易混淆致讹,这是汉字使用出错的另一规律。现代编辑家周振甫曾用此法纠正毛泽东在《沁园春·雪》词中的一处笔误。1956 年,该词首次在《诗刊》上发表时,词中有“原驰腊象”一句,周振甫在编注《毛主席诗词选》时,认为“腊象”当作“蜡象”。“腊”与“蜡”,音同形似,但含义不同。蜡,色白而凝重,用“蜡象”形容雪原,更合乎义理。他写信向《诗刊》主编臧克家请教,臧回信赞成改为“蜡象”。

辨析文意是进行理校的又一有效方法。

清代校雠家王念孙用此法发现先秦古文《触詟说太后》中的错误,是理校法的经典案例。

《战国策》上有一名篇，为《触詟说太后》。原文如下：

赵太后新用事，秦急攻之。赵氏求救于齐，齐曰："必以长安君为质，兵乃出。"太后不肯，大臣强谏，太后谓左右："有复言令长安君为质者，老妇必唾其面。"左师触詟愿见，太后盛气而揖之。

《触詟说太后》是千古名篇，流传两千多年了，从无人怀疑过它。到了清代，校雠家王念孙发现了其中的错讹。王念孙觉得，文中上句的"有复言"与下句的"左师触詟愿见"前后文气不贯。他推断"触詟"是"触龙言"之误。"詟"由龙言二字组成，传抄者将龙言二字错合成"詟"（古文是竖排的，詟字是上下结构）。王念孙认为，上句"有复言"，下句当为"左师触龙言愿见"，前后文气就贯通了。太后发下话来："有复言令长安君为质者，老妇必唾其面。"大臣们都不敢"复言令长安君为质"了。这时，左师触龙站出来说（言）："我愿意去见太后（愿见）。"太后听了，气呼呼地接见了他（盛气而揖之）。从语言文字表达上分析，这么一改，文通字顺，语气贯通。王念孙在没有"别本"或"他书"为依据的情况下，通过辨析文意，推理判断，对文章作出合理的修改。但是，这样的修改，涉及一个历史人物左师，此公究竟名为"触詟"还是"触龙"？1973年长沙马王堆汉墓出土帛书《战国纵横家》，上面明明白白地写着：左师触龙言愿见。证实了王念孙的推理判断。

辨析语法也是理校的有效方法。

古代汉语有古代汉语语法，现代汉语有现代汉语语法，语法是语言的结构规律，违反了语法规则，就不能正确地表情达意。所以，运用语法规则分析文章，也是发现和改正错误的有效方法。下面举几个校对实例。

例1. 唱出了民族危机的深重，激动着人民团结战斗的意志。

例2. 这家工厂去年年产值仅1 200万元，今年跃升为3 600万元，整整增长了三倍。

例3. 谁也不会否认，月亮不是地球的卫星。

例4. 我国早在一千多年前就已经种植和使用桐油了。

例5. 中学时代打下的基础知识，为他进一步自学创造了条件。

例6. 通过宣传教育，使他终于改邪归正，走上了正道。

例7. 到会的代表提交了各种中医、藏医学术论文91篇。

例8. 一个人的进步快慢,关键在于内因起决定作用。

上述8个例句,都是常见的病句类型,病因就是违反了语法规则。

例1中的"激动"是形容词,不能作动词用,后面不能带宾语。应当改为"激励"。

例2犯了数量表达混乱的错误。倍数表示数值的比例关系,指跟原数相等的数,计算增长倍数应减去底数。3 600万元-1 200万元=2 400万元,是底数(1 200万元)的两倍,而不是三倍。

例3误用否定。"不会否认"即肯定,后面又说"不是",变成三重否定,意思就变成:谁都肯定"月亮不是地球的卫星"。同本想表达的意思恰恰相反。

例4动词谓语"种植"与宾语"桐油"不搭配,与"种植"搭配的应是"油桐树"。

例5主语中心与定语不搭配。"中学时代打下的"是"知识基础"而不是"基础知识",应该将"知识"移到"基础"前面。也可以将"打下"改为"掌握",因为"掌握"与"基础知识"是搭配的。

例6主语残缺。"通过宣传教育"是介宾短语,不能作主语,所以这个句子主语残缺了。可以删去"使",让"他"作主语。

例7语序不当。应该将"各种"后移到"藏医"后面,是中医、藏医的"各种学术论文",而不是"各种中医、藏医学术论文"。

例8句式杂糅。这个句子将"关键在于内因"和"内因起决定作用"两个句式杂糅在一起了,选用其中一个句式即可。

(二)从体例入手

从体例入手是古籍校勘的重要方法。古书通常都有一定的体例,正如清代学者阮元所说,"经有经之例,传有传之例,笺有笺之例,疏有疏之例"。不同的文体具有各自的特点,因而根据古书的不同体例进行类比,可以发现古书中的错误。例如《墨子·非攻中》:"诗曰:鱼水不务,陆将何及乎?"王念孙指出:"陆将何及乎,不类诗词,乎字盖浅人所加。"这是典型的从体例入手的理校法。古籍校勘的这种理校方法,现代图书校对可以借鉴运用。例如,从体例入手的理校方法,可以运用在辞书校对实践中。辞书编纂有着严格的体例,但由于编写者众多,在辞书校样上,常见体例不一的问题,从体例入手可以发现错误,从而保证辞书体例的一致。

（三）从史实入手

所谓从史实入手,就是从图书的内容方面,检查文字是否符合历史事实。史实是由特定的人物在特定的时间和空间造成的,有产生的原因和形成的结果,所以可以从这几个角度来发现错误。

《汉书·艺文志》云:“《古文尚书》者,出孔子壁中。武帝末,鲁共王坏孔子宅,欲以广其宫,而得《古文尚书》及《礼记》《论语》《孝经》凡数十篇,皆古字也……孔安国者,孔子后也,悉得其书,以考二十九篇,得多十六篇。安国献之。遭巫蛊[1]事,未列于学官。”清初学者阎若璩对此记载生疑,因为《史记·孔子世家》上说:“安国为今皇帝博士,至临淮太守,蚤(早)卒。”这就是说,武帝末年孔安国已经亡故多年了。阎若璩质疑说:“予尝疑安国献书,遭巫蛊之难,计其年必高,与马迁所云蚤卒者不合。信《史记》早卒,则《汉书》之献书,必非安国;信《汉书》献书,则《史记》之安国,必非早卒。然马迁,亲从安国游者也,记其生卒,必不误者也。窃疑天汉后,安国死已久,或其家子孙献之,非必其身,而苦无明证。”司马迁写《史记》,“至太初而迄”,《史记》说孔安国“蚤(早)卒”,说明死于太初(公元前104年)以前,而“巫蛊事发”是征和二年(公元前91年)的事,两者相距十余年,发生在征和的献书人,绝对不可能是死于太初以前的孔安国。过了几年,阎若璩终于找到了答案。他在《尚书古文疏证》中写道:“越数载,读荀悦《汉记·成帝纪》云:‘鲁恭王坏孔子宅,得《古文尚书》多十六篇。武帝时,孔安国家献之,会巫蛊事,未列于学官。’于安国下,增‘家’字,足补《汉书》之漏。”[2]这是从史实入手推理判断是非的经典案例。

清末词人郑文焯纠正北宋词人周邦彦《蝶恋花》词抄本中的误字,也是从史实入手辨误的。周邦彦词抄本有这样两句词:不见长条低拂酒,赠行应已输纤手。郑文焯认为,“纤手”当作“先手”。“先手”与“不见”打

---

[1] 巫蛊:我国古代法律指祈求鬼神加害于人或以邪术使人迷惑昏狂的犯罪行为。汉武帝时因巫蛊屡兴大狱,史称“巫蛊之祸”。

[2] 《尚书古文疏证》卷二。

了个时间差，是一因一果的关系。词人送友来到柳下，欲折柳条拂酒赠行，却“不见长条（柳条）”，因为来迟了一步，“长条”已被先来赠行的人折去，所以说“赠行应已输先手”。

类似于史实不符，存在“时间差”的错误，在现代书稿中极为常见。例如某书稿说：“对于纷繁复杂的人生现象，古希腊有位哲学家把它比喻为奥林匹克运动会。”从史实入手分析，就会发现古希腊是公元前巴尔干半岛南部、爱琴海诸岛及小亚西亚西岸一系列奴隶制城邦的总称，早在公元前146年就并入罗马版图；而奥林匹克运动会始于1896年，两者相距2 042年。生活在两千多年前的古希腊哲学家怎么可能用两千多年后的奥林匹克运动会作比喻？古希腊的运动会叫做“奥林匹亚竞技”，虽然现代奥林匹克运动会导源于古代奥林匹亚竞技，但是两者毕竟不是同一事物，作者显然将两者混淆了。又如某书稿说：“张献忠在四川杀人六万万有奇。”张献忠在四川杀人发生在清初，当时全国人口也没有“六万万有奇”，显然这是有悖史实的。

此外，古籍校勘还有考地理、考地宜、考历法、从义理、推算数字、据古今习俗等诸多推理方法，都是现代校对可以借鉴的。

四种校对方法，必须综合运用。在存在原稿与校样两个客体的情况下，必须首先运用对校法，将校样与原稿对照，依据原稿改正校样上的错漏。电子书稿校对，一校时要将版式转换后的校样与编辑加工过的打印稿对校，防范版式转换过程中可能发生的内容丢失和错乱，以及编辑修改部分文字的漏改和错改，还要对照版式设计标注改正可能存在的版面格式差错。在消灭录入排版或版式转换错漏，保证原稿准确而完整地转换为印刷文本后，再运用本校法进行通读检查，发现并改正原稿可能存在的错漏。运用本校法发现了“前后互证”解决不了的问题，则要运用他校法，从相关工具书和权威著作中寻找改错的依据。当无据可查或数本互异之时，则可运用理校法进行推理判断。

如此综合运用校对的四种基本方法，就可以尽最大可能地消灭各种差错，从而确保图书的内在质量。

第二节

核红、过红和文字技术整理

核红、过红和文字技术整理，是在现代出版条件下，为适应现代校对工作需要的方法创新。

核红 核红，即核对上一个校次纠错的字符是否改正，检查有无错改。核红是一项细致的技术性工作，必须按照技术要领操作。核红的技术要领是：

第一步，核对上一个校次改动的字符，至少核对两次。

第二步，如果发现应改而未改的字符，除了重新改正外，还要搜检该字符上下左右相邻字符有无错改，以防邻行邻位错改。

第三步，正文标题在校对过程中如有改动，则要在核红时以改后的正文标题为依据，核对目录和书眉。

第四步，比对红样（上校次校改样）与校样（改后打印样）四周字符有无胀缩，如有胀缩，则要对相关行及其上下行逐字逐符细查，找出胀缩原因，改正可能存在的差错。

如果文字增删导致转行转面，要特别注意：(1) 检查有无因增行缩行导致邻行文字错乱；(2) 排有着重点的文字，要核对着重点的位置，以防着重点错位；(3) 检查正文注码、脚注注码有无因转面而需调整（例如原校样有①②③三个注，因文字增加而将③转至另面，则应将脚注③改为脚注①移至另面，同时将另面脚注的注码依次调整；因删去文字而将另面注文转至本面，则应将另面脚注移至本面，依次调整其注码，同时调整另面注码）；(4) 文图、文表必须衔接，所以还要检查因文字增删导致转面有无破坏文图、文表的衔接。

以为核红就是核对上一个校次改动的字符，只做第一步工作，核红质量是没有保证的。

过红　过红，又称“誊样”“过录”，即将作者和编辑在校样（通称“副样”）上所修改的字符一一誊录到校对员校过的校样（通称“正样”）上。如果正样改动少而副样改动多，也可以将正样誊录到副样上，把副样变为正样。过红的目的是：将作者、编辑、校对员的校对成果集中起来。要求确保过红不错不漏。过红是一项技术性很强的工作，态度上必须认真细致，技术上必须遵循过红程序。

过红的程序如下：

第一步，把原稿和校样（包括作者和编辑校过的副样，校对员校过的正样）集中起来，检查封面、扉页、书名页、目录、正文、索引、图版等是否齐全，正文页码是否衔接。

第二步，依照次序自上而下、自左而右，一行一行地过红。过红时，要注意副样上的修改是否合理，修改的内容中涉及的人名、地名、国名、书名等专名与全书是否统一，若有疑义则应质疑，提请责任编辑解决。如果副样上增删较大，导致版面变动，则要精心调整版面，必要时应增加校次，以确保校对质量。

第三步，根据修改后的正文标题，对照目录和书眉上的标题，务使目录、书眉上的标题与正文的标题一致。

过红一般由责任校对负责。

文字技术整理　文字技术整理，简称“整理”，既是现代校对的基本方法，也是现代校对工作的必要程序。文字技术整理的作用有三：其一，弥补版式设计的疏漏；其二，防范排版造成的技术性错误；其三，防范多人交叉校对产生的不统一。图书校对是由多人集体交叉进行的，由于不同校对主体对差错的认定不可能完全一致，又由于多人交叉校对，每个人都只接触一个局部，容易发生全书不统一的问题，因此，每个校次后，都必须做一次文字技术整理；三校完成后，再进行一次全面的文字技术整理。一校、二校后的整理，由本校次的校对者负责，也可由责任校对负责。三校后的全面整理，由责任校对负责。

校对工作的程序应是：一校一整理一退改→二校一整理一退改→三校一全面整理一退改→通读检查一退改→制片→对片→付印。

文字技术整理的内容主要有如下10项：

（1）核对封面、扉页、书名页，使书名、著译者或主编者姓名、出版单位名称、出版日期、版权记录等内容完全一致；

(2) 根据正文标题核对目录上的标题和书眉上的标题(书眉上通常双页排一级标题、单页排二级标题),检查文字是否一致,页码是否相同;

(3) 检查正文各级标题的字体、字号、占行和位置是否符合设计要求,同级标题字体、字号、占行和位置是否一致;

(4) 检查插图的形象与文字说明是否相符;

(5) 检查图表、公式与正文是否衔接,图表、公式的编序形式是否正确,序码(应连续)有无缺失或重复;

(6) 检查表格和公式的格式是否规范,表格转页、跨页和公式转行是否符合规范,公式的变形是否正确;

(7) 检查正文注码与注文注码是否相符,参见、互见页码是否准确;

(8) 检查前言(序)、后记(跋)、内容提要等指示性文字,与正文内容是否相符;

(9) 如系全集、文集、套书,则要检查是否成龙配套,版式、体例是否一致;

(10) 解决相互关联的其他问题。

文字技术整理必须十分认真,一丝不苟,不可有丝毫马虎。

第三节

人校与机校结合

机校,指使用计算机校对软件,在电脑上进行校对。人机结合校对,是在新技术条件下的创新,是现代校对方法的重大发展。提出"人机结合"是因为:计算机校对软件是采用基于分词和词间接续关系的方法编制的,查检常见错别字、专名错误及成语错误,效果相当好,速度极快,辨错力很高,是校对的得力工具。但是,汉语校对是一项高度智能化的工作,它不仅依赖于各种知识,而且依赖于校对者对作者创作意图的了解,完全脱离人的计算机校对几乎是不可能的。计算机校对的本质,决定了它只能处理可以形式化的问题,而文字的形式符号是有限的,自然语言更不可能彻底形式化,它所采用的语言模型不可能同自然语言完全吻合,所以,计算机校对软件的查错能力是有限的,误报、漏报一般都在50%左右。综上所述,人机结合,优势互补,是现代校对的发展方向。如下图所示:

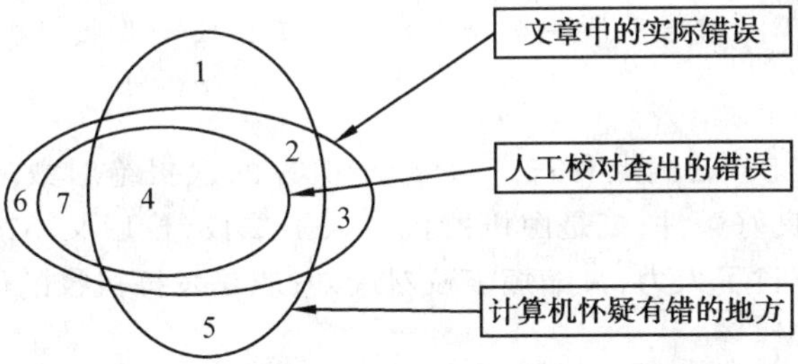

图中的7个区域,4为人机重合部分,1、5为机校误报部分,3、6、7为机校漏报部分,2、3、6为人校漏检部分,2、4、7为人机结合校对灭错部分,人机结合得好,2、4、7区域就扩大,3、6区域就缩小,灭错率就高,留错率就小。因此,实践提出一个课题:人机结合校对最佳模式。

所谓最佳模式,就是通过人机结合的方式,最大限度地发挥机校的优势,同时最大限度地限制机校的劣势。机校最大的劣势是误报率高,而过高的误报率,势必增加排误的人力和时间。因此,必须选择适合机校的校次和人校与机校结合的有效方式。

图书校对通常必须进行三个校次。三个校次里,一校样里错漏最多,差错率通常在15/10 000～20/10 000。差错率高,误报的绝对数量当然就多,差错率高的一校样如果实行机校,报错率往往高达30/10 000～40/10 000,有的甚至高达100/10 000。自然语言多的小说类书稿,一校采用机校,电脑屏幕上会出现一片红(提示有错的字词句用红色标识),机校后需要人工一一排疑,其工作量甚至大于人工一个校次。而且,机校发现不了漏排,一校样上漏排的情况是常见的。这样,机校的优势就会被其劣势抵消。所以,一校一般不宜机校。

经过多年实验,校对工作者创造了“二三连校”的人机结合模式:

人工一校—改版→机器二校—人工三校—改版→通读检查

具体做法是:一校由人工校对,改样后实行机校。机校后不改,接着由人工三校。首先对机校的报错及改错建议一一进行判断,然后通读一遍,发现并改正机校的漏校。三校改版后,再进行通读检查。如果在通读检查之前再用计算机快速清扫一次，校对质量会更有保证。这种人机结合模式叫做“二三连校＋机器清扫”。其模式如下：

人工一校—改版→机器二校—人工三校—改版→机器清扫→通读检查

“二三连校”的优点有三：一是减少机校的误报绝对数量，为后续人工校对创造良好条件；二是由机器代替人工二校，校后又不改版，减少一次改版，既节省了人力，又缩短了校对周期；三是发挥机校的优势，有利于提高校对质量。

还有一种有效的人机结合模式：在编辑着手加工之前实行机校，机校的报错及改错建议，供编辑加工参考，有助于提高编辑加工的质量，从而大大降低原稿上的留错率。如果原稿差错率降低，就为提高校对质量创造了良好的客观条件，甚至有可能减少校次，缩短校对周期。在校对过程中，再在三校之后用机器清扫一次。这种两头机校、中间编辑加工和校对员校对的模式，叫做“清源净后”。

6

第六章 现代校对的技术

现代校对技术，包括校对操作程序、校对主体优化组合、校对操作技术、校对监控技术、校对技术规范、校对技术符号等，构成现代校对技术系统。

第一节 校对技术概念

校对技术有一系列术语，它们属于校对的一般概念。现将常用校对技术术语及其含义和使用规范分述如下：

原稿 由作者创作、编译者编译、校订者校订、主编者编纂，经编辑审定并加工后发排的文本，统称“原稿”。原稿是现代校对的主要对象之一，是校异同的基本依据。

校样 依据原稿排字拼版后打印的样张，依据校改样改版后打印的样张，按照编辑的版面设计将作者的电子书稿转换成印刷文本打印的样张，统称“校样”。校样分为一校样、二校样、三校样、清样等，清样是最后一次校样，是作为制版制片依据的工作样张。校样还有正样、副样之分。同一校次打印两份或多份校样，一份由校对员校对，叫做“正样”，另一份或几份分送作者、编辑校对或专家校订，叫做“副样”。“副样”上的改动要誊录到“正样”上，这种誊录叫做“过红”。

校次 校对的次数。一般分为初校、二校、三校、通读检查等，通称“三校一读”。

分校 接校 调校 将校样分成几部分（如分编、分章），由几个人同时校对，叫做“分校”。几个人相互交换校样校对，叫做“接校”。两个校次连校，由两个人接力，前校次校完后交给后校次，叫做“调校”。

正文 附件 书稿的主要部分（编、篇、章、节）叫做“正文”。其余部分（内封、书名页、版权页、前言、序、目录、后记、跋）叫做“附件”，又称“零件”。

注文 注码 注文，又称“注释”“注解”，形式有“夹注”（在正文内用括号或用比正文字号小的字加注)、“脚注”(在本面下端,通常用小五号字或六号字,用短线与正文分隔开)、“篇末注”(在本篇末尾)、“书末注”(在全书末尾)等。注码,指注文的序码。除夹注外,都在正文需加注处标示注码,注码通常用圈码,小于正文字号,排在正文需注的词语、句子后面上端。脚注、篇末注、书末注的注码应与正文注码一致。校对时要特别注意因捅行、捅版导致的脚注注码变更。

另页 另面 另页又称“另页起”,指另页起排。另页起排要从单页码开始,如前面文字末行也是单页码,则其后的双页码可以空白。另面,又称“另面起”,指另起页码排。另面起不分单双页码。

另行 接排 另行,指下段文字重新起行另排。接排,指不另行起排。

版面 版心 版面,指图书一面的幅面,包括文字、图表和四周的白边。版心,指每面文、图、表所占的幅面。

书眉 中缝 书眉,指版心上端加印的一行文字,这行文字反映篇章或章节的变化,其作用是为了便于翻阅检索。因此,书眉上的篇、章、节名必须与正文的篇、章、节名一致。书眉的版面格式规范是:双数页码排一级标题(篇名或章名),单数页码排二级标题(章名或节名);如果同一面正文上有两个二级标题,则排后一个二级标题;书眉下面可以用正线、反线或文武线与正文隔开;书眉一般排在切口一侧,也可以居中排;另面、另页起排的篇、章开头一面上不加书眉。中缝,本指古代雕版书前后书页的结合空白部分,折叠起来是书口,相当于现代图书的切口位置,印有书名、页码。现代出版的竖排本图书的书眉,位置与古籍中缝相同,故仍叫做“中缝”。中缝排在版心切口外侧,上部按双、单页码分别排一级标题和二级标题,下部排页码。

字距 行距 字距,指字与字之间的间隔。行距,指行与行之间的间隔。行距的确定,以疏密适度、阅读舒适为原则,还要因书而异,一般图书的行距为同字号的1/2或2/5。字距、行距全书应该一致。

占行 上空 居中 顶格 为了使标题醒目、美观,除选用不同于正文字体而且大于正文字号外,还应扩大标题的空间,其空间相当于正文的多少行,叫做“占行”。“上空”,指标题与上版口的空距。居中和顶格,指标题的位置:位置居于正中,叫做“居中”;位置与版心齐,叫做“顶格”。

回行 缩行 缩面 回行,即转行。缩行,即缩去本行文字,移至上一行。缩面,即缩去本面文字,移至上一面。

捅行 捅版 捅行,指校样上因增删文字牵动上行或下行。捅版,指校样上因增删文字导致增加页码或减少页码。捅版引发版面变动,注、图、表都可能受到牵连,极易出错。校对时要通过技术处理尽量缩小牵动面。

字体 字号 字体,指印刷用字的式样,常用字体有宋、仿宋、黑、楷、隶;还有上述字体的变形,如长宋、扁宋、圆黑、行楷等。此外,还有各种艺术字体。数码字体有白正体、白斜体、黑正体、黑斜体、阳文码、阴文码、阳文汉码、阴文汉码、上下角码等。字号,指印刷用字字身大小的规格。字身规格分为初号、小初号、一号、小一号、二号、小二号、三号、小三号、四号、小四号、五号、小五号、六号等级别。一本图书,有目录、标题、序、正文、跋、书眉、注释、参考文献、附录,标题又有篇名、章名、节名、正标题和副标题之分。为了区别标题与正文、各级标题、目录与正文、序跋与正文、书眉与正文、注释与正文、正标题与副标题等等,在设计版式时,会标注不同的字体、字号,校对时要将校样与版式设计核对。

封面 封面是图书的外包装,必须按照规定刊登书名、著译者名、出版者名、条码、定价、国际标准书号等项内容。

书名页 根据国家标准《图书书名页》(GB 12450—90)的规定,图书正文前面必须设置载有书名信息的书名页。书名页包括主书名页和附书名页。主书名页置于单数页码面,必须提供书名、著作责任者、出版责任者等信息。主书名页背面(附书名页)必须提供图书的版权说明、在版编目数据和版本记录等信息。

第二节

校对操作程序与校对主体优化组合

一、校对操作程序

现代校对的特点之一,是多主体、多校次、多交叉。主体有作者、编辑、校对员、其他参与校对人员。一般书稿必须坚持四个校次，即三校一读，特殊书稿还要相应增加校次。一部书稿的各个校次，由多主体集体交叉校读而完成。由此可见，校对过程是一个技术系统工程。三校一读加上核红、过红、文字技术整理，构成纵向递进系统。要使这个纵向递进系统有序化，必须建立科学的技术操作程序。

传统校改程序是：一校—退改→二校—退改→三校—退改→通读检查—退改—打出清样。

人机结合校改程序是：人工一校—退改→机校—人工三校—退改→通读检查—退改—打出清样。

编辑加工精细、留错较少的书稿，可以实行一二连校，或二三连校，或一二连校、三校接着通读检查。其校改程序也相应有三种：

一校—二校—退改→三校—退改→通读检查—退改—打出清样。

一校—退改→二校—三校—退改→通读检查—退改—打出清样。

一校—二校—退改→三校—通读检查—退改—打出清样。

实行哪种程序，要从书稿的实际情况和出版社校对周期的要求出发，其前提条件是确保校对质量。

百万字以上的大部头书稿，在实行上述程序的前提下，还可以采取分批出样、分批校对、分批退改、分批通读检查的办法。这样分批校改，有利于缩短校对周期。但是，分批校改有可能造成各批版面格式处理不统一，因而三校之后必须由责任校对进行全面文字技术整理。

二、校对主体优化组合

四个校次或更多校次不能由一人包揽，而必须由多人交叉，在通常情况下，不同的校次必须由不同的校对主体承担。这样，作者、编辑、校对员、其他参与校对人员，构成校对横向层次结构。

校对工作的终极目的是：将各种差错消灭在图书出版之前。因此，校对横向层次结构应该是优化主体组合。前面说了，现代校对主体是多元的，现代校对操作是交叉的。不同书稿、不同校次，对校对主体有不同的要求。例如，校异同（主要是一校和二校）要求校对主体工作作风严谨，一丝不苟，熟练地掌握对校操作技术；校是非（主要是三校和通读检查）要求校对主体校对经验丰富，语言文字功底较深，知识面较宽，掌握各类差错的出错规律。通读检查对校对主体思想水平和文字水平提出了更高的要求。因此,组织“三校一读”,必须合理安排人选,扬长避短,发挥优势,使“三校一读”的主体成为优化组合。

在制定校对横向层次结构时,必须十分注意主体多元化与专业化相结合,充分发挥专业校对员的核心作用。例如,三校必须由专业校对人员承担,责任校对必须由具有中级以上专业技术职务的专业校对人员、或从事校对工作五年以上的专业校对人员担任。必须妥善使用社外非专业校对力量,充分发挥社内专业校对员的专业优势,确保他们在整个校对过程中的主导地位和核心作用。

第三节 现代校对操作技术

一、折校技术

折校,即将原稿按行折叠,与校样对校。其操作技术如下:把校样放在正前的桌子上(桌面最好有斜面,将校样置于斜面上,可以减轻眼睛疲劳),用两手的食指、拇指、中指拿着原稿,从第一行起,逐行折起贴紧校样上相应文字,同时两手的食指轻轻压在原稿与校样的折缝上,然后从左向右徐徐移动原稿,使上面原稿字符与下面校样字符随着视线上下对照,通过移动对照异同,捕捉校样上的错漏。如果原稿加工改动较大,为了看清原稿的勾画线路和文字增删,也可将原稿放在下面,依照前述操作技术,用双手折叠校样移动对照原稿。

采用折校技术,视线移动一般有三种方式:(1) 平行式,即一目双行;(2) 曲线式,即视线在上下行曲线移动;(3) Z 字式,即一目上下两字式移动视线。

采用折校技术对校,有三个优点:(1) 将原稿与校样紧贴,相应字符集中在一个视点上,校对时头部无需左右摆动,可以减轻劳动强度;(2) 将原稿与校样紧贴着字对字、符对符,两者的异同一目了然,容易捕捉错漏;(3)手、眼、脑并用,有利于注意集中。折校是完完全全的机械比照,校对者往往“得形忘意”,不知道书稿的内容。从校异同的效果来看,这种“得形忘意”,专注于字符形体,应当说也是个优点。但按校是非的要求,则由于“忘意”而发现不了原稿本身的错漏,所以说它的缺点是“不负责任”。

折校适用于没有改动或改动较少的书稿,最适宜于重排书稿的校对。这类书稿稿面清晰,重排书稿与校样的字体、字号、版面格式完全一样,折校方便,对校速度快、效果好。

二、点校技术

点校,指校对者先读原稿、后看校样,一句一句地对校。点校是古代校雠的传统技术。点校的操作技术是:将原稿置于左边,将校样置于右边,左手指着原稿默读,右手执笔在校样上移动,逐句对校;也可将一个句子分为两段或三段(例如:科学 | 意味 | 着 | 文明),但不可断开词语。

点校的优点是:校对者可以自由支配速度,遇到难辨的字词或勾画较乱之处,可以放慢速度,甚至作短暂停顿,有助于校对者理解文义,发现原稿的错漏。其缺点是:原稿和校样左右置放间距较大,校对者在左边默读一句,又到右边对照一句,有时记不住原稿句子的全部文字,容易遗漏校样上的字符。由于头部不停地左右摆动,容易产生身心疲劳,影响校对速度和质量。

点校技术适用于校对改动较大、勾画较乱的书稿。

三、平行点校技术

平行点校是对点校技术的发展,其操作技术是:将原稿折叠起来(一页可折五六折,每折约四五行),覆在校样需校的文字或图表上,使原稿与校样平行,然后依照上述点校技术要领,逐字逐句默读原稿,逐字逐句对照校样。

由于原稿与校样平行置放,对校时头部无需左右摆动,克服了点校技术的弊端,从而可以减轻劳动强度,提高校对速度。

四、读校技术

读校,又称"唱校",类似刘向说的"一人读书,一人持本,若怨家相对"。读校的操作技术是:一个人朗读原稿文字、标点,另一个人或几个人看校样,一边听读,一边核对,记下异同,同时依据原稿改异。朗读者要口齿清晰,发音准确,速度适中,清楚而准确地朗读原稿文字和标点。比如,朗读下面一段文字:

原　文	朗　读
"校异同"的要旨在"异同",是指将校样与原稿逐字逐句比照,通过发现两者异同的方法,发现并改正录排错漏。其功能是:保证原稿不错不漏地转换成印刷文本。	另行起　前引号　校异同　后引号　的要旨在　前引号　异同　后引号　逗号　是指将校样与原稿逐字逐句比照　逗号　通过发现两者异同的方法　逗号　发现并改正录排错漏　句号　其功能是　冒号　保证原稿不错不漏地转换成印刷文本　句号
"校是非"的要旨在"是非",是指在消灭录排差错之后,脱离原稿通读校样,通过对原稿内在矛盾的是非判断,发现并改正原稿可能存在的错漏。其功能是:弥补编辑工作的疏漏,使书稿趋于完善。	另行起　前引号　校是非　后引号　的要旨在　前引号　是非　后引号　逗号　是指在消灭录排差错之后　逗号　脱离原稿通读校样　逗号　通过对原稿内在矛盾的是非判断　逗号　发现并改正原稿可能存在的错漏　句号　其功能是　冒号　弥补编辑工作的疏漏　逗号　使书稿趋于完善　句号

读校技术比较适宜于政治理论著作和重要文件的校对。古文书稿用词生僻且通假字多,科技书稿公式、方程式、科技术语多,读的人读着拗口,听的人听不明白,均不宜采用读校。

五、通读检查技术

通读跟读校不同,校对主体是一个人,校对客体是校样,校对主体脱离原稿通读校样,通过原稿的内在矛盾发现谬误,类似刘向说的"一人读书,校其上下得缪误"。发现了问题,要先查原稿,如原稿与校样无异,再用“他校法”寻找纠谬的依据;无据可查或数本互异无所适从之时,就用“理校法”进行推理判断。

通读技术适用于经过若干校次,且基本上消灭录排错漏之后的校样,如三校和三校改版后的通读检查。在进行“无原稿校对操作”时,也宜采用通读技术。

校对通读与编辑审读不同,首先是目的不同,校对通读目的在于发现矛盾,并通过矛盾发现谬误;其次是阅读方式不同,把字和词语作为阅读单位,强调逐字逐句地阅读,把注意的重点放在错字、别字、用词不当和词法、句法错误上。至于思想内容的提升和语言文字的润色,那是编辑审读加工的任务。可以这样说:校对管的是错不错,不管好不好,只要不错就不去管它。

上述五种校对技术,各有优点和缺点,各有适用和忌用书稿,校对者要从实际出发,扬长避短,灵活运用。

第四节 校对技术规范与技术监控

图书出版的目的,是为了向大众传播,而实现大众传播的基本条件之一是规范化,因此校对工作必须严格按照规范要求办事。下面主要讲技术标准规范和技术程序规范。

一、校对技术规范

(一) 技术标准规范

为了出版工作规范化,国家制定了一系列标准和规范,如:(1)《中华人民共和国国家通用语言文字法》(2000);(2)《现代汉语通用字表》(1988);(3)《简化字总表》(1986);(4)《出版物汉字使用管理规定》(1992);(5)《汉语拼音方案》(1958)及相关规定;(6)《第一批异体字整理表》(1955);(7)《部分计量单位名称统一用字表》(1977);(8)《量和单位》(国家标准 1995);(9)《标点符号用法》(国家标准 1995);(10)《出版物上数字用法的规定》(国家标准 1996);(11)《第一批异形词整理表》(2001)。这些都是校对判断是非正误的标准。

(二)技术程序规范

校对过程是由浅入深、由低到高的递进发展过程,校对过程的各个环节(校次、校法),在时间上有先后之分,在层次上有高低之分。因此,对各个校次的校对方法、校对数量和校对质量,必须有明确而具体的要求。

技术操作程序为:

1. 校前准备

(1) 书稿发排后,即指定责任校对。责任校对的条件是:具有中级以上校对专业技术职务或从事校对工作五年以上的专业校对人员;对本书稿涉及内容有一定了解;熟悉业务并且责任心强。

(2) 了解本书计划出版日期,确定本书校对周期,制定本书校对进度安排。

(3) 收到初校样后,责任校对先对原稿及校样进行检查,检查的内容有:送达校对日期是否符合原定送达日期;原稿和校样是否齐全;版面格式是否符合设计要求。

(4) 确定本书校改程序,确定各校次人员,进入校对操作。

2. 校对过程

(1) 一校—整理—退改。

(2) 核红—二校—整理—退改。

(3) 核红—三校。

(4) 责任校对全面整理—退改。

(5) 通读检查—改后打出清样,由责任校对签字付型(制片)。

上述系校对操作的一般程序。由于不同书稿的校对次数和校改方式不尽相同,校对操作程序可以因书而异。

二、技术监控程序

校对技术监控内容有三：校对进度监控，校对质量监控，质疑排疑监控。具体程序如下：

校对进度监控　进度计划确定各校次完成日期，校对科室负责人检查校对进度表，此项监督可由电脑完成，实现校对进度数字化管理。

校对质量监控　首先要确定各校次的质量量化指标，然后实行后校次检查前校次的办法，校对科室负责人只需统计各校次灭错率，辅以质量抽查，即可知道各校次校对质量情况。

质疑排疑监控　按照《出版社工作暂行条例》规定，校对员发现了原稿的错误，无权直接在校样上修改，只能用铅笔在校样上质疑并提出修改建议，提交责任编辑处理。三校完成后，责任校对负责填写《校对质疑表》，连同原稿、校样一并送给责任编辑，责任编辑对校对质疑一一排查，表示认定的打“✓”，表示否定的打“×”，并采纳正确的修改建议，在校样上作相应修改，然后将《校对质疑表》及原稿、校样返还责任校对。《校对质疑表》存档。

第五节

现代校对的符号系统

校对时标注在校样上的记号，叫做“校对符号”。校对符号是沟通作者、编辑者、校对者、排版者之间联系，表达校对者意见的一种特定标记符号。

古代校书没有校勘符号，而采用文字注记，通行的注记方式有如下10种：

（1）凡文字有不同者，可注云：“某，一本作某。”（或具体写明版本名称）

（2）凡脱一字者，可注云：“某本某下有某字。”

(3) 凡脱二字以上者,可注云:“某本某下有某某几字。”

(4) 凡文字明知已误者,可注云:“某当作某。”

(5) 凡文字不能即定其误者,可注云:“某疑当作某。”

(6) 凡衍一字者,可注云:“某本某字下无某字。”

(7) 凡衍二字以上者,可注云:“某本某字下无某某几字。”

(8) 字倒而可通者,可注云:“某本某某二字互乙。”

(9) 字倒而不可通者,可注云:“某本作某某。”

(10) 文句前后倒置者,可注云:“某本某句在某句下。”

现代校对与古代校勘最本质的区别在于:现代校对的对象是原稿和依据原稿录排打印的校样,现代校对的基本依据是原稿,校样上的错漏大都是录排造成的,因此,发现了校样上不同于原稿的字、词、句和标点符号,即可断定校样错了,可以直接依据原稿改正校样上的错误,不必一一注记“某当作某”“某本作某某”。但是,校对改错毕竟不同于编辑加工。编辑是在原稿上加工的,可以直接在字里行间修改增删;校对在校样上的改错,是为了指引排版者在电脑上改版,必须将改错补漏删重等从版心中画到版心外,使排版者一目了然。因此,必须创造一些特殊的符号,准确地表达校对者增删改错的意图。

1982 年以前,各出版单位所使用的校对符号不尽相同。为了让出版校对技术标准化,国家出版事业管理局于 1981 年 12 月 20 日发布了《中华人民共和国专业标准校对符号及其用法》,并于 1982 年 1 月 1 日在全国试行。1993 年 11 月 16 日国家技术监督局正式颁布《校对符号及其用法》国家标准(GB/T 14706—93)〔1〕。

作为国家标准颁布的校对符号,有如下优点:

(1) 具有通用性,能满足对中文和我国各少数民族文字各类书刊校对工作的需要。

(2) 用少量符号即能准确表达各种增删改错的意图。

(3) 符号形态形象,易识、易记。

(4) 使用这些符号,既醒目,校样版面又整洁。

校对实践证明:国家颁布统一校对符号,有利于出版校对技术标准化、规范化。

---

〔1〕 见本书附录一《校对符号及其用法》。

《校对符号及其用法》中的校对符号，共 21 个，按用途可以分为如下四类：

第一类，字符的改动符号，共 4 个，依次是：改正[1]，删除[2]，增补[3]，改正上下角[4]。

第二类，字符方向位置移动符号，共 10 个，依次是：转正[5]，对调[6]，接排[7]，另起段[8]，转移[9]，上下移[10]，左右移[11]，排齐[12]，排阶梯形[13]，正图[14]。

第三类，字符间空距改动符号，共 4 个，依次是：加大空距[15]，减少空距[16]，空 1 字距、空 1/2 字距、空 1/3 字距、空 1/4 字距[17]，分开（用于外文校对）[18]。

第四类，提示符号，共 3 个，依次是：保留[19]，代替[20]，说明[21]。

《校对符号及其用法》还提出如下使用要求：

第一条，校对校样，必须用色笔（墨水笔、圆珠笔等）书写校对符号和示意改正的字符，不能用灰色铅笔书写。（摘引者注：质疑时必须使用灰色铅笔，编辑认定后必须用色笔重新书写改错，凡是用灰色铅笔书写的，排版者可以不予理睬。）

第二条，校样上改正的字符要书写清楚。校改外文，要用印刷体。（摘引者注：外文字母有文种区别，还有大小写、正斜体之分，校改时必须另外加注说明。）

第三条，校样中的校对引线要从行间画出。墨色相同的校对引线不可交叉。

第七章

现代校对的基本制度

现代校对的基本制度有四：三校一读，校对主体多元化与专业化相结合，集体交叉与责任校对相结合，校对质疑与编辑排疑相结合。

第一节

三校一读

“三校”，即三个校次，通常的程序是：一校—退改→二校—退改→三校—退改。一校又称“初校”，三校又称“终校”。“一读”，即终校改版后的通读检查。“三校一读”实质上是四个校次，这是图书出版过程必须坚持的最低限度的校次。“三校一读”是校对主体和校对客体矛盾运动客观规律决定的。校对实践反复证明：如果不坚持“三校一读”，就保证不了校对的质量。

由于校对客体差错的复杂性和出错原因的多样性，“校书如扫落叶”，校对工作不可能毕其功于一役，必须投入必要的校对工作量（即校次）。古代校雠和现代校对实践反复证明，“三校一读”是必要的校对投入。

早在西汉刘向提出“校雠”概念时，实际上就已提出了多校次的问题。刘向校书，先通过“雠”，查检不同版本的差异；再进行“校”，对“异”进行是非判断；然后“书竹”，再“刊定”；最后“可缮写者，以上素也”。

隋唐时代官方翻译佛经，在誊录过程中，实行“初校，再校，三校”，最后由“主持”详阅。这是我国校雠史上最早的“三校一读”记载。

唐贞观四年（公元630年），太宗诏孔颖达、颜师古等撰五经[1]义疏，至七年（公元633年）完成，其间参与复审、刊定的学者42人。高宗永徽二年（公元651年），朝廷又组织学者作第二次考证。次年又命长孙无忌“详加刊正”。四年（公元653年）三月才“以为定式”。

〔1〕 五经，即《周易》《尚书》《春秋》《毛诗》《礼记》。五经义疏成书后名为《五经正义》。

至宋,太宗下令重校"三史"〔1〕,明确规定"三覆校正",最后由皇帝"御览"。这也是"三校一读"。

清代是我国古代校雠的鼎盛时期,其中编纂《四库全书》是我国出版史上规模最大的校雠盛事。《四库全书》30余万册,同时手抄7部,因此设立了规模庞大的缮书处,先后有3 800余人参与缮录。为了保证誊录无误,专门设立了校官,人数最多时达300余人。开始时,每天誊录60余万字,设分校官44人,尽管每个校官每天只校13 000多字,但是,由于无人复校,总校官又只有1人,难以对分校质量进行检查,校后仍然留下不少错讹。乾隆翻阅《四库全书荟要》,发现了错别字,下谕提出严厉批评。乾隆指出:已经缮成的《四库全书荟要》各卷内,信手翻阅,即有错字两处,则其余书写舛误者,谅复不少,如果不定考成,恐怕难成善本。因此,总裁等应妥立章程,使誊录、校对各员尽心校录无讹。总裁永瑢等见谕,立即商定加强校对的措施,增加分校官,增设复校官,建立分校→复校→总校的校对责任体系。全书誊录完成之后,乾隆又命总纂之一的陆锡熊"详校全书",又发现了许多错讹。可见,《四库全书》誊录过程也是"三校一读"。

现代的"三校一读",与古代校雠的"三覆校正"不完全相同,与《四库全书》手抄本校对则比较接近。"三校一读"就是总结了古代校雠和现代校对的实践经验作出的科学规定。

我们说,"三校一读"是必须坚持的最低限度的校次,是因为"三校一读"是校对质量保障的基本条件。事实上,有些图书只有"三校一读"是不够的,仍然保证不了校对质量。例如经典著作、政策法规、辞书、教科书和教辅读物、古籍、学术著作,对校对质量要求更高,校对难度更大,还应相应增加校次。

有的出版社将作者校对、编辑校对、校对员校对视为三个校次,将三校改版后打出的校样视做"清样"。这是不正确的。因为这样做,实质上是少一个校次,其质量是没有保证的。所以,中国出版工作者协会制定的《图书校对工作基本规程》〔2〕明确指出:"作者校对、编辑校对不能顶替校次,交给他们的校样是'副样','正样'仍由校对员校对,三个校次都必

〔1〕 三史,即《史记》《汉书》《后汉书》。

〔2〕 见本书附录二《图书校对工作基本规程》。

须由经过专业训练的人来完成。三校改版后打出的校样，不能算作制片清样，还必须进行一次通读检查，通读检查后改版打出的校样，才能算作制片清样。”

为了保证校对的质量，《图书校对工作基本规程》还提出：“凡遇到如下情况之一的校样，校对者有权提出增加1～2个校次：(1)初校样的差错率超过15/10 000的；(2)编辑发排的书稿没有齐、清、定，而在校样上修改的页码超过1/3的；(3)终校样差错率超过3/10 000的。”这项规定是完全必要的，是有积极意义的。校对质量不仅取决于校对主体的校对能力和态度，还取决于校对客体存在差错的情况，差错多与差错少的客体，在相同的校对投入情况下，校对质量是有差别的。所以，对校对主体的校对质量要规定量化指标，对原稿及校样也应规定质量量化要求。

本书第四章第一节已经论述，作者校对属于自校，编辑校对属于半自校，他们不可避免地受到思维定式的影响，一般发现不了自己在写作或编辑过程中已经认同的错讹，即陈垣说的“有心之误”。因而，他们的校对在很大程度上是“审读”，而不是真正意义上的以怀疑为特征、以猎错为目的的校对。

三个校次的对象不同，因而任务不同，校对方法也有所区别。

一校的对象是一校样。一校样有两种：一种是排印厂依据原稿录排打印出来的样张；另一种是排印厂在电脑上打开电子书稿，先依据编辑在打印稿上的加工进行改版，再依据版式设计要求进行版式转换，然后打印出校样。前一种存在大量录排错漏(差错率通常在15/10 000左右)；后一种除存在作者写作错误，编辑错改，改版过程中的漏改、错改外，还可能存在版式转换过程中的内容错乱和丢失，差错率甚至比前一种还要高一些。无论是哪一种校样，一校样中的差错最多，其中大量的是录排(包括作者在电脑上写作、版式转换)差错。因此，一校以“对校”为主，以消灭录排差错为主要任务，按照《图书校对工作基本规程》的规定，一校的灭错率要达到差错总数的75%。

二校的对象是经过一校改版后打印出的样张，尽管校样中的差错已经消灭了75%，但是仍有不少。假如某书稿30万字，一校样的录排差错率为15/10 000，差错总量为450处，消灭了75%(337.5处)，仍然存在差错112.5处。因此，二校仍以“对校”为主，以消灭录排差错为主要任务，同时还要消灭一校后改版过程中可能产生的新差错。如果一校样上的改错导致捅行捅版，新的差错还会多些。按照《图书校对工作基本规程》的规定，二校的灭错率为一校留错的75%。从绝对数量看，二校需要消灭的差错似乎不多，不过百把处，但是，一校遗留的错漏更加隐蔽，要从30万字中猎获这百把处错漏，决不是轻而易举的事，这就要求校对者更加认真、更加仔细。

三校的对象经过两次校改，录排（包括版式转换）差错应该很少了，三校的任务除继续消灭录排残余差错外，转向发现和改正原稿的差错。因而三校以"本校"为主，主要采用通读校样的方法，发现了问题再核对原稿。按照《图书校对工作基本规程》的规定，三校原则上要消灭全部差错，最低标准为留错率不超过1/10 000。

通读是在经过三个校次的基础上，脱离原稿进行的，其功能主要是"校是非"，对校样实施全面、综合审校，发现并改正原稿错漏，同时关照版面格式等问题，使校样的质量全面达到出版水平。

"三校一读"制度的内容，除三个校次和通读检查外，还有一校、二校后的"核红"和"文字技术整理"，作者、编辑校后的"对红"，以及终校后的全面"文字技术整理"。

"三校一读"后，还须进行一次"对片"。计算机制片，可能发生由于指令失误或病毒侵害导致的文字错乱丢失，因此，制片完成后，必须将胶片与清样对照检查。对照的方法是：将胶片压在清样上面，通过缓慢移动胶片，使胶片上的字符图表与清样完全重合，如果出现不重合，则要将胶片与清样对校，找到不能重合的原因，进而改正错漏。鉴于此，传统的"三校一读"制度可以改为"三校一读对片"制度，把"对片"列入校对工作的基本规程。

第二节

校对主体多元化与专业化相结合

现代校对的特征之一，是主体多元化与专业化相结合。所谓主体多元化，是指作者、编辑、专职校对员共同参与校对，还有非专业校对人员参与校对活动，从而形成校对主体群。

《图书校对工作基本规程》对上述各个校对主体作了如下分析："作者校对属于自校，编辑校对属于半自校。他们共同的优势是：对书稿内容的把握，对相关知识的熟悉。共同的劣势是：因习惯线性阅读难以感知个体字符的差异，因思维定式而往往对差错'熟视无睹'。社外校对人员，技术、经验、心态和责任心一般不如社内专职校对员。"基于上述分析，《图书校对工作基本规程》提出："因此，校对主体多元化必须与专业化相结合，并且以社内专职校对员为校对主体群的核心。"

所谓以专职校对员为核心，有三层意思：其一，出版社必须建立专业校对机构，对全社校对工作进行统一组织和全程监控；其二，出版社必须配备足够的专职校对员（编校人员配备的科学比例为3:1），并由专职校对员担任责任校对；其三，必须由工作认真、经验丰富、业务水平较高的校对员来做三校，以便把好终校关。

同"校对主体多元化与专业化相结合"制度相对立的是"编校合一"。

编校能不能合一呢？不能。因为编校合一违反编校工作的客观规律。本书《绪论》已经分析过，校对与编辑分流而成为独立工序和独特专业，是出版生产力发展的必然结果，是历史的进步。现代出版社不是古代的雕版作坊，其特征是产业化、流程化和内部分工专业化。编辑和校对在出版生产流程中，是两个不同的工序，承担着不同的生产任务，两者既相互衔接，又相互对立。正是这种相互衔接、相互对立，构成了图书质量保障体系。

从编辑和校对的关系来讲，两者既有联系又有区别。编辑活动作为校前工序，为校对活动创造前提条件，编辑活动的成果就是校对活动的对象。编辑活动以作者原创作品为工作对象，以审读加工为手段，对作品进行"改造"，使作品得到提升，为图书出版提供具备发排条件的文本。校对活动作为编辑后工序，以编辑发排文本和依据编辑发排文本录排打印的校样为工作对象，以猎错改错为手段，对编辑发排文本和校样进行"改造"，消灭录排的错漏，弥补编辑的疏漏，为图书出版提供具备印制条件的文本。由于校对所处的地位和所负的责任，在一定程度上处于编辑的对立位置，是对编辑工作的检查、监督、补充和完善。实行编校合一，将两个对立的事物人为地合二为一，必然搞乱图书生产的正常流程，损害图书质量的保障体系。

从编辑和校对的专业技术来讲，两者有着很大的差别。编辑的审读加工，主要着眼于宏观，诸如思想内容、篇章布局、表现形式等等；校对员的校对，主要着眼于微观，诸如字、词、标点符号、数字、量和单位、图表、公式等等。由于着眼点不同，工作方式也有着明显的区别。以阅读方式为例，编辑阅读是"线性阅读"，以句子、段落为单位，扫视甚至跳跃式阅读，其感知的是"意"——句意、段意、文意。校对员阅读是"点性阅读"，以字、词和其他符号为单位，逐字逐符地阅读，其感知的是"形"——字形、符形、字体、字号。两种阅读方式，必然产生两种不同的效果。略举三例说明之。

例 1.

科学意味着文明

这个句子在编辑视觉里是一个视点；而在校对员视觉里却是四个视点。

科学 | 意味 | 着 | 文明

这个句子有三个易错点："科学"容易错作"科技"（义连致误）；"着"容易错作"看"（形似致误）；"文明"容易错作"文化"（义连致误）。所以，这个句子容易错作：

科学意味看文明
科技意味着文明
科学意味着文化

编辑整体扫视，加上思维定式，仍然会看做是"科学意味着文明"。校对员则不同，由于他将句子拆分成"科学""意味""着""文明"四个视点，句子里的个体差异一般逃不出他的视线。这就是编辑"视而不见"和校对员"火眼金睛"的原因。校对员的这种阅读方式，是校对专业技术的重要组成部分，是在长期校对实践中训练出来的。

例2.

刘华把枣红马栓在马拴上

句子中的“栓”“拴”二字错位：“拴在”的“拴”是动词，错作名词“栓”；“马栓”的“栓”是名词，错作动词“拴”。可能是作者用拼音输入法在电脑上写作，选字失误导致二字错位。编辑因为整体扫视，加之“拴”“栓”形似音同，往往察觉不到两个字在含义和词性上的区别。校对员的“点性阅读”，将句子拆分成“刘华|把|枣红马|栓在|马拴上”，很容易发现其中的错误。

例3.

李家纯的不幸遭遇振撼了她的心(原稿)
李家纯的不幸遭遇振憾了她的心(校样)

校对员通过逐字比照“校异同”，首先发现原稿的“撼”错排作“憾”；接着，通过“校是非”，又发现“振撼”一词是“震撼”之误，是原稿就错了的。编辑的整体扫视，往往察觉不到“撼”“憾”(形似音同)的差异。“震”错作“振”，编辑在加工时没有发现，自校时一般也发现不了，因为对“振撼”已经认同了，形成了思维定式。

上述编校的差异，并不是能力的差异，而是专业技术的差异，即韩愈在《师说》里讲的“术业有专攻”。编校合一，编辑不掌握校对的专业技术，用自己习惯的方式做校对工作，是难以保证校对质量的。如果一定要实行编校合一，就要求编辑不断地转换角色——用编辑的思维方式和工作方式做编辑工作，用校对的思维方式和工作方式做校对工作，事实上这是很难做到的。

编辑工作和校对工作是两个不同的专业，工作对象不同，工作目的不同，工作方式不同，各有各的技术，各有各的专长，各有各的学问，分则两专，都发挥优势，从而形成合力，对图书出版生产是大为有利的。

第三节

集体交叉校对与责任校对相结合

现代校对的特征之二是：集体交叉校对与责任校对相结合。其具体内涵有三：

（1）一种书稿的校对过程由多人集体完成。

（2）不同校次或篇章的校对任务分别安排不同的校对人员交叉承任。

（3）每种书稿确定一名专职校对人员担任责任校对。

校对人员（包括专职校对员和非专业校对人员）的文化素养、知识结构、校对技术、经验、专长和心理素质是不相同的，集体交叉校对，由不同职级、不同专长的校对者分别负责不同的校次或篇章，正是通过分派校对任务来做到扬长避短，因而具有一人包校无法达到的绝对优势。

集体交叉校对有两种交叉方法：其一，中短篇书稿，按校次交叉，即某甲校一校，某乙校二校，某丙校三校，由责任校对最后通读检查。其二，大部头书稿，按篇章交叉，即某甲校前篇或前几章，某乙校中篇或中间几章，某丙校末篇或后面几章；二校时三人交换篇章校对；三校再安排水平更高、经验更丰富的专业校对员（一人或三人）去做；最后由责任校对通读检查。交叉校对的原则是：每个校对者对校对对象都是陌生的。

集体交叉校对有三个明显的优点：其一，校对者对校对的对象陌生，没有"先入为主"的思维定式，没有"熟视无睹"的思维死角，能够保持对客体的客观态度，这对猎错改错十分有利。其二，在分派校对任务时因人制宜，扬长避短，形成不同文化素养、不同专长、不同知识结构、不同心理素质的优化组合，从而产生一种结构效应。其三，集体交叉校对还是一种相互检查、相互监督、相互学习的有效形式，下校次实际上是对上校次校对质量的检查和监督，因为下校次发现的差错，正是上校次的漏校。不同校次发现的差错,不同校次的漏校,又是相互学习的资料。

我们主张集体交叉校对,是有心理学依据的。

校对活动是一种心理活动,是信息搜索、选择、更正的过程,能否有效地纠谬正误,在很大程度上取决于校对者信息选择的认知图式。人们在具体的信息选择过程中,由于主客观的种种原因,会产生认知图式的定型效应、成见效应,直接影响校对活动的效果。所谓认知图式的定型效应,是指在个体选择信息的某种定型选择过程中所体现出来的思维定向效应。这种思维定向效应往往产生偏见心理现象,导致在认知过程中缺乏思维的批判性,而仅凭已有的知识作出判断。所谓认识图式的成见效应,是指人们的认知一旦形成较为固定的心理趋向,在信息选择过程中就会习惯地用已有的知识和经验去判断新的信息,往往作出错误的选择。这种现象在校对实践中屡见不鲜。例如看到"安西"(甘肃省的一个县名)就"本能"地认为是"西安"之误,看到"棉铃虫"就"本能"地认为是"棉蛉虫"之误;或者对"图门(们)江""株州(洲)"这样的地名错误视而不见。现在新闻媒体和出版物错用成语"美轮美奂"(原本是形容建筑物高大宏伟的词语,却误用以形容一切美的事物)、"炙手可热"(原本是贬斥依仗权势作威作福的词语,却误用以表示行时、走红)、"七月流火"(原本是描写夏末秋初的天象的诗句,却误用以形容盛夏烈日热浪),这些正是认知错误造成的以讹传讹。

还有,新异刺激会使人的大脑皮层产生优势兴奋中心,引起人的定向反射,从而确保信息接受者对作用于其大脑的事物作出准确的判断。但是,如果一个校次、一个校次地连续校对,新异刺激就会变成单向刺激,从而导致校对者精神疲惫,反应迟缓,直接影响校对活动的效果。所谓"熟视无睹""熟能生错",其心理原因正在于此。西方古代哲学家巴门德尼说过,"最熟悉的东西,总是最不认识的东西","只有理性思考才能纠正知觉的错误,最后达到对真实的把握"。校对主体要想保持客观和理性,有效的方法之一就是交叉校对,避免一而再、再而三的单向刺激。

第四节

校对质疑与编辑排疑相结合

校对质疑与编辑排疑相结合，是现代校是非的基本形式。对于属于原稿的错误，校对员无权在校样上直接修改，这是编校职责分工的规定。这样规定，并不是为了限制校是非，而是为了保证校是非的质量，更加充分地发挥校是非的功能。我们在前面说过，校对客体差错的复杂性与校对主体知识的有限性，是校对活动的一大矛盾，这个矛盾处理不好就可能造成两种不良后果：漏改和无知妄改。无知妄改的危害甚至比漏改更严重。段玉裁曾经严厉批评校对妄改，他说："古书之坏于不校者固多，坏于校者尤多。坏于不校者，以校治之；坏于校者，久且不可治。"[1]校对质疑与编辑排疑相结合，正是防范无知妄改的有效方法。所以，应该将"校对质疑与编辑排疑相结合"作为校对工作的一项基本制度。

本书第三章第一节已经讲了，校是非的任务是发现原稿可能存在的错误。原稿可能存在的差错是多种多样的，有用字用词的错误，有语言逻辑错误，还有事实性、知识性甚至政治性错误。出错原因也是多种多样的，有疏忽而致的笔误，有误解字词含义而致的错用字词，有知识局限而致的知识性错误，有治学不够严谨而致的前后矛盾，有受社会影响而以讹传讹，还有编辑错改的错误。其中一部分文字错误和事实性错误可能比较明显，对于这样的错误，编校容易达成共识；其他错误都是似是而非的，编辑之所以没有纠正，大多是自以为它是正确的，正如陈垣所分析的，是"有心之误"。因此，校对质疑必须有充分的根据，在校样上要说清楚为什么是错误的，应当怎样纠正。必要时，对于重要的质疑，可以写成书面材料，附在《校对质疑表》后面。

---

〔1〕 清段玉裁《经韵楼集》卷八《重刊明道二年国语序》。

下面从《校对的学问》(全国校对论文集)摘引10则校对质疑实例:

例1. 这么大的风雪,山路又不好走,她决不会来的。

例2. 革命是千百万人民群众长期奋斗的事业,决非少数人一朝一夕可以完成。

质疑:这两个句子中的"决"字均应改作"绝"。决、绝二字都可用于否定词前,但含义是有差别的。"决"用于否定词前,表示不容怀疑、不可动摇,含有主观意愿成分,如"决不妥协""决不答应";"绝"用于否定词前,表示排除任何可能性,含有客观判断的意思。"她绝不会来""绝非少数人一朝一夕可以完成"表示的正是客观判断的意思,而且表示了"排除任何可能性"的语气。

例3. 体现在作品中的情蕴和旨趣,与它所处的时代出现了明显的干格。

质疑:"干格"当作"扞格",其含义是"相互抵触,格格不入"。写作"干格"当系作者笔误。

例4. ……广陵白(自)下,其恶习与浙派无异……

质疑:作者在"白"字后面括注"自",表示"白"乃"自"之误,"白下"当作"自下"。这个括注是错误的。"广陵"和"白下"是两个地名:广陵即今扬州,白下即今南京。鲁迅诗云"风生白下千林暗","白下"指的就是当时国民党的统治中心南京。这句引文原意当为:扬州、南京画家的恶习与浙江画派无异。

例5. 李白的名句:"欲穷千里目,更上一层楼。"

质疑: 张冠李戴了。此句出自王之涣的五言诗《登鹳雀楼》。

例6. 零下四十度的酷寒,寒流压得温度计里那根细细的水银柱一个劲地矮下去。

质疑:水银的疑固点是-38.87℃,气温降到摄氏零下40度,是不能使用水银温度计的,而必须换用酒精温度计。

例7. 伊犁哈萨克自治州境内的208条河流。其中,额尔齐斯河、额敏河、伊犁河是外流河。

质疑: 额敏河、伊犁河不是"外流河"。发生这种错误的原因,可能是作者不了解"外流河"的确切含义,以为外流河就是"流往国外的河流",而额敏河、伊犁河都是流往国外的,所以把它们列入"外流河"。其实,外流河是指"流往海洋的河流",额敏河和伊犁河都不是流往海洋的河流,所以不能称为“外流河”。

例8. 桐城派的方苞曾继魏源之后，写信给龚自珍加以劝告。

质疑：这个句子违反史实。方苞是康熙进士，死于1749年。龚自珍是道光进士，生于1792年，即方苞去世43年后才出生。方苞怎么可能给龚自珍写信呢？

例9. 列宁和斯大林最初也认为社会主义是排斥商品经济的，但在他晚年……

质疑：“他”指代不明。上句讲的是列宁和斯大林（两个人），下句却说“他”（一个人），上下句脱节了。下句的“他”指的是斯大林，因为斯大林在晚年承认社会主义社会存在商品经济。因此，建议将这个句子改为：斯大林早年同列宁一样，认为社会主义是排斥商品经济的，到了晚年，他的认识有了改变。

例10. 吴昌硕总结绘画心得，写了一首诗，诗云：“老夫画山不画雪，自有雪意来毫端。萧萧竹树磊磊石，稍点枯苔已觉寒。”某书稿这样评点该诗：

> “……抒发了诗人忧世愤俗以及人生萧条的内心情怀。诗中‘自有’句意为本来就有，这就告诉读者诗人平生已够萧瑟了，却又面对这冰天雪地的环境，怎能不心寒呢，故而‘稍点枯苔已觉寒’。”

质疑：此评点似有强加之嫌。其实，诗人写此诗时非常自得。他一反常人画雪景非要“画山画雪”，自谓“老夫画山不画雪，自有雪意来毫端”。接着，诗人点出其构图之要：在萧竹磊石的背景中稍点枯苔，寒气便油然而生。缶翁自得之情溢于诗表，何来“萧瑟”与“心寒”？

上述10例中，例1、例2、例3是错别字，例4是因为缺乏地理知识造成的妄注，例5犯了张冠李戴的错误，例6、例7是知识性错误，例8是史实性错误，例9是语法错误，例10是判断错误。校对者的质疑，都有理有据，堪称范例。这样的质疑，就为编辑排疑和正误纠谬创造了条件。

校对质疑的具体方法是：首先，在校样上用灰色铅笔将质疑处画到版心外的空白处，写上改正建议，打“?”表示质疑，并在改正建议下面加上简要的质疑说明，再在说明文字下加注“。。。”（校对符号，表示“说明”），或另纸书写改错的理由。同时，填写《校对质疑表》。

《校对质疑表》格式如下：

校对质疑表

书名：　　　　　　　　　　校次　　　　　　　　　　年　月　日

稿码(页行)	样码(页行)	原　文	拟　改	编辑认定

责任编辑　　　　　　　　　　　　　　　　　　　　校对者

三校完成后，责任校对负责汇总《校对质疑表》，连同校样、原稿一并送给责任编辑排疑。责任编辑必须对校对质疑一一斟酌排疑，认为质疑正确，便用红(或蓝)色笔在校样上改错，将校对员在校样上打的"?"打×，同时在《校对质疑表》"编辑认定"栏内打"✓"表示认同。认为校对质疑不正确，则将校样上的质疑打×，同时在《校对质疑表》"编辑认定"栏内打"×"表示质疑有误。

电子书稿将原稿与校样合二而一，对于打印样(校样)上的明显错漏，以及不符合规范的字符，校对员可以正误补漏，但校后应送责任编辑过目认可。对于校样上的其他错误和疑点，均应采取质疑方式，送责任编辑排疑。校对质疑，是校对者的职责；送给编辑排疑，表现了校对者的郑重和谨慎，也表现了校对者对编辑的尊重。同样，编辑也应尊重校对员，对校对质疑采取欢迎、感谢的态度，认真对待，虚心采纳正确的建议；对于不拟采纳的建议，则要诚恳地向校对员解释。校对质疑与编辑排疑，是编校通力合作、相互学习的有效形式。

现代出版学丛书

8

第八章 校对的思维

存在决定意识,是唯物论的基本观点。人的思维不是凭空产生的,而是来源于客观的物质世界。不是因为被思维才存在,而是因为存在才被思维。校对的思维是由校对工作的客观存在决定的。

校对和编辑是两个不同的专业,由于工作对象不同、工作方式不同、工作任务不同,思维方式也就不尽相同。比如,编辑的工作对象是作者的原创作品,是未定稿,其工作的注重点在宏观,即首先对书稿的整体作出评价,从而决定取舍,其思维表现出"纵览总观"的特征。校对的工作对象是编辑发排文本,是已定稿,其工作的注重点在于微观,即发现局部的错漏,从而弥补编辑的疏漏,其思维表现出"细辨详察"的特征。又比如,编辑在加工过程中,要斟酌字句,其出发点是为了表达更精巧,斟酌的目标是"好不好"。校对员在校对过程中也会斟酌字句,但其出发点是用字造句有无错误,斟酌的目标是"对不对"。两种不同的出发点,必然决定着他们的不同思维方式。正是不同的思维方式,影响着他们各自的工作。试想用编辑的"纵览总观"的思维方式来做校对工作,其结果肯定会对许多微观错漏视而不见;用编辑"好不好"的标准来校对字句,肯定会将校对改错变成文字加工。同样,如果用校对的思维方式做编辑工作,把工夫花在"细辨乎一字之微",很难对书稿作出准确而全面的评价;用"对不对"的标准来做编辑加工,很难使书稿的思想内容和文字表达得到提升。因此,研究校对的思维特征,对于提高校对工作者的思维能力,做好校对工作,有着重要的意义。

本书第四章第三节曾经分析过,校对活动的过程是校对主体创造性的思维过程。思维是什么?思维是在表象、概念的基础上进行分析、综合、判断、推理的过程。研究校对的思维过程,就可以发现校对思维的基本特征。

第一节

校对思维的逆向性

校对思维的特征之一是逆向性。这是由校对活动的特殊性决定的。校对活动以原稿和校样为对象，以猎错改错为目的，因而必然从质疑开始至排疑告终，质疑是校对工作的切入点，无疑就无从进入猎错。春秋时子夏纠正卫人读史中的错误，就是从“疑”开始的。子夏到晋国去，途经卫国，听到读史者说：“晋师三豕涉河。”子夏立即生疑：晋国的军队为何赶着三头猪过河？史书记载这样的事有何意义？他认为这是不可能发生的事情。经过仔细推察，子夏终于明白了：“非也，是己亥也。”为什么不是“三豕”而是“己亥”呢？子夏首先考虑到，史书是记载史实的，通常要记述历史事件发生的年代。晋师涉河是重要历史事件，当然首先要记述涉河的年代。因此“三豕涉河”中的“三豕”应当是纪年。接着，子夏分析“三豕”二字的形体，发现“三豕”与“己亥”形体十分相似，从而得出“非三豕”是“‘己亥’”的结论（晋国的军队是在己亥年渡河的）。他指出出错的原因是：“夫‘三’与‘己’相似，‘亥’与‘豕’相似。”设疑—求证—改错，这就是子夏纠谬的思维过程。在子夏发现错误的过程中，逆向思维起着重要作用。

逆向思维对于做好现代校对工作的意义主要有二：

其一，编辑的主流思维需要校对的逆向思维来弥补其不足。常常听到编辑这样的感慨：“这部书稿我反复审读加工多少次，自以为没有什么错误了，想不到校对员一看，就发现了错误。”编辑的“想不到”，正是编辑主流思维的“盲区”，即他与作者思路的相容，对作者写作错误的认同。这也是编辑发排文本存在错漏的必然性。钱钟书的《管锥编》，当时由编辑家周振甫担任责任编辑。周先生在审读加工过程中，“重劳心力”，对书稿中的“失字破体，悉心雠正”，“援据未备者”，“逐处补阙”。钱先生翻阅了周先生的编定稿,感慨万端,当即致信周先生,盛赞其"千手千眼"。然而,《管锥编》出版后,还是存在500多处差错,这些差错就是从周先生眼皮底下漏掉的,是周先生"想不到"的。编辑主流思维的这种"想不到"是客观存在,需要一种逆向思维来弥补编辑主流思维的不足。

其二,逆向思维是"校是非"的"探雷器"。原稿中的"非",不同于校样上的"异",具有隐蔽性、模糊性、复杂性的特点,混迹于大量"是"的中间,似是而非,不易察觉。以汉语字词为例,有些字形体十分相似,有些字读音相同,还有许多字词含义十分接近,例如:作—做、采—彩、度—渡、象—像—相、延袭—沿袭、含义—含意、必须—必需、制订—制定、以至—以致、截止—截至、交纳—缴纳、决不—绝不,等等,不认真辨析含义,往往会是非混淆。许多错别字犹如埋在地下的地雷深藏不露,而逆向思维就好比探雷器,引导校对主体探查疑点,"细辨乎一字之微"。惟其如此,才能捕捉到隐蔽在字里行间的错别字。

校是非,不但要提倡多疑,更要提倡善疑,善疑才能提高猎错的准确率。而要做到善疑,必须具备如下两个条件:

第一,掌握语言文字的出错规律,培养猎错的职业敏感。

《校仇学史》一书特别强调这一条。作者指出:"然即有精密之方法,若不悉古书致误之由,则亦无所施其技。"〔1〕洞悉"致误之由",掌握出错规律,历来是校雠理论与实践研究的重大课题。

早在西汉,校雠大家刘向就已经在校雠实践中,认识到书面语言发生错误存在着客观的规律性。他在《尚书古文经》五十八篇书录中指出:"古文或以见为典,以陶为阴,如此类多。"所指当系因形似而致误。又在《列子》八篇书录中指出:"或字误以尽为进,以贤为形,如此者众。"所指当系因音近而致误。还在《战国策》三十三篇书录中指出:"本字多误脱为半字,以赵(趙)为肖,以齐(齊)为立,如此字者多。"所指当系字形残缺而致误。〔2〕他说的"如此类多""如此者众""如此字者多",就是多发性文字错误,就是文字使用出错的规律。汉以后,历代校雠家日益自觉地探索文字使用出错的规律。南朝校雠家陆德明在《经典释文》的卷首《条例》中,对"经"和"注"出现文字错误的原因作了比较系统的概括。宋代校雠

〔1〕 蒋元卿著.校仇学史.上海:上海书店,1991.5

〔2〕 姚振宗《快阁师石山房丛书》《七略别录佚文》。

家彭叔夏将文字出错规律归纳为十类四十五子目。清代校雠家王念孙对文字出错规律的总结达到前无古人的水平，他在《〈读书杂志·淮南内篇〉后序》中例举了“误例六十二事”，即62条出错规律。其后，校雠家俞樾又在王念孙的基础上增加了误例，形成88条出错规律。古代校雠家从校雠实践中总结出来的文字出错规律，为后代校雠活动提供了武器，对现代校对实践仍有指导意义。

现代的书面语言，包括原稿和校样，除了与古代传抄翻刻的出错规律相同或近似外，还有因为使用计算机写作、排版而发生错误的新规律。掌握了原稿和校样的出错规律，就会增强猎错的职业敏感，提高猎错的效率和准确率。

第二，提高语言文字功力，扩大知识积累。

辨别是非是一项高智能的工作。发现语言文字错误要依赖校对主体的语言文字功力；发现其他错误要依靠校对主体的学识水平。《校雠广义·校勘编》指出：“校勘主要是纠正书面语言的错误，所以成就突出者，大抵得力于语言学知识的丰富精深。”段玉裁则强调指出：“识不到则或指瑜为瑕，而疵纇更甚。”可见，校对主体的语言文字功底和学识水平，是善疑的前提条件。

清代校雠大家顾广圻校书，由于博学广识、校勘精细，在校雠界有很高的声誉。余嘉锡这样评价顾广圻的校勘活动：

> 千里（顾广圻的字）读书极博，凡经史、小学、天算、舆地、九流、百家、诗文、词曲之学，无所不通。于古今制度沿革、名物变迁，以及著述体例、文章利病，莫不心知其意。故而能穷其要旨，观其汇通。每校一书，先衡之以本书之词例，次征之于他书所引用，复决之以考据之是非。一事也，数书互见，此书误，参之他书，而得其不误者焉。一语也，各家并用，此篇误，参之他篇，而得其不误者焉。文字、音韵、训诂，则求之于经。典章、官制、地理，则考之于史。于是近刻本之误、宋元刊本之误，以及从来传写本之误，罔不轩豁呈露，了然于心目，跃然于纸上。[1]

〔1〕《余嘉锡论学杂著》下册《黄顾遗书序》。

寥寥数语，一位博览群书、学识渊博、善疑精校的大家形象跃然于纸上。

校对主体的逆向思维，是校对猎错灭错的客观需要。现代出版物中存在着十类差错：(1) 文字错误；(2) 词语错误；(3) 语法错误；(4) 标点符号用法错误；(5) 数字使用错误；(6) 量和单位使用错误；(7) 版面格式错误；(8) 事实性错误；(9) 知识性错误；(10) 政治性错误。这十类差错归纳起来是三个方面：(1) ~ (6) 是语言文字方面；(7) 是版面格式方面；(8) ~ (10) 是思想内容方面。要快捷而准确地发现并改正上述三个方面十个类型的错误，必须依托深厚的语言文字功底，大量的知识积累，相当的思想政治水平，以及对版面格式的了然于心。

第二节

校对思维的保真性

校对思维特征之二是保真性。这也是由校对工作的性质决定的。校对工作的首要任务是"保真"，即保证作者的创造性劳动成果准确无误、完整无缺地转换为印刷文本。因此，"遵循原稿""忠实原稿"，也应该是现代校对必须恪守的基本原则。

"保真"（古代称作"存真"）是古代校雠的优良传统。唐代校雠家颜师古在《汉书注·叙例》中这样叙述他的校勘工作：

> 《汉书》旧文，多有古字，解说之后，屡经迁易。后人习读，以意刊改，传写既多，弥更浅俗。今则曲核古本，归其真正，一往难识者，皆从而释之。
>
> 古今异言，方俗殊语，末学肤受，或未能通，意存所疑，辄就增损，流遁忘返，秽滥实多。今皆删削，克复其旧。

颜师古在这里提出古籍校勘的一条原则：归其真正，克复其旧。

清代校雠家段玉裁在《与诸同志论校书之难》中，以更加明确、更加形象的语言重申颜师古提出的原则，他说："校经之法，必以贾还贾，以孔还孔,以陆还陆,以杜还杜,以郑还郑。”贾指贾公彦,孔指孔颖达,陆指陆德明,杜指杜预,郑指郑玄。贾、孔、陆、杜、郑都是先儒,他们当年注经所依据的底本是接近原著本来面目的本子,所以后代校书必须还贾、还孔、返陆、返杜、返郑。这样,才能“归其真正”,“克复其旧”。

现代校对所依据的“底本”,就是编辑发排文本,即作者的原创作品,经编辑审读加工的定稿本。校对活动不同于编辑活动,无需对原稿作出评价,也无需对原稿系统加工,而是依据原稿进行核对,改正校样上与原稿不符的字句。这其实就是“归其真正”“克复其旧”。遵循原稿,忠实原稿,是现代校对的基本原则,也是现代校对的思维方式。鲁迅强调校对时一定要对照原稿。原稿是作者创造性劳动的结晶,又凝聚着编辑的劳动和智慧。原稿是出版物的基础。校对首先要对原稿负责。

我们强调“保真”,不是否定“校是非”,“保真”与“校是非”两者并不是矛盾的。“保真”是基础,在“保真”的基础上“校是非”,进一步发挥校对主体的主观能动性,发现并改正原稿的错漏,从而使原稿更趋完美。我们反对的,正是颜师古批评的“以意刊改”,“意存所疑,辄就增损”。所以,校对不但要“善疑”,还要“多思”,更要“慎改”。有了疑问,要反复思考,反复查证,确有把握才动手改错。

校对不但在原稿整体上要“保真”,在改正原稿错漏时也要“保真”,即保持作者的创作思路,尊重作者的写作风格,做到“字易而意留”。颜师古批评的“以意刊改”,就是违反了上述原则,一味按照自己的思路、自己的表达方式去修改作者的作品。这样的修改,必然会改变原作的思路和风格,甚至改得面目全非。这种强加于作者的做法,不仅校对不可为,编辑也不可为。

举例说:

通过宣传教育,使他终于改邪归正,走上了正道。

这个句子主语残缺了,“通过宣传教育”是介宾短语,不能作主语。改的方法是删去“使”,让“他”作主语,句子的错误就改正了。删去一个字,改正了句法错误,原意完整地保留下来,这就是“字易而意留”。假如不这样改,而是推倒重来,自己重新造一个句子,就可能改变作者的本意,所以是不可取的。

有位校对员将校对活动比喻为“拾与补”，提出“小拾小补不厌烦，大拾大补敢承担，拾补贵在心要细，安悉杂务自陶然”[1]的自我修养目标。这个比喻正是对“保真思维”的形象描写。所谓拾与补，即拾遗补缺，弥补作者和编辑的疏漏。从表面上看，是对局部甚至是个别错漏的拾补；从整体看，却是对编辑工作的完善。错漏的性质有大小之分，因而拾补也有大小之分。小拾小补，如字号大小不协调，图表位置有偏正，文图、文表不衔接，正文注码与注文序码不一致，似乎都无关紧要，但这类小错小漏多了，就会影响全书的质量。所以不能因小拾小补而不为。大拾大补，如事实性错误、知识性错误、政治性错误，往往有一两处就会影响全书质量，当然要尽力去拾去补。可见无论是小拾小补还是大拾大补，都关系着全书的质量。所以，贵在安心拾补，细心拾补。

第三节 校对思维的联想性

校对思维的第三个特征是联想性。这还是由校对工作的性质决定的。校对的四种基本方法，前三种方法都是以“对比”为基本特征的。对校法的特征是，以原稿对比校样；本校法的特征是，以本书后文对比前文；他校法的特征是，以他书对比本书。三种方法都强调“对比”，从对比中发现错漏，从对比中寻求正误补漏的依据。从思维角度讲，要对比就必须联想。

校对联想主要有如下表现形式：

1. 看校样联想原稿

无论采用什么校对方法，改错补漏的直接依据是原稿。正如前引顾广圻校书通则：先衡之以本书之词，次征之于他书所引用，复决之以考据之是非。通读校样时发现了疑点，首先要联想原稿，从原稿中寻找排疑改

[1] 孙旭明．拾与补．校对的学问(三编)．杭州：浙江人民出版社、浙江教育出版社，2004

错的依据。从原稿中找不到答案,才去查找他书。

2. 看后文联想前文,看注文联想正文,看图表联想正文

前后互证是本校法的基本特征。所谓前后互证,是说一本书的内容前后是有联系的,文气前后是贯通的。书中通常都有注释,或者指示引文出处,或者对正文作补充说明。图表与正文的关系更是密切,是正文的延续或补充。因此,前后内容不能矛盾,前后文气不能不贯,文与注、文与图、文与表必须关联、衔接。如果前后矛盾,文气不贯,文注矛盾,文图、文表脱离,就可能存在错讹。

3. 看本书联想他书

他校法是校是非的重要方法之一,有了疑问,在原稿上找不到排疑答案,就得从他书中寻找答案。所以,校本书联想他书是校对思维特征之一。

4. 看本书联想国家的相关规范、标准、法规、政策

判断是非有一个重要依据,那就是国家的规范、标准、法规、政策,凡是与国家的规范、标准、法规、政策相悖的,都是错误的。

5. 看文字联想形似字、音同字、义近字、义连字、义反字

形似易讹,音同易讹,义近易讹,义连易讹,义反易讹。这是汉文字使用出错的五条基本规律。因此,发现文字疑点,首先要联想到这五条规律,然后一一比照,审形析义,排查错讹。

6. 看因联想果,看果联想因

汉语有许多句子的内在联系表现为因果关系,例如:

A. 只有消除杂念,才能专心致志。

B. 只有在校对实践中刻苦学习,才能不断提高自身的素质。

C. 如果不打破行业垄断,就会影响社会主义市场经济的最终建立。

A句前件是“因”,后件是“果”。B句中前件是“条件”后件是“结果”。C句中前件是“理由”,后件是“推断”。如果有因无果,有条件无结果,有前件无后件,或者因与果、条件与结果、前件与后件不搭配,句子就可能存在错误。

7. 看概念联想概念关系

文章里面都有许多概念，概念之间存在某种关系，如同一关系、属种关系、交叉关系、矛盾关系、反对关系，概念的误用常常表现为关系上出现问题。比如：

A. 他们看的色情刊物，大多数是从书摊或旧书摊上买来的。

B. 这些艺术团演出的剧目有昆剧《牡丹亭》……以及中国古典和民族、民间乐曲等。

C. 青年人要经风雨、见世面，在实践中锻炼成长。我也坚持这样做，每天不避风雨，参加体育锻炼，从不间歇。

A 句中的"书摊"和"旧书摊"之间是属种关系，是不能并列的。B 句中的"中国民族乐曲"和"中国民间乐曲"是交叉关系，也是不能并列的。C 句里的两个"锻炼"和"风雨"，不是同一关系。前一个"锻炼"与"风雨"，是指在艰苦的环境中锻炼思想、意志、品格；后一个"锻炼"与"风雨"，是指在自然的风中雨中锻炼身体增加体质。两个非同一关系的概念，也是不能并列的。

从上述分析可知，校对的联想思维是发散性的，又是有明确目的而定向性的。这种定向的发散联想，由此及彼，举一反三，有助于校对主体猎错改错效率的提高，还有助于校对主体自身素质的提高。

一位校对员在一篇论文中这样描述自己在校对活动时的联想：

"……李白的诗篇、凡·高的画作、贝多芬的乐章、王羲之的书法、托尔斯泰的小说，就不仅仅是一定'数量'的文字、色彩、乐符、线条在一定'秩序'中的组合，在这一'组合'中必然还充盈着李白的豪放、凡·高的疯狂、贝多芬的沉郁、王羲之的俊逸、托尔斯泰的仁慈……"校对主体读到"李白的豪放"，会有"钟鼓馔玉何足贵，但愿长醉不复醒"的诗句闪过；读到"凡·高的疯狂"，会有"凡·高 37 岁死于精神病自杀"的故事联想；读到"贝多芬的沉郁"，会有《命运交响曲》从太空飘来；读到"王羲之的俊逸"，会浮现书圣的清新隽秀的行草;读到"托尔斯泰的仁慈",会想到他的"泛爱"信仰。[1]

这种快速联想,可能瞬间即逝,但是,却可以帮助校对主体迅速对文中"李白的豪放、凡·高的疯狂、贝多芬的沉郁、王羲之的俊逸、托尔斯泰的仁慈"作出肯定的判断。

另一位校对员在一篇论文中,这样叙说在校对实践中遇到"风"字时的一系列联想:

> 对于一个词的理解,有时必须深入到每一个词素,对构词的词素理解了,才能真正把握整个词的含义,并有可能触类旁通。如成语"风马牛不相及",比喻两者毫不相干,意思虽然明白,却不知其所以然。有一次,在一本书里看到将"风"解释为"雌雄相诱",我突然有了联想,动物雌雄之间是通过特殊气味相互吸引的,而这种气味又是通过"风"做中介的,于是引申出"雌雄相诱"的含义。"风马牛"的"风"就是"雌雄相诱"的气味,但是马与牛不是同种的动物,即使"风"做中介也是不可能成为配偶的。所以说"风马牛不相及"。如此举一反三,与男女两性相关的词总带着"风",诸如"风流""风情""风骚""争风吃醋""风花雪月",就可以理解了。[2]

校对主体的这种"突然联想",其实也是一种职业敏感,是因"多疑"良久而爆发出来的,引爆的因素可能是偶然的,一旦有了诱因就会爆发却是必然的。校对主体在长期的校对实践中,积累了许多疑问,也积累了许多知识,加之长期习惯"对比",自然会产生"闪过""飘来""浮现"等突发性联想。

---

〔1〕 程浩. 无原稿校对艺术探索. 校对的学问(三编). 杭州: 浙江人民出版社、浙江教育出版社,2004

〔2〕 孙旭明. 拾与补. 校对的学问(三编). 杭州: 浙江人民出版社、浙江教育出版社,2004

第四节

校对思维的整体性

校对思维的第四个特征是整体性。这同样是校对工作的性质决定的。一本书作为一个整体,有整体性要求,如:版面格式全书必须统一;正文字体字号(除特别标注变换字体字号者外)、同级标题的字体字号全书必须统一;目录上的标题和页码与正文的标题和页码必须一致;同一人物、同一地方、同一事物的名称全书必须一致;异形词的选用、数字的用法全书必须统一;书名页上的相关信息记录必须齐全;插图形象与文字说明必须相符;文与图、文与表必须衔接,其内容必须一致;等等。这些"统一""一致""相符""衔接",是校对工作者必须具备的"整体"意识。

现代校对实行集体交叉的校对方式,每个校对者都只承担一个校次或部分篇章的校对任务,由于各人处理差错的标准不会完全一致,由于分散交叉校对造成的各自为战,由于相互依赖的心理作用,容易发生不统一、不一致、不齐全、不相符、不衔接的问题,以致造成不应该出现的差错。因此,校对思维的整体性尤为重要。

校对是一种创造性劳动,要求校对人员立足于图书的整体,对图书的任何一个环节、任何一种因素,都要认真地检验和查核,运用整体思维同校样对话,力求全书内容和版面格式的整体统一。

校对思维的整体性的具体表现如下:

(1) 对联想注入"整体性"意识,把"统一""一致""齐全""相符""衔接"等作为联想的内容。

(2) 每个校次完成后,都要认真做好文字技术整理工作,以实现全书的"整体性"要求。

(3) 如果负责校对的是全书的部分篇章,则要有全书是一个"整体"的意识,虽然做的是局部工作,但必须关注全书的"整体性"要求,并按照

“整体性”要求做好局部统一的工作。

（4）责任校对要树立对全书校对质量负责的观念，把实现全书的“整体性”要求作为自己工作的重点，并且做好最后的全书文字技术整理工作。

不统一、不一致、不齐全、不相符、不衔接的情况是经常发生的，以致成为图书编校质量检查的重要内容。发生这种情况的原因是多方面的。在编辑加工过程中可能发生这种情况，在校对过程中也可能发生这种情况。本书第六章第四节在“校对操作程序”中强调：收到初校样后，要先检查原稿及校样是否齐全，版面格式是否符合设计要求。目的就是防范编辑加工过程中出现的不统一、不一致、不齐全、不相符、不衔接。发现了这种情况，校对员应立即同责任编辑一起查明原因，采取补救措施。优秀的校对员都有强烈的整体意识，他们在校对过程中总是通观全局，瞻前顾后，在使书稿的内容准确而完整地转换为印刷文本的同时又完全符合版面格式的设计要求。

第九章

校对的阅读

第一节

校对阅读的特殊性

校对阅读是一种特殊的阅读。

阅读是人们从书面材料中获取信息的过程。所谓书面材料，是指书面语言的物质载体，包括书、刊、报、文件以及手写稿或电子稿等。信息的传播方式有两种：一种是直接传播，其方式是面对面，通过口头语言；另一种是间接传播，其方式是通过媒介，书面材料就是间接传播的媒介。南朝梁学者刘勰说过："心既托声于言，言亦寄形于字。"心，指思想，人的思想是通过语言来表达的，而语言又是通过文字来记录的。记录语言的文字，叫做"书面语言"；而负载书面语言的物质载体，就叫做"书面材料"。人们要从书面材料中获取信息，就必须进行阅读。阅读是人们获取信息、增长知识的重要途径。因此，人一进入学龄阶段，就开始了阅读的人生旅程。

人们阅读的方式是有差别的。孩童时代的阅读，是学习文字的过程，所以阅读的注重点在于辨别字形、字音、字义。随着识字量的增加，逐渐由辨字转向理解句子，学习造句，进而联句作文。这就是说，人在阅读的初始阶段，阅读的重点是书面语言的最小单位。随着受教育程度的加深，人的阅读的重心转向理解，从阅读中获取大量信息，这时的阅读，不再注意字词的细节，表现出扫视和跳跃的特点，只需"一目十行"的扫视，字词记录的信息就会与已有信息迅速结合，从而作出反应，理解文意，获取信息，达到阅读的目的。

校对的阅读，不同于通常成人的阅读，有点儿像孩童的阅读，阅读的注意力在书面语言的细节，即字、词、符号、图表、公式等。当然，校对的阅读，目的不是为了"学习文字"，而是为了猎错，发现并改正书面材料中的错讹。这种阅读，既与孩童的阅读有着本质区别，又与成人浏览式、跳跃式的阅读不同，所以说校对阅读是一种特殊的阅读，是校读。

校对阅读的特殊性有如下表现：

其一，校对阅读的目的是为了猎错。

人们的阅读，通常有四种情况：(1) 获取系统的知识；(2) 有目的地获取特定信息；(3) 无目的地浏览；(4) 休闲消遣。为了获取系统知识的阅读，注重点是知识。以获得特定信息为目的的阅读，对无关信息往往忽略不顾。无目的地浏览，阅读是随意的，匆匆略过，不求甚解。休闲消遣式的阅读，关注的是情节、故事、奇闻等等。

校对阅读与上述四种阅读都不同，是为了从书面材料中猎获错讹，从而纠正书面材料中的谬误。书面材料中的错讹，出现频率高的是字词使用错误。因此，校对阅读不能一目十行，更不能跳跃，而必须"细辨乎一字之微"，以字词为阅读单位，仔细地辨形析义。例如：

A. 古代有一位学问家叫元好向。

B. 他竭尽讽剌挖苦之能事。

C. 无辜百姓惨遭屠戳。

这三个句子中各有一个错别字：A 句中的"元好向"是"元好问"之误，"问"错作"向"。B 句中的"讽剌"是"讽刺"之误，"刺"错作"剌"。C 句中"屠戳"是"屠戮"之误，"戮"错作"戳"。三个错别字都是因形似而致误的。元好问是金代著名文学家，工诗文，在金元时代颇负重望，一般知识分子应该知道他。"讽刺""屠戮"都是常用词，几乎人人都知道。但是，按照通常的方式阅读，往往"得意忘形"，会让这类错别字在眼皮底下悄然溜掉。校对的阅读必须一个字一个词地细辨，隐蔽在字里行间的字词错误，一般都是可以捕获的。

其二，校对阅读重在"得形"。

格式塔心理学指出：人的感觉总是趋向于将来自多方面的、零散的、不规范的乃至不确定的表象，经过智化过滤，在视觉中形成较为明显而完整的图形。格式塔心理学把这种现象称作"完形趋向律"。完形趋向主要表现在视觉、知觉现象中，因而明显存在于与视觉、知觉密切相关的阅读过程中。由于语言完形的作用，人们不必一笔一画地注意字词，而是扫视字词从总体上把握句意文意，因而能够"一目了然"，快速而准确地阅读。但是，语言完形也会把阅读者引向误区，“得意忘形”，忽略句子里个体字符的错讹。校对阅读必须遏制“完形趋向律”的负面影响，遏制的办法之一就是阅读时重在“得形”。

完形趋向引起的差错主要有如下三类：

(1) 形似字混淆不分。上述“元好问”错作“元好向”、“讽刺”错作“讽剌”、“屠戮”错作“屠戳”，都是因形似而混淆致误的。出版物上常见把希腊文字母“α”、“γ”误作英文字母“a”、“r”，也是因形似而致误的。由于完形趋向的作用，阅读者往往对这类错误视而不见。

(2) 把残缺视为完整。句子里漏字漏符，几何图形丢“点”少“线”，都是残缺现象，而由于完形趋向的作用，人们往往察觉不到残缺。

(3) 分辨不清上下倒置和左右混淆。常见出版物上把“↑”错作“↓”，把“<”错作“>”，也是完形趋向导致的错误。

要想在校对过程中冲破“完形趋向律”的负面影响，只有采取不同于一般的阅读方式，将句子切割成词、词组或短语，逐一地默念，并且细辨字符形体。

校对的这种阅读方式，是符合校对活动的客观规律的。在校对客体中，以具有各维度特征的基本字符为单元，组合成字符群，如词、词组、短语、公式、音乐曲谱、数码组等，各种字符群又进一步组成句群。与编辑加工不同的是，校对尤其是校异同，不需要花力气明了句群意义，而重在对字符群以及单一字符的基本特征的识别。字符群的基本特征有三：(1) 字符群的组合特征；(2) 字符群的结构特征；(3) 字符群的形貌特征。如果字符群与字符群之间的各维度特征相近、相似，字符群特征模糊或混淆，就容易导致校对失检。所以，校对要对字符群的识别特征加以分解细化，分解细化为“注意元”。如下表所示：

字符群类	一级元	二级元	三级元
汉语字符群(构成词语)	单　字	偏旁部首	
外语字符群(构成单词)	字母组	单个字母	
数学字符群(构成公式)	单　项	单个因素	位置角标

校对者将心理注意转向一级乃至二级“注意元”的特征识别，就可以有效地猎获字里行间的错讹。

其三，校对阅读要缓慢、匀速推进，在推进中有停顿、有反复。

校对的这种“切割式”阅读，必须缓慢而匀速地推进，惟其如此，才能做到一字一符不略过。校对阅读是运用已有的知识和经验,进行是非正误判断,具有更高的起点和更高的要求。要做到缓慢而匀速地阅读,必须有一个“心静如水”的心态,不急不躁,从容不迫;专心致志,不心猿意马。

校对阅读要匀速推进,但并不是平均使用精力,读到容易出错的字符处要有短暂的停顿;发现了疑点,还得倒回去重读。这种有停顿、有反复的阅读,也是校对阅读的特点之一。短暂的停顿,是为了细察是否有误。倒回来重读,是为了联系上下文揣度句意。一位校对员在谈到通读体会时说:“读到‘砍死一株野花的错误绝亚于杀死一个人的错误’一句,觉得有问题,便在‘绝亚于’后停顿一下,然后倒回去重读,再联系上下文反复揣度:‘绝亚于’是什么意思?作者在这句话里想要表达的是什么意思?经过停顿、重读、揣度,终于明白错在哪里。作者是位生态学家,他想表达的是:砍死野花如同戕害人的生命。因此,这个句子里的‘绝亚于’是‘绝不亚于’之误。”这就是校对的阅读。

其四,校对阅读要坚持“对照”。

对照是校对阅读的特点,无论采用何种校对方法,在阅读过程中总是有个“对照”物的。对校时,同时阅读原稿和校样,原稿是对照物;本校时,“前后互证”,即前文与后文相互对照;他校时,则以他书校本书,他书是对照物;理校时,推理判断的材料还是校样本身。语言文字规范、标点符号用法标准、数字用法标准、量和单位标准以及版面格式规范等等,都是校对阅读的对照物。还有,校对者头脑里储备的知识,校对者掌握的字词使用出错规律,也都是校对阅读的对照物。对照是猎错改错的重要方法,校对阅读的过程就是不断对照的过程。有对照的阅读和无对照的阅读,其猎错效果是大不相同的。

现代的电子书稿,将传统的原稿与校样合二而一了。在无原稿可资对照的情况下,校对阅读还要不要坚持“对照”?回答是肯定的。一校样不能核红了事,还是要以电子书稿打印稿作为“原稿”,进行全面对照校核,以防版式转换过程中的内容丢失和错乱。二校、三校以通读为主,但是碰到问题则要首先查对电子书稿打印稿。其次,在校对阅读过程中,要瞻前顾后,坚持前后对照、文注对照、文图文表对照。在校对阅读过程中,不断地将校样上的语言文字同头脑里的语言文字信息对照,有了疑点却无把握的,则要停下来查阅字典、词典或相关书籍。总之,校对阅读要有“对照”意识,对照是笨办法,要下笨功夫,但这是校对阅读必须坚持的原则。

第二节

校对阅读的良好心理素质养成

阅读是一种心理活动过程,因而良好心理素质的养成,对于校对阅读十分重要。

校对阅读的良好心理素质有如下表现:

(1) 耐得寂寞,心静如水,不急不躁,缓慢而匀速地阅读。

(2) 专心致志,一字一符地阅读,一字一符地细辨。

(3) 以猎错为快事,为拾补而陶然,全身心地沉浸在补漏改错之中。

一位资深校对员在题为《校对美》的论文里,这样描述自己在校对猎错中的内心体验:

> 客体(校样或原稿)上的一个错字、错符,对主体感官的刺激(丑的揭露),会引发主体的一丝窃喜;又一个刺激,又引发一丝窃喜……无数个小喜悦如一朵朵浪花,不停地、无序地冲击着校对的心扉,组合成伴随着校对过程始终的愉悦感。

只有具有良好心理素质,全身心地沉浸于补漏改错之中,才会有这种喜悦浪花冲击和愉悦感。这是校对工作者最可宝贵的心理素质。

那么,怎样才能养成校对阅读的良好心理素质呢?

一、增强责任感和使命感

前面已经说了,校对阅读是以猎错改错为明确目的的阅读。校对阅读的这种目的性,是校对的职业责任和道德责任决定的。校对是图书编校质量的最后防线,其职责是把一切差错消灭在图书出版之前。图书作为文化信息载体，不但负有传播文化的现实任务，而且由于其超时空的内在特质，还负有传承文化的历史使命。所以，校对工作者不但要有现实责任感，而且要有历史使命感；不但要对当代读者负责，而且要对后代子孙负责。这种责任感和使命感，是养成良好心理素质的思想基础。在校对阅读过程中，有了强烈的责任感和使命感，就会自觉地调整心理状态，除却杂念，克服浮躁，认真阅读，口诵心惟，详察细辨，谨慎改错，从而做到"一字不略过，一字不轻改"。

没有责任感、使命感的人，把完成校对任务看做挣钱的手段，为了多挣钱而赶进度，必然心里浮躁，或者核红了事，或者一扫而过，以致造成错误百出的严重后果。从职业责任来讲，这是一种渎职行为；从职业道德来讲，这是一种道德丧失。

二、培养敬业乐业情感

要养成校对阅读的良好心理素质，除了增强责任感、使命感外，还要培养职业兴趣，把从事校对工作看做一种乐趣。

兴趣是人们积极探究某种事物的心理倾向。人们对某种事物产生了强烈的兴趣，就会产生内在驱动力，从而对该事物表现出积极探究、锲而不舍的追求。孔子早就认识到兴趣的导向和激励作用，他说："知之者不如好之者，好之者不如乐之者。"

兴趣的表现形式，主要有物质兴趣、精神兴趣、社会兴趣等类型，我们探讨的职业兴趣属于社会兴趣范畴，即对某一社会工作的兴趣。职业兴趣是职业选择的重要依据，职业兴趣是热爱工作的重要动力，职业兴趣还是职业稳定的重要因素。校对是一种寂寞、枯燥、艰苦的职业，从事校对活动，需要耐得寂寞、忍受枯燥、不畏艰苦的心理品格。成年累月地面对原稿、校样，日复一日地比照校核，没有职业兴趣是很难坚持下去的。

职业兴趣的产生和发展，一般要经历三个阶段：第一阶段是"有趣"。处于这一阶段的兴趣，常常与人们对某一职业的新奇感相联系，随着新奇感的消失，兴趣也会自然地消失。所以，有趣阶段的兴趣是不稳定的。第二阶段是"乐趣"。经过第一阶段的沉淀，职业兴趣逐渐稳定下来，注意力能够长时期指向某一职业，因而积极学习业务，潜心掌握技能，表现出持久的积极性和主动性。第三阶段是"志趣"。当乐趣与职业责任感、使命感结合起来时,乐趣便发展成为志趣。志趣具有社会性、自觉性和方向性,对自己从事的职业有了志趣,就会产生极大的内驱力,从而表现出自觉性和创造性。校对工作者要把培养对校对事业的志趣,作为养成良好心理素质的目标。

三、训练自我克制的意志力

人完全不受外界干扰是不可能的。尤其是在校对外部环境不好的情况下,校对工作者不可能不受到精神上的打击和物质上的利诱,做到"不以物喜,不以己悲"是很难的。排除干扰、敬业乐业的办法之一,就是训练自我克制的意志力。训练的方法有三:其一,通过意志努力将自己的心理指向限定在阅读目的中,坚持以猎错为目的的阅读方式;其二,不断用文字差错的危害警醒自己,避免回到习惯的阅读方式;其三,不断总结自己校对阅读的成功经验和失败教训,以巩固并完善校对阅读方式。

经过反复的自觉训练,就会掌握校对阅读的方法,如明代学者王守仁所云,"专心一志,口诵心惟,字字句句,细绎反复",从而有效地猎错灭错。

第三节 校对阅读技能的训练

校对阅读技能,是指校读时眼动、注视和内部言语的有机结合。这种技能必须在校对实践中自觉地训练,才能熟练地掌握。

一、科学地控制校读时的眼动速度

眼动是指人眼在校读时的移动。校对客体是由许多字符组成的,校读时,校对主体的视线是循着字符自左向右移动的,一个个字符,先后落在视网膜中央,形成一个个注视点。眼动速度的快慢,决定着注视点(即阅读单位）的大小，直接影响着注视点的清晰度。眼动速度越快，注视点就越大，对字符形体感知的清晰度就越低。跳跃式的扫视，感知的字符形体是模糊的；反之，缓慢而匀速地阅读，感知的字符形体就清晰。由此可见，眼动速度的快慢会直接影响校对的质量。但是，也不能过慢，因为过慢又会影响校对的速度，拉长校对周期。因此，校对阅读的眼动速度是校对理论与实践研究的一个课题。

根据实验测定，比较理想的眼动速度是：平均在每个字符上停留0.9秒（包括异同比较、是非判断和他校的时间在内）。中国出版工作者协会校对研究委员会据此推算：一个工作日实际校对时间为6个小时，合计21 600秒，21 600÷0.9=24 000，校对日定额以20 000～25 000字为宜。日定额超过25 000字，就会加速眼动，扩大注视点，势必影响校对的质量。一目十行式的阅读，由于感知的字符形体模糊不清，个体字符的错讹不易察觉，自然会影响猎错改错的效率，此即“欲速则不达”。

当然，眼动速度对感知的影响是因人而异的。比如视力敏锐、经验丰富、技能娴熟、知识积累深厚者，对客体感知敏捷，其眼动速度就可以适当加快；反之，就要放慢眼动速度。因而确定眼动速度，要从个人生理、心理的实际出发，以能清晰地感知客体为标准。

还有，不同类型的书稿，对校对者的感知会有不同的影响。例如：古籍的语言是古代语言，现代人不能立即理解其含义；社科理论书稿里，概念多，定义多；科技书稿里，专名多，图表多，公式多，外文字母多；少儿读物用拼音字母为汉语字词拼音，校读时要同时兼读与汉语字词对应的拼音字母；手写书稿有的字迹潦草，有的涂抹勾画，辨认费时费力；文字加工多、卷面不清晰的书稿，会影响视线的移动速度。校读这类书稿，眼动速度都应适当放慢。因此，控制校读的眼动速度还要因书而异。校对研究委员会提出：这类书稿的校对日定额最低可以降至15 000字。

二、增加回视运动，以加深对字词的印象

回视运动指注视点跳回已经读过的部分。有经验的校对员，在校读过程中，遇到容易混淆错用的字词，或修饰成分较多的长句子，会做回视运动，倒回去重读一遍，以加深对这些字词的印象。这样做，常常能够猎捕到隐蔽性很强的字词错误。

回视运动还有助于加深对校样中反复出现的专名（人名、地名、国名、社会科学和自然科学名词）和概念的印象。在一部书稿里，外国人名、地名的音译，常常出现前后不一致，尤其是多人合著、合译的图书，这种情形屡见不鲜。校对阅读时必须关注，多做回视运动，解决不一致的问题。

三、协调内部言语和眼音距的关系

内部言语指校读者默念的言语。默读时虽然不发音，但言语器官仍然在运动，不断向大脑发送信息。眼音距指注视点与默读的文字之间的距离，眼音距以字数计量。阅读者在注视书面材料时，由于注视点的转移而隔断了视线，但仍能默读出注视点以后的若干文字，这些在视线隔断后继续读出的文字数量，就是眼音距的数量。当校读材料与大脑存储的信息接近时，内部言语的速度就会加快，这就是通常说的“反应敏捷”。内部言语速度加快了，眼音距就扩大，此时校对者只能感知字符形体的大致轮廓，校对质量就会明显下降。

某出版社做过一项试验，将两页俄罗斯小说校样，交给两人同时校读，其中一位是熟知俄罗斯文学的编辑，另一位是第一次接触俄罗斯小说的校对员。校后质量检查结果：编辑校读的速度比校对员快，校对质量却比校对员差。个中原因其实很简单，就是因为编辑熟知俄罗斯文学，对校读材料反应敏捷，因而内部言语速度加快，眼音距相应扩大，字符形体就模糊不清，不少个体字符错讹在模糊的视线下溜走了。上述试验告诉我们，有意识地控制内部言语的速度，缩短眼音距，增加对注视点的注视时间，是提高校对质量的有效方法。

校对是文字性、学识性很强的工作，又是技术性很强的工作，校对工作者不但要不断提高自己的文字和学识水平，还要掌握校对工作的技术规律，提高技术熟练程度。这样，就可以相得益彰，做好校对工作。

第十章
校对的心理

图书出版过程是人的心理活动过程，出版物是人的心理活动的产物，是作者、编者、校者共同参与的创造性劳动的结晶。

校对工作者作为出版物创造共同体的成员，在参与出版创造活动过程中，知觉、注意、思维、情绪等心理过程是怎样进行的，发挥着何种作用，差错是怎样被识别的，校对良好心理素质对校对工作有着怎样的影响，良好心理素质怎样养成，等等，都是现代校对学研究的重要内容，可以统称为“校对心理学”。

校对心理学是心理学的一个分支，也是现代校对学理论体系的组成部分。

心理学是研究人的心理活动规律的科学。人的心理活动，包括感觉、知觉、注意、记忆、思维、情绪、意志以及能力、兴趣、性格等形式（见下图）。心理学着重从发生、发展的角度研究心理活动的形式及其规律。

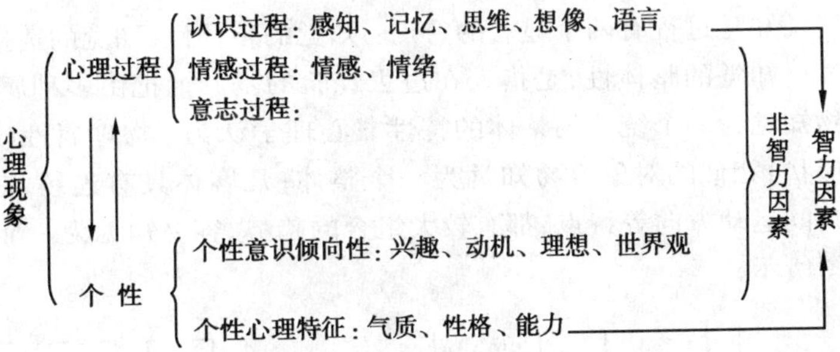

校对心理学专门研究校对过程的心理活动及其客观规律。本章不拟全面研究校对心理学，而是着重围绕校对活动心理过程，研究如下几个问题：（1）校对活动过程知觉心理的作用；（2）校对活动过程注意心理的作用；（3）校对活动过程情绪心理的作用；（4）校对活动过程激励心理的作用。

第一节

校对活动过程知觉心理的作用

知觉是大脑对客观事物的整体形象和表面联系的心理过程的反映。知觉和感觉一样，都是当前客观事物的直接反映，是人的社会实践活动的具体产物。但是，知觉和感觉反映的具体内容是有区别的。感觉是人脑对客观事物个别属性（如颜色、声音、气味等）的反映，通过感觉可以获得事物的个别属性的知识；知觉则不同，它反映的不是事物的孤立属性或部分，而是事物的整体，事物的意义。知觉是在感觉的基础上形成的，比感觉复杂、完整，是对感觉信息的整合。

知觉过程有两个显著的特点：知觉的整体性，知觉的选择性。

知觉的整体性，是指人在过去经验的基础上把由多种属性构成的事物知觉为一个统一的整体的特性。心理学认为：物理属性（强度、大小、形状）相似的对象容易知觉为一个整体；凡客体具有连续、对称、闭合和共同运动方向等特点，都有较大组合的趋势，容易知觉为一个整体。如下图所示：

(A) (B)

图（A）中7根直线空间距离接近的两根易被知觉为一个整体；（B）中的直线排列与（A）相同，由于闭合因素的作用，而被知觉为一根直线和三个正方形。可见，知觉的整体性直接依赖于客体的特点；知觉的整体性还依赖于知觉者本身的主观状态。当刺激物提供的信息不充足时，知觉者总是以过去的知识经验补充当前的知觉活动，使其形成具有一定结构的整体形象。知觉的整体性在人的认识活动中有重要作用。正是由于人的知觉具有整体性,人们对人对物的知觉才有完整的知觉印象。人们阅读书面材料,不必逐字逐词地感知,即可大致感知整句的内容,甚至一目十行地扫视,即可感知整段的内容,所谓窥一斑而知全豹。这正是知觉的整体性的作用。

知觉的整体性特点,使人们反应敏捷,阅读迅速。但是,对校对活动来讲,知觉的这一特点却往往产生负面影响。校对活动的基本特征是"同"中猎"异","是"中猎"非",要求明察相似对象的细微差别。这与知觉的整体性无疑是相悖的。因此,校对者必须改变整体感知的通常阅读习惯,而采取切割式的"点性阅读"方式。

形似致讹、音同致讹、义近致讹是汉字使用出错的三条主要规律,其共同特点是相似:形体近似而义不同,读音相同而义迥异,含义接近但有差别。例如:

形体近似——己已巳,千干,儿几,沽估,沾玷,炮泡,茸葺,奕弈,茌荏茬,即既,侯候,第笫。

读音相同——练炼,度渡,采彩,坐座,井阱,炷柱,萃粹,涣焕,倍备,泄泻,洌冽,袒坦,振震,品味品位,的地得(作结构助词时都读 de)。

含义接近——象像相,作做,依倚,辞词,长常,消销,必须必需,吸取汲取,化妆化装,通讯通信,暴发爆发,交纳缴纳,以至以致,截至截止。

如果不改变整体感知的阅读习惯,这些"相似"就可能因感知整体、感知轮廓,不能分辨其形异、义异,而陷入整体知觉的误区。

知觉的选择性,是指知觉总是有选择地把少数刺激物作为知觉对象,并把它们组成一个整体,对它们知觉得格外清晰,而对同时起作用的其余刺激物则反映得模糊。知觉的这一特性,被心理学家称为"最简单原则"。就像一个聪明而顽皮的孩子,喜欢走捷径(如右图)。因为知觉的这种"最简单原则",人们能够以最简单、最快捷的方式来感知外界刺激,按照自己的期望和背景去感知外界事物,从而使知觉更具目的性。

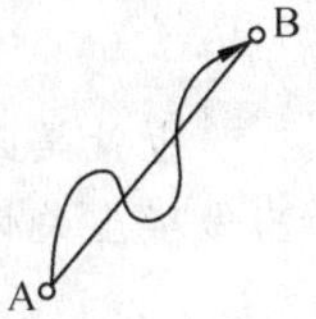

知觉的选择性示意图

但是,也正是知觉的这种特性,常常使知觉发生错误。比如,在校对过程中,碰到形体近似或含义接近的错别字,往往本能地把它们改造(选择)为符合自己所期待的正字,因而以误为不误。

知觉和一切事物一样,都存在两面性:积极作用和消极作用。我们认识了知觉的这种特征，就要通过自觉的努力，发挥它的积极作用，避免或抑制它的消极作用，从而提高校对工作的效率，保证校对工作的质量。

在校对过程中，尤其是校异同时，要尽量采用切割式的点性阅读方式，把字、词、短语作为校读单位，在“细辨乎一字之微”上下功夫。比如：

四两拔千斤
心无旁鹜
出奇致胜
山东荷泽
即来之则安之

“四两拔千斤”中的“拔”乃“拨”之误；“心无旁鹜”中的“鹜”乃“骛”之误；“出奇致胜”中的“致”乃“制”之误；“山东荷泽”中的“荷”乃“菏”之误；“即来之则安之”中的“即”乃“既”之误。拔与拨，形体相近；鹜与骛，荷与菏，形体近似，读音相同；致与制，读音相同，且“致”的“达到”义与“制”的“取得”义比较接近；即与既，形体和读音都近似。要发现并改正上述5个错别字，必须辨形析义，匆匆扫视轮廓，肯定会让它们溜走的。

但是，对于词语错误、语法错误、逻辑错误，却又必须发挥知觉的整体性的作用，分析句子的整体含义，必要时还要联系上下文综合思考。例如：

> 也就是因了这个情结，在她近半个多世纪的生涯里，一直把中国当做毕生关怀的贴己的事情，一直萦绕于怀，为之牵肠挂肚……

这个句子里，没有错别字。以字词为单位校读，不会发现什么错误。但是，从整体上分析，却存在三处错误：“近半个多世纪”犯了逻辑错误，因为“近半个世纪”表达的是“不到半个世纪”，而“半个多世纪”表达的是“超过半个世纪”，两者是矛盾的，只能取其一；“把中国当做……事情”存在语法错误，“中国”与“事情”搭配不起来，应该改作“把中国的事情当做……事情”；“贴己”用词不当，因为“贴己”的含义是“亲密，亲近”，应该改作“自己”。

十几年来,足迹踏遍15个省200多个县,测量、摄影、分析、研究的古建筑物和文物达2 000余项。

切割开来检查,足迹、踏遍、测量、摄影、分析、研究、古建筑、文物,都没有错误。但从整体上分析,却存在着多处错误。首先,这个句子缺主语,"足迹"不能作主语,必须点明谁的足迹。其次,"足迹"与"踏遍"不搭配,因为"足迹"即脚印,脚印怎么"踏遍"? 再次,"摄影"是不及物动词,后面不能带宾语。这个句子可以改作:"十几年来,他的足迹遍布(或:他的双脚踏遍)15个省200多个县,测量、拍摄、分析、研究的古建筑物和文物达2 000余项。"

那是一个寒风料峭的冬日,我们身上穿着大衣,还冷得不断用口中热气哈手。

这个句子也没有错别字,但从整体上分析,却会发现"料峭"用词不当。"料峭",义为"微寒",只能用来形容初春的乍暖还寒,形容冬天的寒风应该用"凛冽"。

他这个月收入2 500元,比上个月增加了500元,增加了20%。

这个句子也没有错别字,却存在语法错误:数量表达混乱。从整体上分析可知,"他这个月收入2 500元,比上个月增加了500元",那么上个月的收入应为2 000元。这个月增加了500元,同上个月相比,增加了四分之一,即增加了25%,而不是20%。

我当下就知道是亦东了,我很情绪化,一刹那觉得此人太发烧了,居然自己找上门。

这个句子也没有错别字,错在"很情绪化"。"情绪"是名词,名词加"化"就变为动词,表示"化为……"的意思。但"情绪"不能"化",不能说"化为情绪"。用"很"修饰"情绪"也是不当的。可以改作"很激动"或"很冲动"。

所以，在校是非的过程中，一方面要坚持切割式阅读，搜猎字符错误；另一方面在发现疑点时又要倒回来重读，重读时则要从整体分析句意，必要时还要联系上下句乃至分析段意。通读检查校样时，则要改变切割式阅读，以句子为阅读单位，而且要注重对句意、文意的理解。

知觉的选择性对校对也有积极作用。许多校对员在校对实践中，将常见字词的使用错误收集起来，整理成为“常见错别字表”，化为知觉的“最简单原则”，在校对过程中主动地有目的地“对照”猎错，对常见错别字特别敏感，常会收到奇效。

第二节

校对活动过程注意心理的作用

校对者在校对过程中，屏气静心地校读，专心致志地比照，聚精会神地猎错。从心理学上讲，这“屏气静心”“专心致志”“聚精会神”就是“注意”。

注意是心理活动对一定对象的指向和集中。所谓一定对象，是指注意的范围；所谓指向，是指心理活动对一定对象的选择；所谓集中，是指心理活动对选择的对象维持指向的紧张度。就是说，注意不仅是有选择地指向一定对象，离开其余的对象，而且要维持这种指向，抑制无关刺激，使心理活动持续并且深入下去。注意是一切心理活动的共同特性，是心理活动的一种积极状态和必备条件，没有注意的参加，不可能产生认识过程。注意是一切心理活动的开端、因素和终点，伴随着心理活动的全过程。

在校对活动过程中，注意心理有哪些作用呢？主要作用有二：其一，注意心理的指向性，使校对心理活动具有明确的方向性，从而避开或抑制无关刺激，始终专注于猎错；其二，在紧张注意的情况下，校对者会沉浸于他所注意的对象，表现出强烈的抗干扰性，从而提高校对工作的效率。明确的方向和沉浸于对象，是做好校对工作的两个基本条件。只有这样，才能自觉抵制干扰，保持校对主体的始终专注。

运用注意心理的规律，对做好校对工作意义重大。

一、明确选择对象，合理分配注意

在图书编校过程中，编辑审读和校对猎错的心理指向是有区别的。编辑的指向是书稿的整体，注意书稿的思想内容、内在价值和写作风格，通过综合分析，对书稿作出整体性评价。校对无需对书稿作出整体评价，因为经过三审已经定稿，校对环节的任务是发现并改正书稿和校样中的差错，因而注意的是局部差错，主要是字词错误，旁及其他的差错。正因为如此，编校不能合一，而必须分工，合一违反注意心理规律。

校对活动的特殊性，决定它要把字、词、短语、标点符号、数字与量和单位的用法以及版面格式等作为注意的对象。但并不是绝对的，随着校对工作的进展和校对功能的转换，校对注意的范围必须相应改变，这叫做“注意分配”。

校对有两个功能：一是校异同，一是校是非。校异同以“比照”为主要手段，强调将原稿与校样逐字逐符地比照，通过搜索校样与原稿的“异”的方法，消灭录排差错。实现校异同的功能，必须将注意的对象锁定在一字一符上，明察字符的细微差别，注意的范围越小越好。因此，以字符为单位的点校，是校异同的基本功。校是非的目标是原稿本身的差错，除文字错误外，还有词语错误、语法错误、事实性错误、知识性错误、政治性错误，发现这些错误，必须进行综合分析，注意的范围就得相应扩大，扩大到句子、段落，如果存在政治倾向错误或思想导向性错误，还得进行更大范围的注意和分析。所以，在校对活动的不同阶段，要做好“注意分配”，从而实现校对的不同功能。但是，话还得说回来，即使是校是非，仍然同编辑的审读加工有质的区别，它的注意相对而言还是局部。绝不能将校对的注意与编辑的注意混同，混同就失去了校对独立存在的意义，就模糊了编校的职责分工，不利于发挥校对的独特作用。

电子书稿的校对，在二校、三校时，即使采用通读校法，仍然要坚持缩小注意范围，以字、词、短语为对象，以消灭错别字为主要任务。错别字的问题基本上解决之后，才能将注意范围逐渐扩大，关注其他方面的差错。在校对过程中，不分阶段，眉毛胡子一把抓，往往会顾此失彼，难以全面实现校对的功能。

二、防范注意分散，维持校对注意的稳定性

注意的稳定性，是指注意长时间地保持在某种事物或某种活动上，其标志是活动在某一阶段时间内的高效率。这是注意在时间上的特征。

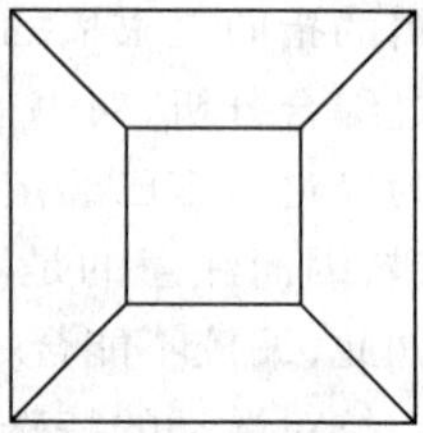

人在感知某种事物时，很难使注意长时间地保持稳定。心理学家做过这样的实验：在几分钟之内注视截去尖端的棱锥体图形（如右图），就可看到，时而顶端（小方形）向着我们，时而底部（大方形）向着我们，无论怎样竭力稳定自己的注意，也无济于事。在不长的时间里，两个方形的相互位置跳跃式地变更着。注意的这种周期性地加强或减弱的变化，称为注意的起伏。〔1〕

但是，通过人的知觉、思维、想像等积极的心理活动，是可以防范注意的起伏而维持注意的稳定的。仍以上述图形为例，如果把它想像为一个有实物意义的图形，例如想像为一个台座（立体图形，大方形为底座，小方形为顶座），想像为一个空房间（平面图形，大方形为房子面积，小方形为房里隔间），那么，一个不变的图形就将被维持住，注意的起伏就会消失。由此可见，注意的稳定性与注意主体的状态密切相关。如果主体有明确的目的性、高度的责任感、浓厚的兴趣、坚强的意志和健全的体魄，就容易保持注意的稳定。

同注意的稳定相反的是注意的分散。注意的分散，是离开正在从事的工作而被无关的事物所吸引。导致注意的分散，主要是无关刺激的干扰和单调的、机械的刺激的长期作用。

校对工作是一项需要稳定注意的工作，又是一项单调、枯燥容易发生注意分散的工作，一旦心理活动起伏动摇，校对注意就容易涣散，甚至感觉器官瞬间麻木，视线方向与内心注意指向分离，出现视而不见的现象。因此，防范注意分散，维持注意稳定，是校对心理学研究的重要课题。

防范注意分散，维持注意稳定，要从多方面着手。例如：

——从校对主体自身修养着手，提高对校对工作意义的认识，增强校

〔1〕 参见车文博著. 心理学原理. 哈尔滨：黑龙江人民出版社，1986. 第七章第三节

对职业责任感，培养热爱校对工作的志趣，在校对实践中保持良好的心态。这样，敬业乐业，全身心地投入，就可以抵制无关刺激的干扰。

——运用自我提醒和自我鞭策，特别是在需要加强注意的关头，提醒自己不要分心，鞭策自己专心致志。一旦发生注意分散，立即命令自己收心。自我提醒和自我鞭策对稳定注意有着重要作用。

——张弛有度、劳逸结合，妥善安排校对工作，把握工作节奏，避免长时间的单调、机械刺激带来的心理疲劳。每校读一个小时，起身活动活动，转移注意指向，放松紧张的神经，然后再接着工作。这样做，有利于消除心理疲劳，防范注意分散，提高校对工作效率。

——运用注意分配，在校对过程中把机械比照、分析字词、查检工具书、改正错误交叉进行，在保持注意指向的前提下，灵活分配注意，从而避免长期重复的单调刺激。而且，通过这种注意分配，能对校对客体中的错讹产生理性认识，既改正了错误，又增长了知识，还培养了兴趣，可谓一举而三得。

——校对部门的管理者，要研究校对心理学，按照心理活动规律组织校对活动。比如，科学确定校对定额，因人分配校对任务，创造校对的安静环境，组织校对经验交流，组织难点、疑点问题讨论，关心校对人员的生活，等等。

三、运用无意注意规律，提高校对灭错的效率

无意注意又称不随意注意，它是无预定目的、无需任何意志努力的注意。

引起和维持无意注意有客观刺激和主观状态两个方面的原因。

1. 客观刺激

客观刺激是引发无意注意的客观原因。客观刺激与无意注意的关系有如下五个特点：

（1）刺激物强度越大，无意注意就越明显。

（2）刺激物之间在形状、大小、颜色、声音等方面的差异形成鲜明对比时，容易引起人们的无意注意。

（3）活动的、变化的刺激物，容易引起无意注意。

（4）刺激作用的开始与终止，容易引起无意注意。

(5) 新异的刺激物,容易引起无意注意。

2. 主观状态

人的主观状态是引发无意注意的主观原因。人的主观状态的内涵有如下四个方面:

(1) 人的需要、兴趣和态度。当时迫切需要又有直接兴趣的事物,容易引起无意注意。

(2) 人的情绪和精神状态是引起与维持无意注意的重要原因。人的心境舒畅时,许多平时不易引起注意的事物也能引起注意;反之,心情抑郁时,平时能引起注意的事物也不易引起注意。人的精神饱满时,容易对新鲜事物发生注意;反之,过度疲劳时,即使是新异刺激也不易引起注意。

(3) 无意注意的引起与维持,与一个人已有的知识经验有着很大的关系。知识经验丰富的人,能够"见微知著";反之,没有知识经验的人,就缺乏这种思维敏感。

(4) 人对一定对象的期待,也会引起并维持无意注意。

校对工作要求专心致志,外界刺激引发的无意注意,无疑会产生一定程度的干扰,使校对者瞬间分心。但是,事物都是一分为二的,如果善于运用上述引发和维持无意注意的规律,可以收到增强校对的兴趣、提高校对的效率的效果。一位校对员在校对《创造学》时,读到"瑞利是法国著名物理学家,1940 年获诺贝尔物理学奖",因为过去不知道"瑞利",产生了新奇感,便停下来查检《辞海》,了解"瑞利"生平,结果意外地发现瑞利是 1904 年而不是 1940 年获诺贝尔奖的,纠正了原稿的一处错误。

许多有经验的校对员,在校书之前先了解本书有几级标题,并将各级标题的字体、字号、占行、位置写在一张纸上,压在桌面玻璃板底下,由于有了这种"经验",不符合版式设计要求的标题很容易引发他的无意注意。有些校对科室将标点符号用法和数字用法的国家标准和常见错别字正误表,张贴在墙上醒目的地方,这样一种特殊环境,有利于强化校对员的责任意识,引发校对员对常见差错的无意注意。

四、运用有意注意规律,减少注意的分散

有意注意又称随意注意,它是有预定的目的,在必要时还需作一定意志努力的注意。

有意注意有两个显著的特征：一个是目的性，注意什么是由预先提出的任务来决定的；另一个是意志性，为了实现既定目的，必须作出一定的意志努力，从而排除干扰、克服困难。校对是以灭错为目的的工作，目标明确但工作枯燥，特别需要有意注意。

有意注意是意志的表现，是一种主动的注意，意志的注意。引起和保持有意注意的主观条件有三：

1. 对活动目的任务的理解和合理的组织

有意注意是服从任务的注意，因而对任务的重要性理解得越清楚、越深刻，完成任务的愿望越强烈，与目的任务有关的事物就越能引起注意，就越能集中并保持注意。在明确目的任务的前提下，合理地组织好活动，使所做的一切服从于当前的任务，直接有助于注意的集中。

2. 稳定的间接兴趣即对目的和活动结果的兴趣

有意注意有个性的特点，它不可能离开个性本身而形成。其中稳定的间接兴趣，即对目的和活动结果的兴趣，对保持有意注意有很大的作用。

3. 抗干扰的意志努力

前面说过，有意注意是经过意志努力而产生的，还需意志努力来保持。当人们发生有意注意时，可能遇到外界刺激物（如无关的声音和视觉刺激物）的干扰，也可能遇到主观状态（如不良情绪、疲劳、疾病及杂念）的干扰。因此，必须创造良好的客观环境，调整个人的心态，保持身心健康。

校对活动的组织者和参与者，都要努力创造上述主观条件。

校对组织者，在校对管理过程中要坚持以人为本，提高校对人员对校对活动目的、任务的认识，增强他们从事校对工作的兴趣，充分肯定他们保障图书质量的特殊贡献，维护他们的正当权益。同时，要关心校对人员的生活和健康，科学地确定校对工作定额，合理地安排工作、学习和休息，创造安静、明亮的校对工作环境。这样做，有利于校对人员注意的集中与稳定。

校对参与者，要把自己的工作同图书质量保障乃至社会主义文明建设联系起来，树立对作者负责、对读者负责、对社会负责、对历史负责的理念，培养对校对工作目的和结果的兴趣，从而耐得寂寞，以苦为乐，自觉地排除干扰，保持良好心境，专心致志地做好校对工作。

在校对实践中，还可采取下列措施保持注意集中：

——提出较高的自我要求，强化对结果负责的意识。

——经常提出“必须注意”，进行自我提醒。

——不断设疑提问，并努力通过查证、推理排疑。

——边校边学，校学相长。

——合理安排工作和休息，避免身心疲劳。

五、尊重个体注意的个性差异，发挥集体交叉校对的优势

心理学告诉我们：注意明显地受个性倾向的制约，表现出个体注意的个性差异。

校对活动是一种集体活动，其表现就是在校对过程的集体交叉。参与集体交叉校对活动的主体群，是个性不同的集合体，包括性格的不同、兴趣的不同、经验的不同和知识结构的不同，这些不同制约着不同主体的注意。比如校对主体中的作者和编辑，由于他们对书稿的总体把握，对相关知识的熟悉，对书稿的整体注意优于校对员，又由于知觉的定式而对个体差错的注意劣于校对员；校对人员队伍里，有的善于比照，对书稿与校样的异同特别敏感；有的心细如丝，对校样上版面格式的统一与规范特别敏感；有的知识积累厚实，思维活跃，善疑多思。校对主体群注意的个性差异，为组织集体交叉校对创造了条件。校对组织者要善于因人制宜地安排校对任务，让对异同敏感的人承担一校、二校任务，让善疑多思的人负责三校或通读检查，让心细如丝的人担任文字技术整理。这样做，有利于各个校对主体的注意集中，从而发挥集体交叉校对的优势。

如果不尊重校对主体注意的个性差异，不加区别地安排校对任务，比如推行编校合一，一人包揽三个校次，让个性浮躁的人做文字技术整理，让知识面狭窄、不善设疑排疑的人承担通读检查任务，其结果肯定是不好的，校对质量肯定是没有保证的。

第三节

校对活动过程情绪心理的作用

情绪是人对客观事物是否符合其需要所产生的态度的体验。

情绪同认识过程一样,也是客观事物在人脑中的反映过程,总是指向于一定的事物,没有任何对象的情绪是不存在的。人的情绪与人的需要有着必然的联系。王充在《论衡》一文中指出:“凡人之有喜怒也,有求得与不得,得则喜,不得则怒。”说的就是人的需要是情绪产生的主观原因。情绪具有两极性的特征:当客观事物满足人的需要时,人就会产生愉快、满意等情绪;反之,当客观事物不能满足人的需要时,人就会产生苦恼、不满意等情绪。

情绪的两极性,在人的精神状态上表现为积极性和消极性两个方面。积极性是一种增力情绪,其表现是精神饱满,干劲十足;消极性是一种减力情绪,其表现是萎靡不振,心灰意冷。积极的情绪是人的心理活动形成和发展的内在力量,是提高实践活动效率的重要动力;消极的情绪是人的认识活动的能力发展的阻力,是降低实践活动效率的主观因素。

校对工作的性质,要求校对人员保持稳定的良好心境,心静如水,心平气和,只有这样才能进入校对角色,发现并改正原稿和校样上的各种差错,在枯燥乏味的校对工作中,获得适乐的内心体验。这就给校对心理学研究提出了如下课题:如何调动情绪的积极性,克服情绪的消极性?发生了消极情绪如何使消极情绪向积极情绪转化?

引起校对情绪的因素是多方面的,有客观因素,也有主观因素。

社会生活条件是引起情绪的根本因素。社会重视校对工作,肯定校对工作的价值,关心校对人才的成长,校对劳动的创造作用得到社会的认同,校对人员就会产生成就的体验,从而使校对人员保持良好的心境;反之,社会轻视校对工作，诸如认为“校对是简单劳动”、“校对不创造财富”，否认校对劳动的创造作用，校对人员缺乏良好的工作条件，遭受不公正的待遇，就会使得校对人员心灰意冷，难以心平气和地工作。

由于市场竞争激烈，许多出版社不断增加出书数量，不断缩短出书周期，编辑疲于奔命，心理浮躁，审读加工粗糙，导致原稿差错增多。校对人员超负荷劳心劳力，因而产生焦急、浮躁乃至厌倦情绪，其结果又造成图书差错率的增加。这样，又导致校对人员心理负担加重，也难以心平气和地工作。

校对人员对校对工作的重要意义认识不足，或者认为做校对低人一等，或者把做校对作为谋生手段，因而自己看不起自己的工作，产生不了乐趣，消极地应付工作，遇到外部刺激，或者遇到困难和挫折，缺乏意志抵抗力，因而发生情绪波动。

分析了引起情绪波动的客观的和主观的因素，就可以采取针对性、启发性的心理引导。

首先要为校对工作营造良好的社会环境。国家出版管理部门和出版单位的领导班子，要十分重视校对工作，充分肯定校对在图书出版工作中的作用，引导校对人员提高对校对工作重要意义的认识，关心校对人员的生活、工作和学习，保障他们的正当权益；同时，科学地、合理地确定校对工作定额，避免校对人员的过度疲劳；并且建立激励机制，对校对人员的工作业绩，尤其是发现原稿重大错误的，应给予必要的精神和物质奖励，激励他们在校对活动中发挥主动性和创造性。

校对工作者要加强自我修养，提高对校对工作意义的认识，热爱校对工作，树立对读者负责、对社会负责、对后代负责的校对工作理念，培养耐得寂寞、不畏艰苦、埋头苦干的意志品格。有了这样的崇高理念和坚强意志，就能够自觉地抵制外部种种干扰，保持良好的心境和积极的情绪。

耐心、静心、适心是我国校对的优良传统，也是现代校对职业的崇高境界。这“三心”是相连而递进的，相连的根是“忠心”，即忠于作者、忠于读者、忠于社会。清末学者朱一新在《无邪堂答问》（卷二）中，对历代校雠家的品格有这样一段评价：“大抵为此学者，于己甚劳，而为人则甚忠。竭毕生之精力，皆以供后人之提携，为惠大矣。”正是这种“为人甚忠”的崇高品格，使他们远离名利，澄清心志，消除浮躁，进入耐心、静心的境界，“竭毕生之精力”为后人提供善本，同时也从自己的工作成就中获得愉悦，从而进入适心境界。现代校对工作者应当学习古代校雠家的崇高品格,增强对作者负责、对读者负责、对社会负责、对后代负责的社会责任感和历史使命感,始终以饱满而积极的情绪参与校对活动,创造性地施展自己的才能,从而进入耐心、静心、适心的境界。

第四节

校对活动过程激励心理的作用

上节说过,人的情绪与人的需要有着必然的联系,"得则喜,不得则怒",人的需要的得失是情绪产生的主观原因。但是,这里说的人的需要、人的得失,是广义的。出版界有些人以为,人的需要就是物质利益,因而把激励等同于物质刺激,在编辑部门推行经济承包、利润提成,在校对部门推行定额管理、超额付酬,谓之"激励"。这种"人的需要 = 物质利益""激励 = 物质刺激"的认识,至少是片面的。

人的需要内涵是丰富的,除了物质需要外,还有精神需要。美国心理学家马斯洛认为:人的需要是由生理需要、安全需要、归属和爱的需要、尊重需要、自我实现需要这五个层次构成的(如下图),并且由最低级的需要开始,逐层向上发展到最高级的需要。物质需要是人的最低级的需要,是人和动物共有的。但是,常言说得好:人吃饭是为了活着,然而人活着不是为了吃饭。人与动物的本质区别正在于还有高层次的社会性需要,需要结交朋友、得到友谊和爱情,需要得到社会的承认和尊重,需要充分发挥聪明才智从而实现自我价值。马斯洛认为:人的社会性需要"是

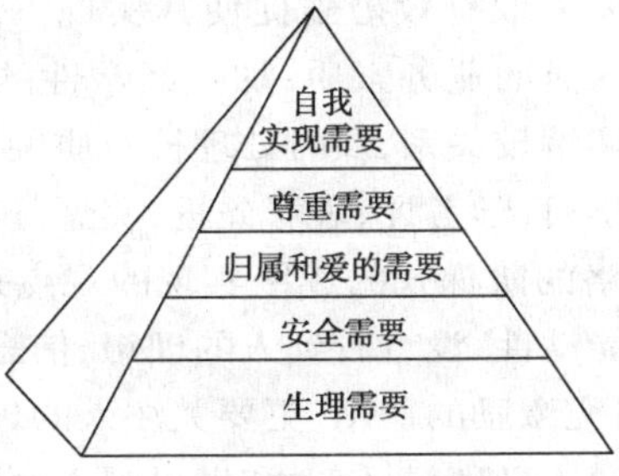

马斯洛需要层次理论示意图(据 Maslow,1970)

一种追求个人潜能极限的内驱力"。马斯洛的这个需要层次理论对我们全面认识人的需要是有启迪的。

出版校对队伍的人们，由于思想素质、文化素养、价值取向、精神境界等的差异，个人的需要表现出很大的差异。例如，有的安于现状，有的满怀抱负，有的斤斤计较个人得失，有的表现出无私奉献精神。因此，出版社和校对部门的管理者，要适应个体心理的差异，建立科学的激励机制，全面提高校对人员的思想文化素质，为有抱负的人创造实现抱负的条件，引导安于现状的人增强进取意识，批评斤斤计较个人得失的思想，宏扬无私奉献的精神。激励不能局限于满足人的物质需要，而要引导人们追求高级的需要，实现人的社会价值，这才是激励的意义所在。

目标激励，是激励机制的重要内容。

美国行为学家佛隆提出"期望理论"，认为适当的目标会对人们产生激励作用。佛隆用一个公式来表示他的理论：

激励力量 = 效价 × 期望值

公式中的"效价"，指对自己所从事的工作或追求的目标效用价值的看法，效价越高，对人产生的激励力量就越大。公式中的"期望值"，指对自己工作成功或目标实现的概率的估计，工作成功或目标实现的把握越大，人的积极性就越高。这个理论对我们有三点启迪：启迪之一，设置一定的目标，可以激发人们的积极性和创造性；启迪之二，目标设置要有一定的先进性，也就是说有较高的效价；启迪之三，目标要有可行性，即经过努力可以实现，也就是说期望值要高一些。

校对工作激励内容有三个方面：校对工作数量定额，校对灭错质量，鼓励发现并质疑原稿差错。这三个方面的内容，都可以设置量化目标，目标设置得科学、可行，同时有相应的奖惩措施配套，会产生一定的激励作用。目标设定后，还要采取有效措施促使其实现。例如：定期进行业务培训，不断提高校对人员的业务素质；加强经常性的监督检查，将问题解决在校对过程中；协调编校关系，及时处理校对质疑与编辑排疑之间的矛盾，推动编校互助互学；科学考评，表彰先进，奖惩分明；等等。

必须指出，马斯洛的阶梯式的逐级实现的观点是一种机械主义的观点，他否定人的主观能动性，没有看到人的理想、信念、世界观对需要的重要调节作用。我们研究激励的作用，更要关注人的理想、信念和世界观的重要作用，在树立共产主义理想、信念和世界观方面做更多的工作。

11

第十一章

原稿和校样上常见差错类型

校对的任务是：以原稿和校样为工作对象，将一切差错消灭在图书出版之前。要消灭差错，首先必须知道原稿和校样上可能存在哪些差错。因此，研究原稿和校样上的差错类型及出错原因，就理所当然地成为校对学的研究内容。

原稿和校样上的差错多种多样，归纳起来大致有三个方面十个类型。

第一节 语言文字差错

原稿和校样上的差错，数量最多的是语言文字差错，按差错性质分类，可以分为六个类型。

一、文字差错

1. 讹，即错别字

错别字是错字和别字的合称。什么是错字？像字但不是字叫做错字。什么是别字？是字但用在此处不当叫做别字。通常说的"错别字"主要指别字。别字出现频率最高，是校对防范的主要对象。

写错字的原因有四：

一是不明了汉字的结构规律。例如："鼻"是形声字，由"自"（形旁，表义）和"畀"（声旁，表音）二字组合而成；"畀"也是合体字，是会意字，是由"田"和"丌"组成。因为不明了"鼻"字的结构，常错作"鼻"，即将"畀"下部的"丌"错作"廾"。又如："步"是会意字，由两个"止"（止，古趾字）一顺一倒（表示一前一后）组合而成。因为不明了"步"字的结构，常错写作"步"，即将倒"止"（变形为少）错作"少"。

二是不明了汉字偏旁变形。例如："聚"是形声字，由"众"（形旁，表义）和"取"（声符，表音）二字组成，因"众"变形为"豖"，与"豕"形似，故

"聚"常错作"褧"。又如:"恭"是形声字,由"心"(形旁,表义)和"共"(声旁,表音)二字组合而成,因"心"字的变形"⺗"与"水"字的变形"氺"形似,故"恭"常错作"恭"。

三是误用国家已经明令废止的《第二次简化汉字方案(草案)》里面的"简化字",常见将"餐"错简作"歺",将"展"错简作"尸",将"嘴"错简作"咀"。

四是自造简化字。

用别字的原因主要是误解字义和错用同音字。

2. 脱,即漏字

多系写作或录排疏漏所致,也有的是在校对改排过程中误删造成的。漏句、漏行的情况也常出现。电脑制片有时还会出现大面积文字丢失。

3. 衍,即多字

常见的多字系重文,即同一个字重复出现,如"多少"误作"多多少"或"多少少"。电脑排版有时还会出现重句、重行、重段的情况。

4. 倒,即字体倒置

铅字排版常因铅字倒置而造成倒字。电脑录排不会出现倒字。

5. 错简,即使用不符合规范的"简化字"

6. 错繁,即简体转换繁体对应不准确

7. 使用国家明令停止使用的异体字

8. 使用不符合《现代汉语通用字表》字形规范的旧字形

9. 外文不同文种字母混用,大小写、正斜体使用不符合规范

10. 汉语拼音拼写错误

主要是不符合《汉语拼音正词法基本规则》,如将"Zhongguo Shehui Kexueyuan"(中国社会科学院)错拼作"ZhongguoShehuiKexueyuan",或错拼作"Zhong Guo She Hui Ke Xue Yuan"。此外,还常见标错声调。

二、词语错误

常见的词语错误有如下四种:

1. 因误解词义而误用词语

汉语中有许多音同、义异的词语（如化妆与化装、品位与品味、必须与必需、度过与渡过、以至与以致、圣地与胜地），含义接近但有区别的词语（如截止与截至、合龙与合拢、检查与检察、学力与学历、反映与反应、处治与处置），极易混淆错用。

有些词在媒体上常见，有的人不知其含义，觉得挺时髦，便拿来使用，造成词语错误。例如：

> 门前屋后，绿茵如毯。
> 这位莘莘学子终于走进清华大学。
> 一部优秀的电视剧，能收到万人空巷的轰动效应。

显然，作者不了解"茵""莘莘""万人空巷"的确切含义，犯了无知而有意的错误。茵，义为垫子或褥子，跟"毯"是同义词。"绿茵"是"绿草如茵"的缩写，形容绿草像毯子一样。莘莘，义为众多，"莘莘学子"的含义是"众多（或广大）学子"，跟前面的"这位"显然是矛盾的。"万人空巷"是句成语，出自苏轼的诗句："赖有明朝看潮在，万人空巷斗新妆。"诗句里的"巷"指的是住宅区，人们因为观潮纷纷走出家门，这就是"万人空巷"的原本含义。这三个例句，是因误解词义而误用词语的典型例证。

2. 堆砌词藻

一些作者喜欢堆砌词藻，往往造成语病。著名语言学家朱德熙指出："如果作者不去堆砌词藻，老老实实照通常说话的方式写，许多毛病本来是可以不至于发生的。"

3. 用词褒贬不分

汉语的词义主要由两方面的内容构成，即理性义和色彩义。词义中与概念有关的意义部分叫做理性义，在理性义基础上产生的、在意义表达上发挥着重要作用的附加意义叫做色彩义。有些词不仅表达概念，而且表达说话人对事物的主观态度和评价，这类词义叫做感情色彩义。表明赞许、褒扬感情色彩的词，叫做"褒义词"；表明厌恶、贬斥感情色彩的词，叫做"贬义词"。原稿上常见用词褒贬不分的错误。例如：本意提倡创新，却误用了贬义词"要当始作俑者"（"始作俑者"比喻倡导恶劣风气的人）；本意批评技艺差劲，却误用了褒义词"差强人意"（"差强人意"义为令人比较满意)。

4. 错用成语

成语是固定词组,它有两个特点:一是结构的凝固性,结构形式是定型的、凝固的,构成成分是固定的;二是意义的整体性,在表意上不同于短语,其意义往往并非构成成分意义的简单相加,而是在其构成成分的意义基础上进一步概括出来的整体意义,并隐含于表面意义之中。

常见的错用成语,有三种情况:

(1)擅改成语的构成成分。例如将“明日黄花”擅改为“昨日黄花”。

(2)将成语构成成分拆开。例如将“求全责备”拆作“不因求全而责备”。

(3)因望文生义而比喻、形容不当。例如用“美轮美奂”(“轮奂”是建筑物的代名词,“美轮美奂”形容建筑物高大宏丽)形容一切美的事物,用“炙手可热”(贬义,比喻依仗权势作威作福)比喻抢手、走红,用“七月流火”(出自《诗经》,本系描写夏历七月即夏末初秋天象的诗句)形容盛夏烈日热浪,用“首当其冲”(处在冲要位置,首先受到冲击)比喻冲锋在前。

三、语法错误

语法错误包括词法错误和句法错误。

(一)常见词法错误

1. 名词、动词、形容词使用不当

例如:

> 这是对他极大的摧残和耻辱。
> 他由于顶不住压迫而丧失原则。
> 诗里充沛着江南的田园情趣。

“耻辱”是名词,应改为动词“污辱”。“压迫”是动词,应改为名词“压力”。“充沛”是形容词,形容词一般不能带宾语,应改为动词“充溢”。

2. 数量表达混乱

例如：

恐龙蛋壳的微量元素镁比现代正常蛋壳低三十倍左右。

家乡建起了近五万多立方米的水库。

××中学新建了教职员工宿舍5 000平方米，全校100多名教职员工平均每人50平方米，大大改善了居住条件。

倍，跟原数相等的数。倍数只能表示数量的增加，表示数量减少可以用分数或百分比。“近”，表示“接近”“差不多”“不足”；“多”，表示“有余”“超过”；在同一条件下，既说“近”，又说“多”，前后矛盾。5 000平方米的宿舍，分给100多名教职员工，平均每人不足50平方米。

3. 指代不明

例如：

张总经理和李总工程师正在讨论一个技术项目，他完全同意他的看法。

两个“他”指代不明。

4. 副词、介词、连词使用不当

副词使用不当，主要有缺少必要的副词、滥用副词、误用副词三种情况。

连词使用不当，主要有表示并列关系的词与表示连接关系的词混淆错用，表示转接关系的词与表示因果关系的词混淆错用。

介词使用不当，主要有错用“被”和“把”、错用“对于”和“对”、错用“从”和“以”、错用“由于”“关于”以及错用“在……上”“在……下”介词结构等情况。

（二）常见句法错误

1. 搭配不当

搭配不当是指句子相关成分在意义上或语言习惯上不能配合，或者是搭配在一起不合事理。例如：

他问清了原因,沉思了少许,慢慢地踱到我身旁。

“沉思”与“少许”不搭配。“沉思”义为“深思”,即思索的时间较长。而“少许”表示的是数量少,与“深思”不能搭配。

不法分子不择手段地仿造伪劣产品。
这不利于减小东西部差距。
中学生是青年学生学习的重要阶段。

“仿造”与“伪劣产品”不搭配。不法分子仿造的对象应是名优产品。“减小”与“差距”不搭配。跟“差距”搭配的是“缩小”。“中学生”与“阶段”不搭配。删去“生”,“中学”与“阶段”就搭配了。

2. 成分多余或残缺

成分多余是指多了某个成分而使句子意思不清楚。例如:

① 许多劳动模范的事迹,都是我们学习的好榜样。
② 回到家乡已经四个多月过去了。
③ 1982 年日本死于癌症的人数超过 17 万人。
④ 这是她的第一篇处女作。
⑤ 读了《伤仲永》一文,使我深受教育。
⑥ 这种电视机外形美观、画面清晰、价格适中等优点。
⑦ 这个带形的草原,是基密尔大岭山洪冲成的一条不十分规则的河流,叫基密尔河。

① 主语有成分多余。“榜样”应是“劳动模范”,“事迹”多余。② 谓语有成分多余。谓语动词“过去”是多余的成分。③ 宾语有成分多余。前面用了“人数”,后面的“人”多余。④ 定语多余。“处女作”即“第一篇作品”,“第一篇”多余。成分残缺跟成分多余相反,句子里少了必要的成分。⑤ 由于误用动词“使”,造成主语残缺。⑥ 谓语残缺。“外形美观,画面清晰,价格适中”本来可作谓语,可是后面加了“等优点”,就成了“优点”的定语,造成谓语残缺。⑦ 状语残缺。“是”前缺少一个必要的状

语,“草原”因而成了“河流”。

3. 语序不当

语序不当是指词语在句子中的位置失当。例如:

① 纺织厂的广大职工,刻苦钻研技术,大量纺出优质高级纱。
② 他从此发誓不吸香烟,不穿丝绸。
③ 电影《大闹天宫》连续半个多月放映了。
④ 王华从家里和姐姐赶到了现场。

① 定语错位。“大量”错放在状语位置,应当移至“优质高级纱”的前面作定语。② 状语错位。状语“从此”修饰的应是“不吸香烟,不穿丝绸”,故当移至“不吸香烟”前面。③ 补语错位。“半个多月”应当放在动词“放映”后面做补语。④ 句子的主语是联合短语“王华和姐姐”,“和姐姐”应当移至“从家里”前面。

4. 句式杂糅

句式杂糅是指不同句式(句子结构形式)杂糅在一起而造成的语病。例如:

这些蔬菜长得这么好,是由于老伯伯精心管理的结果。

这个句子里存在两个句式:“这些蔬菜长得这么好,是由于老伯伯的精心管理。”“这些蔬菜长得这么好,是老伯伯精心管理的结果。”而现在的句子将上述两个句式杂糅在一起了。

5. 不合事理

不合事理是指句子的意思在事理上说不过去。例如:

这里是远离祖国的边疆,却又紧紧联系着祖国的心脏。
苍山洱海,风光绮丽,真是巧夺天工。

“边疆”是“祖国”的靠近国界的领土,是祖国领土的组成部分,不可能“远离祖国”。苍山、洱海,都是自然造化,并非人工造物,不能说“巧夺天工”,可改为“鬼斧神工”。[1]

四、标点符号使用错误

判别标点符号使用正误的依据,是国家标准《标点符号用法》。常用标点符号有16种,分点号、标号两大类,点号有7种,标号有9种。常见的标点符号错误,主要是点号使用错误。

(一)常见点号使用错误

1. 句号误用

常见的有:

(1)一逗到底,是句子而不句断。

(2)不是句子而误用了句号。

(3)整句引文末尾的句号误置于引号外面。

(4)非整句引文句号误置于引号里面。

2. 逗号误用

常见的有:

(1)并列词语之间的停顿,应当用顿号,而误用了逗号。

(2)复句内部并列分句之间的停顿,应当用分号,而误用了逗号。

(3)提示性话语之后的停顿,应当用冒号,而误用了逗号。

(4)不该停顿的地方用了逗号。

(5)该停顿的地方没用逗号。

3. 分号误用

常见的有:

(1)并列词语间,应当用顿号或逗号,而误用了分号。

(2)非并列关系的单重复句内分句间误用分号。

(3)不在第一层的并列分句间误用了分号。

(4)应该用句号断开的两个独立句子间误用了分号。

---

[1] 语法错误中的例句,都是典型病句,分别引自《出版专业基础知识》2004年版、《图书编校质量差错认定细则》、2002年出版专业职业资格考试试题。有的例句引用时作了删节。

4. 顿号误用

常见的有：

(1) 非并列词语间误用了顿号。

(2) 没有停顿的并列词语间误用了顿号。

(3) 不同层次的停顿都使用顿号，造成结构层次混淆。

(4) 并列成分中又有另一层次的并列成分，都用了顿号。

(5) 相邻的数字连用表示一个概数，误用顿号隔开。

(6) 在第一、首先、(一)、(1)、①、A 等题序后面误用了顿号。

5. 问号误用

问号误用主要是把非疑问句误作疑问句。这种情况多发生在有“谁”“哪”“什么”“怎么”“怎样”等疑问词和带有“是……还是”疑问结果的句子里。

6. 叹号误用

叹号误用多发生在语气舒缓的祈使句、陈述句和反问句中。

7. 冒号误用

常见的有：

(1) “某某说”插在引文的中间，“说”后面误用了冒号。

(2) 在没有停顿的地方误用了冒号。

(3) 在一个句子里出现了两重冒号。

(二) 常见标号使用错误

1. 省略号前后保留了顿号、逗号、分号，省略号与“等”“等等”并用

2. 间隔号(中圆点)误为顿号或下脚圆点

3. 句内括号放在了句外，括号离开了被注释的文字

4. 表示年月日的间隔误用下圆点、一字线或破折号(正确用法是：2004-08-12或2004年8月12日)

五、数字使用错误

判别数字使用正误的依据，是国家标准《出版物上数字用法的规

定》。常见的数字用法错误有如下八种情况：

1. 使用阿拉伯数字不得体

例如：10 佳青年（应为“十佳青年”），解放军4 总部（应为“解放军四总部”，2 条要求（应为“两条要求”），8 项主张（应为“八项主张”），3 天 3 夜（应为“三天三夜”），第 1（表示序号应为“第一”），其 1（应为“其一”），等等。

2. 相邻的两个数字并列连用表示概数误用阿拉伯数字

例如：2、3 个（应为“两三个”），17、8 个（应为“十七八个”）。

3. 带“几”字的数字表示约数，误用了阿拉伯数字

例如：10 几人（应为十几人），30 几间房屋（应为“三十几间房屋”）。

4. 该用阿拉伯数字的地方没用

例如：物理量量值中的数字，非物理量量词（计数单位）前的数字，计数的数值（正负整数、小数、分数、百分数、比例），公历世纪、年代、年、月、日、时、分、秒（文学著作除外），部队番号、文件编号、证件号码没有用阿拉伯数字。

5. 科技出版物中的多位数使用阿拉伯数字时没有分组

阿拉伯数字使用时，（应当从小数点起，向左或向右每 3 位分成 1 组）组间（应当留一约有 1 个汉字 1/4 的空隙）或分了组但在组间误用了逗号、圆点。

6. 纯小数没有写出小数点前用以定位的“0”

7. 阿拉伯数字与汉字亿、万及计量单位连用失误

例如：1 亿 2 千 3 百万（应为 1.23 亿），3 千元（应为 3 000 元）。

8. 误将用阿拉伯数字书写的数值拆开转行

六、量和单位使用错误

判别量和单位使用正误的标准是国家标准《量和单位》。常见的量和单位使用错误有如下九种情况：

1. 使用不规范的量名称

主要表现在：使用已废弃的旧名称，同一个名称出现多种写法，使用自造的名称。如（括号内为旧名称）：质量（重量，人民生活和贸易中质

量仍可称作重量)；质量热容，比热容(比热)；电流(电流强度)；相对密度(比重)；物质的量(摩尔数，克原子量，克分子量，克当量)；等等。又如(括号内为同一名称另种写法)：吉布斯自由能(吉卜斯自由能)，阿伏加德罗常数(阿伏伽德罗常数，阿佛加德罗常数)，等等。

2. 量符号的使用不规范

例如：量符号错用了正体字母，没有使用国标规定的符号，用多个字母构成一个量符号，把化学元素符号当做量符号使用，把量符号当做纯数使用，量符号的下标不规范，等等。

3. 单位名称书写错误

主要表现在对相除组合单位和乘方形式的单位名称书写错误。例如：相除组合单位名称与其符号的顺序不一致，名称中的"每"字多于1个；乘方形式的单位名称错误；在组合单位名称中加了符号；等等。

4. 单位中文符号的书写和使用不准确

主要表现在：把名称或不是中文符号的"符号"当做中文符号使用，组合单位中既有国际符号又有中文符号，非普及性书刊中使用了中文符号，等等。

5. 单位国际符号书写和使用错误

主要表现在：单位符号错作了斜体字母；单位符号的大小写错误；把单位英文名称的非标准缩写或全称作为单位符号使用；把 ppm、pphm、ppb、ppt 等表示数量份额的缩写字作为单位符号使用；相除组合单位中的斜线"/"多于1条；对单位符号进行修饰，主要表现是加下标、在组合单位中插入说明性字符、修饰单位1等；书写量值时，数值与单位符号间未留适当空隙，或把单位插在数值中间；等等。

6. SI 词头符号的书写和使用不正确

主要表现为：词头大小写混淆，独立使用，重叠使用；对不允许采用词头的单位加了词头，对乘方形式的单位加错了词头；等等。

7. 使用非法定单位或已废弃的单位名称

主要表现在：使用市制单位，使用早已停止使用的"公字号"单位，使用英制单位，使用 CGS 制中有专门名称的导出单位及其他杂类单位。

8. 在图、表等中用特定单位表示量的数值时未采用标准化表示方式

国标规定了两种方式：(1) 用量和单位的比值；(2) 把量的符号加

上花括号,并用单位的符号作为下标。国标建议采用第一种方式。

9. 数理公式和数学符号的书写或使用不正确

主要表现在字母、符号的正斜体混淆,数理公式的转行不符合规定,等等。[1]

第二节 版面格式差错

版面格式简称版式,其内容包括版面、版心、书眉、中缝、标题、页码、行距、白边等。版面格式是图书的包装形式,应当体现美观、实用、准确的原则。不同的版面有不同的格式,从封面、书名页、目录、书眉、标题、注释、插图、表格、索引一直到正文,都有不同的格式。审校版面格式与正文内容具有同样重要的意义。常见的版面格式差错主要有七种情况。

一、书名页内容缺项

根据国家标准《图书书名页》的规定,图书正文之前必须设置载有书名信息的书名页。书名页包括主书名页和附书名页。主书名页位于单数页码面,必须提供书名、著作责任者、出版责任者等信息。附书名页位于主书名页背面,必须提供图书的版权说明、在版编目数据和版本记录等信息。常见书名页内容缺一项或多项。

二、正文规格、体例不统一

正文字体字号必须全书统一,只有另行起引文变换字体、正文内重要引文或着重文字变换字体可以除外;同级标题字体、字号、占行、位置必须

[1] "量和单位使用错误"依据《图书编校质量差错认定细则》及陈浩元为"全国出版社校对科长岗位培训班"编写的"讲课提要"编写。

统一;书眉双页排一级标题,单页排二级标题,全书必须统一;正文版面格式,如另面、另页、暗页的编排,段落的另起和接排,引文的缩格或变换字体也要全书统一;辞书条目技术规格必须统一。不统一的情况经常发生。

三、封面、书名页、目录中的相关项目不一致

封面、书名页、目录上的相关项目,如书名、著作责任者、出版责任者等必须一致。常见不一致的情况。

四、文图、文表不配套、不衔接

插图、表格是图书内容的重要表现形式,是正文的说明或补充,因此,文与图、文与表必须配套,而且必须衔接(一般应紧跟"见表×""见图×"之后),文字表述与插图内容必须对应。常见不配套、不衔接、不对应的情况,甚至出现图、表张冠李戴的差错。

五、正文注码与注文注码不对应

在校对阶段由于捅行捅版,正文注码转页而脚注未作相应调整,或者正文原有注码的文字删去而相应注文未删去,而造成正文注码与注文注码不对应。

六、序、跋、内容提要中的指示性文字与本书实际情况不呼应

由于在校对阶段对书中内容作了较大的增删,而没有顾及对序、跋、内容提要作相应修改。辞书在校对阶段增删了条目,而索引未作相应增删。

七、版面格式不规范

图书各种附件的构成,书名页的设置、书名页的内容及各项内容的位置,目录上正副标题以及索引、参考文献的编排,都有规范性的规定。常

见违反规范的情况。

第三节 思想内容差错

思想内容方面的差错，主要有三个类型：事实性错误，知识性错误，政治性错误。

一、事实性错误

事实性错误，即与事实有出入。常见的事实性错误有：事实有误，年代有误，数据有误。

事实有误的情况在出版物中经常出现，主要是由于作者治学、写作不严谨，编辑在审读加工过程中没有核对事实而造成的。有些事实性错误并不难辨认，例如：明长城东起何处？不少书包括一些工具书都说："明长城东起山海关。"这是不符合事实的。事实是山海关外还有长城，直抵鸭绿江，明长城最东点在鸭绿江畔。

年代有误常见有三种情况：(1)我国历代纪年与公元纪年转换不准确；(2)历史人物生卒年与享年不对应；(3)历史事件发生的年代有误。

数据有误是多发性错误，常常出现 1 + 1 不等于 2、15 ÷ 3 不等于 5 的低级错误。

二、知识性错误

书稿中的知识性错误是常见的，有些错误甚至是以讹传讹习以为常的。因此，防范知识性错误是编校的重要工作。任何作者都存在知识的局限性。鲁迅曾经指出："专门家是多悖的……悖在依专门家之名，来论他专门以外的事。"专家著书，旁征博引，难免用错专门以外的知识。这种情形连辞书都难以完全避免。

三、政治性错误

政治性错误是必须重点防范的。因为，出版物首先是精神产品，在精神产品生产过程中，必须始终坚持为人民服务、为社会主义服务的方向，必须坚持传播先进文化，必须坚持以科学的理论武装人，以正确的舆论引导人，以高尚的情操塑造人。这是全体出版工作者的政治责任。

出版物中的政治性错误，主要表现在六个方面：

1. 政治立场错误

政治立场错误即站在错误的立场上，对事物作出错误的判断。立场错误是根本性的错误。

2. 政治观点错误

政治观点错误，即宣扬了错误的政治观点。

3. 政治倾向错误

政治倾向错误，即贯穿全书的思想内容，表现出错误的政治倾向。

4. 导向性错误

导向性错误，如内容低俗化，宣扬邪教和迷信。

5. 政策性错误

政策性错误，即违反了国家法律、法规和政策，如宪法及其他法律、法规，国家的经济、外交、文化、教育、民族、宗教、人口、保密等政策。

6. 技术性政治错误

技术性政治错误，即由于编校工作失检或其他技术原因，发生文字、标点符号错漏而导致的政治性错误。

国务院颁布的《出版管理条例》规定，任何出版物均不得含有下列内容：反对宪法确定的基本原则的；危害国家统一、主权和领土完整的；泄露国家秘密、危害国家安全或者损害国家荣誉和利益的；煽动民族仇恨、民族歧视，破坏民族团结，或者侵害民族风俗、习惯的；宣扬邪教、迷信的；扰乱社会秩序，破坏社会稳定的；宣扬淫秽、赌博、暴力或者教唆犯罪的；侮辱或诽谤他人，侵害他人合法权益的；危害社会公德或者民族优秀文化传统的；有法律、行政法规和国家规定禁止的其他内容。

上述内容都是校对防范的对象，所谓将一切差错消灭在图书出版之前，就是要在校对阶段将上述三个方面十个类型的差错全部消灭干净。

现代出版学丛书

现代校对学概论

12

第十二章

书面材料文字出错的规律

书面材料指古籍、现代著作的原稿和校样，文字出错指传抄、翻刻、写作、加工、录排、校改中出现的文字错误。

这些错误的出现，有些是偶然发生的，有些是多发性的。多发性文字错误，存在着客观的规律性，掌握了文字出错的规律，可以增强辨识文字错误的能力，提高猎错灭错的效率。所以，无论是古代校雠学还是现代校对学，都把研究书面材料文字出错的规律作为重要课题。

第一节

古代校雠学关于文字出错规律的研究成果

从先秦到现代，历代校雠家都潜心研究古书文字出错的规律。现代学者管锡华在《汉语古籍校勘学》〔1〕一书中，将古代学者关于古书文字出错规律的研究成果作了系统的归纳。下面摘引其要者，以供现代校对学研究借鉴。

一、误（指字形的错讹）

（一）抄刻而误

1. 形近而误

汉字的形体有不少相差甚微，如戊戍戌戎、己已巳、日曰等等，只是多一点少一点、一笔长一笔短、笔画全同仅字形长一些扁一些而已，这些字在抄刻时极易发生讹误。以日曰为例：

〔1〕 管锡华著.汉语古籍校勘学.成都：巴蜀书社，2003.100～128

《老子·五十五章》:“精和曰常,知常曰明,益生曰祥,心使气曰强。”汉、唐抄本均将“曰祥”“曰强”误为“日祥”“日强”,注家还就“日祥”“日强”加以注疏,从而以讹传讹。“日”“曰”二字互讹在古书中常见。

形近而误还有几种情况:古文(小篆以前的文字)相似而误,篆文(小篆)相似而误,隶书相似而误,俗书(俗字)相似而误,草书相似而误,半字(偏旁)相似而误,坏字(字形残缺)致误。

2. 音近而误

音近而误指读音相同或近似的字混淆致误,包括音同而误、音近而误、双声而误、叠韵而误四种情况。例如:

①《淮南子·道应》:“将军与军吏谋曰:‘今日不法,楚君恐取吾头。’而还师而去。”

②《墨子·非攻上》:“杀百人,百重不义,必有百死罪矣。当此天下之君子,皆知而非之,谓之不义。今至大为不义攻国,则弗之非,从而誉之,谓之义。”

③ 马王堆汉墓帛书《战国纵横家书》第四章:“公玉丹之赵攻蒙,奉阳君受之。”

例①中的“楚君”是“楚军”之误。上古、中古“君”“军”二字同音。例②中的“弗之非”是“弗知非”之误。上古、中古,“之”为之韵,“知”为支韵,声韵近似。例③中的“丹”是人名,文中数见,皆不作“玉丹”。“玉”为“欲”之误。这句话是说:薛公欲使丹至赵献蒙地,奉阳君接受此地。

3. 字近而误

字近而误不是指字形近似而误,而是指字在文句中距离不远互相发生影响而产生的讹误。包括偏旁类化、偏旁搬家(甲字的偏旁搬家作乙字的偏旁)、一字分为二字(一个合体字错分成两个独体字)、二字合为一字(两个独体字错合成一个合体字)、涉上文而误(下文某字受上文影响而错作上文某字)、涉下文而误(上文某字受下文影响而错作下文某字)、涉注文而误(抄刻正文时受注文影响而将正文某字错作注文某字)等情况。例如:

①《尔雅释诂》:“简、箌,大也。”

②《淮南子·俶真》:"吟德怀和。"

③《淮南子·道应》:"军吏曰:'原大过一二日将降矣。'"

④《梦溪笔谈》:"北岳常岑谓大茂山者是也。"

例①中的"箌",本从草,作"菿",因上文"简"从竹,类化而误作"箌"。例②中的"吟"当为"含",因"口""今"错位而致误。这个句子对仗工整,若作"吟德"则与"怀和"不相类了。例③中的"一二日"是"三日"之误。三字竖排,错分为"一二"。例④中的"岑"实为"山今"二字错合。原句的意思是:北岳常山(即恒山)就是大茂山。

(二)臆改而误

臆改致误,主要有如下五种情况:

1. 不识古字臆改而误

《礼记·大学》:"见贤而不能举,举而不能先;见不善而不能退,退而不能远。"

近与远对文成义。近,古文作"岓",学者不识,疑为"先",遂将"不能近"误改为"不能先"。

2. 不谙古意臆改而误

《逸周书·时训》:"水不冰,是谓阴负,地不始冻,咎徵之咎,雉不入大水,国多淫妇。"

"咎徵之咎"本作"灾咎之徵"。上古蒸、之二部字可通押,后人不知古今音变,以为"徵"不叶"负""妇",故改为"咎"以叶之。

3. 不知古义臆改而误

《韩非子·外储说右上》:"甘茂之吏通穴闻之,以告甘茂。"

"通"当作"道"。道者由也,道穴闻之,即由穴闻之。后人不知"道"之古义,臆改为"通"。

4. 不懂语法臆改而误

《文选·邹阳〈上书吴王〉》："高皇帝烧栈道，灌章邯。"

“灌”为“水”之误。古汉语名词“水”可以活用为动词，当“以水浇灌”讲。后人不懂“水”字活用，遂臆改为同义词“灌”。

5. 不知专业用语臆改而误

《关汉卿戏剧·集望江亭》四折终场词："将衙内问成杀犯，杖八十，削职归田。"

臧懋循编《元曲选》本，“杀犯”作“杂犯”。“杂犯”正确。“杂犯”是元代法律用语，指恶、杀、奸、盗等之外的犯罪。《元典章》刑部有“杂犯”论罪处刑条格和判例。“杂犯”一章中之“非违”一节，内容多系咨逞威权、陵轹善良之类，处杖决并降职或罢职。《戏剧集》编校因不了解元代法律用语而误改。

（三）其他误

1. 符号误为字

如将重文符号（＝）误为“二”字，将空围符号（囗）误为“口”字。

2. 古字当做今字

如将古上字“⼆”误作今“二”字。

二、脱（指原文漏去字句）

（一）抄脱刻丢

有脱一字、脱二字、脱数字、脱一句、脱数句、脱简（汉以前的书写材料为竹简，会发生因丢失简片而造成文字丢失）、脱行、脱页等情况。脱文的主要原因有三：

1. 字义相近之字脱去其一

《史记·龟策列传》:"求财买臣妾。"

"财"后脱"物"。本句所在的一段文字中,上下皆"财物"连言,因"财""物"二字义近而脱。

2. 重文脱去其一

《逸周书·周月》:"凡四时成岁,有春夏秋冬。"

"岁"后脱"岁"。《太平御览》引此正作"岁有春夏秋冬"。古人行文,常于重文下加"="省代,"="易脱落。

3. 涉上下文脱

《管子·山权数》:"汤七年旱,禹五年水,民之无檀(zhān)卖子者。……民之无檀卖子者。"

上文"卖子者"前本有"有"字,因被下文"民之无檀卖子者"同化而脱"有"字。

(二) 臆删而脱

1. 不知训诂臆删而脱

有三种情况:不知虚实之分删而脱,不解词义删而脱,不知假借删而脱。例如:

①《汉书·张冯汲郑传》:"吾独不得廉颇、李牧为将。"
②《淮南子道应》:"敖幼而好游,至长不渝。"
③《淮南子·人间》:"此何遽不为福乎?"

例①"为"前脱"时"。"时"在此是虚词(连词),用为"而"。《汉书·司马迁传》:"专决于名时失人情"。《史记·自序》原作"而"。例②中的"至长不渝",《论衡》作"至长不渝解"。"解",懈的古字,"渝解"即懈怠。

后人不知“解”的词义，妄删“解”字。例③句本作“此何遽不能为福乎？”下文“此何遽不能为祸乎”可证。“能”假借作“就”解，全句意思是：这怎么不就是福呢？后人不知“能”的假借义，妄删。

2. 不懂语法臆删而脱

《吕氏春秋·决胜》：“巧拙之所以相过，以益民气与夺民气，以能斗众与不能斗众。”

后人不知“斗众”是使动结构，误删两个“众”字。

3. 不知句读删而脱

因断句有误而删去“多余”的字。

三、衍（指比原文多出了文字）

（一）抄刻而衍

1. 涉上一字而衍出一形似字

《史记·扁鹊列传》：“扁鹊曰：‘……太子……上有绝阳之路，下有破阴之纽（赤脉），破阴绝阳之色，已废脉乱，故形静如死状。’”

句子“破阴绝阳之色，已废脉乱”是“破阳绝阳，色废脉乱”之误。“之”涉上文两个“之”而衍，“已”为涉“色”字之误衍出的形似字。

2. 衍下一字而衍出一形似字

《墨子·耕柱》：“子墨子游荆，耕柱子于楚。”

句子不通。《墨子》中这类句型，“游”后皆直接所与游的对象，如“子墨子游公尚过于越”（《鲁问》）。句中的“荆”乃涉下文“耕”而衍，荆、耕形声均近似。

3. 涉上文而衍

4. 涉下文而衍

5. 涉上下文而衍

造成多出文字的原因，与1、2类似。

6. 涉注文而衍

《汉书儒林传》："韦贤治《诗》，事博士大江公及许生。"

句后注云："晋灼曰：'大江公即瑕邱江公也。以异下博江公，故称大。'"由注可知，正文本无"博士"二字，因受注文影响而衍。

此外，还有联想而误衍、误重、涉篇名而衍、误合两本异文而衍、旁注误入正文而衍等众多致衍原因。不一一举例说明。

（二）臆改而衍

臆改而衍最常见的有两种情况：一是不懂训诂妄改而衍，二是不懂语法妄加而衍。例如：

①《史记·孟尝君列传》："人或毁孟尝君于齐湣王，曰：'孟尝君将为乱。'及田甲劫湣王，湣王意疑孟尝君。"

②《荀子·儒效》："不恤是非然不然之情。"

③《荀子·荣辱》："……故先王案为之制礼义以分之，使有贵贱之等，长幼之差，知贤愚能不能之分，皆使人载其事而各得其宜。"

例①"疑"字多余。"意"古有"疑"义，不少古文用"意"为"疑"。如《张仪列传》："尝从楚相饮，已而楚相亡璧，门下意张仪。"后人不解，遂妄加"疑"字。例②句中"然不然"，本作"然不"。"然不"即"然否"，"不"通作"否"。后人不知通假而妄加"然"，以"不然"与"然"对，却未顾及与"是非"不对了。例③"使有"句为兼语句，"贵贱之等，长幼之差，知（智）愚能不能之分"三个偏正结构并列，做"有"的宾语。后人读"知"为本字（动词），遂加"贤"与"愚"对，造成错误。

四、错位（指文字位置颠倒错乱）

错位有多种类型。以错位文字多少分类，有一字错位、二字错位、数

字错位、数十字错位、整篇错位等;以错位的远近分类,有句中互倒、句间互倒、章间互倒、篇章互倒、句中串、句间串、章间串、篇间串、互串等。

造成错位的原因如下:

(一)抄刻错位

具体细分,有涉文而错位、分篇误而错位、正文与注文互错、涉后世常语而错位、误读重文号而错位等等原因。例如:

①《礼记·月令》:"制有小大,度有长短。"

②《淮南子·原道》:"扶摇抮(zhen)抱羊角而上。"

③《庄子·齐物论》:"昔者庄周梦为蝴蝶,栩栩然蝴蝶也。自喻适志与!不知周也。"

例①句"长短"是"短长"互倒。"小大"与"短长"相对成义。例②"扶摇抮"当作"抮扶摇"。"抮扶摇"与"抱羊角"为同构同义并列词。错位是由于高诱注"抮抱引戾也"所致。高注实为"抮、抱,引戾也",古书原无标点,后人以为"抮抱"连文,将"抮"误移至"抱"前,造成错位。例③句中的"自喻适志与"是后人注文误入正文之语。

(二)臆改而错位

臆改而错位的具体原因很多,诸如据注妄改正文、不谙古音而妄改、不懂训诂而妄改、误断文句而妄改、不懂语法而妄改等等。例如:

①《荀子·解蔽》:"《诗》曰:'凤凰秋秋,其翼若干(盾),其声若萧,有凤有凰,乐帝之心。'"

②《国语·晋语》:"若无天乎?云若有天,吾必胜之。"

③《逸周书·周祝》:"故恶如出,恶姑明,恶姑阴阳,恶姑短长,恶姑刚柔。"

例①句"有凤有凰"本作"有凰有凤"。此诗"秋""萧"为韵,上古二字皆在幽部;"凤""心"为韵,上古二字皆在侵部。后人不知而改与首句"凤凰”相对，以致造成错位。例②“云若有天”本作“若云天”。“云”即“有”，后人不知，妄改作“云若有天”。例③句中“刚柔”原文作“柔刚”。“刚柔”倒作“柔刚”，是为了押“阳”“长”之韵的需要，这种换变式为常式，并非原文有错。后人不知而妄改致误。

综上所述，造成讹误的原因有10条，造成脱漏的原因有6条，造成衍文的原因有12条，造成错位的原因有10条，总计38条文字出错规律。这些文字出错规律，对于现代古籍校勘和校对有着直接的指导意义，对于现代图书的校对也有借鉴意义，因为古今文字出错的类型和规律，有许多共性。

第二节 现代原稿和校样文字出错的规律

我们参照古代学者总结的古书文字出错规律，同时对现代原稿和校样上的文字错误进行统计归纳，发现现代汉语文字出错也存在着客观的规律性。

一、形似易讹

两字形体近似容易混淆错用，是汉字出错的一条古老的规律，最早发现这条规律的是孔子的学生子夏。

现代汉字同古文字相比，有了很大的不同，其基本特征是笔画化，只有横、竖、点、撇、捺、折、钩、提八种笔画，数以万计的汉字，都由这八种笔画构成，形体结构近似的概率就更大了。所以，形似易讹就成了现代汉语文字出错的第一条规律。

形体结构近似有如下六种情况：

1. 一横一撇之差别

许多独体字的形体结构仅仅一横一撇之差别。例如：干—千，王—壬，天—夭。

2. 多一笔少一笔之差别

许多字的形体结构仅仅多一点少一点、多一横少一横、多一竖少一竖之差别。

例如：鸟—乌，斥—斤，戍—戊，令—今，太—大，方—万，拆—折，泠—冷，洌—冽，氐—氏，享—亨，凤—风，荼—茶，剌—刺，再—冉，壶—壸，候—侯。

3. 出头与不出头之差别

例如：失—矢，于—亍，土—工，牛—午，胄—胃，田—由—甲—申。

4. 长横与短横之差别

例如：末—未，土—士。

5. 整体形象近似

例如：己—已—巳，戌—戍—戊，并—弁，幻—幼，宦—官，育—盲，丐—丏，崇—祟，荏—茌，荣—荥，颖—颍。

6. 合体字的两个偏旁一个相同一个近似

例如：抔—杯，旷—犷，圯—圮，拘—枸，持—恃，奕—弈，茏—笼，屈—届，沾—玷，佼—姣，阻—狙，菅—管，蓬—篷。

二、音同易讹

普通话里有字的音节大约 1 200 个，一般字典收字 10 000 个，平均一个音节担负大约 8 个字。同音字多了，就容易在头脑里打架，造成同音字错用。现代作者在电脑上写作，大多使用拼音输入法，打出一串同音字后再进行选择，选错的情况经常发生，这是电子书稿上“音同而讹”的字多的原因之一。

音同易讹有如下三种情况：

1. 音同形似

读音相同，形体又近似，出错的概率最大。例如：泡—炮，辨—辩，仗—杖，淞—凇，拴—栓，烁—铄，捎—梢，颖—颍，轫—韧，磬—罄，殴—欧，衲—纳，湎—缅，抉—诀，倔—崛，眈—耽，弛—驰，燥—躁，骛—鹜。

2. 音同形异

虽然形体结构不相似，但读音相同，也容易混淆致误。例如（括号内为正字）：慢（曼）舞，宏（洪）亮，嘎（戛）然，愤（奋）发，发奋（愤），耽（担）

心，带（戴）罪，神彩（采），璀灿（璨），耸（悚）然，撕（厮）打，安祥（详），寒喧（暄），简炼（练）。

3. 专名、成语错用同音字

专名、成语错用同音字的情况极为常见。例如（括号内为正字）：棉蛉（铃）虫，图门（们）江，黄莲（连），株州（洲），弥（祢）衡，出奇致（制）胜，不茅（毛）之地，趋之若鹜（鹜），好高鹜（骛）远，仗义直（执）言，明火执杖（仗），走头（投）无路，再接再励（厉），以（倚）老卖老，分道扬镖（镳），大名顶顶（鼎鼎），金璧（碧）辉煌，稍（少）安勿（毋）燥（躁），山青（清）水秀。

三、义近易讹

汉语词汇丰富，《汉语大词典》列出的词目多达 37 万条。可是，常用汉字和次常用汉字只有3 500个，国家法定通用文字也只有7 000个。用几千个字来构造几十万条词，只有采用一字表示多个词义的办法，这就造成一些字词含义接近，很容易混淆致误。例如：采—彩，度—渡，炼—练，记—纪，消—销，熔—融，象—像—相，汇—会，辞—词，汲—吸，依—倚，作—做，长—常，复—覆，化妆—化装，必须—必需，胜地—圣地，饱满—丰满，含义—含意，通信—通讯，以至—以致，关心—关注—关怀，面世—问世—应世。

四、义连易讹

现代汉语词汇里，有许多词是两个字合成的，这类词叫做“多音节词”。许多字构词能力很强，可以和不同的字合成不同的词。例如：“文”与“化”合成“文化”，与“明”合成“文明”，与“学”合成“文学”，与“字”合成“文字”，与“书”合成“文书”，与“章”合成“文章”，等等。由于这个原因，在写作主体头脑里容易发生下意识的“义连”联想，而导致写别字的“无心之误”。例如：本应写“科学”却错作“科技”，本应写“奥运会”却错作“奥动会”，本应写“社会主义”却错作“社会主人”。这类错误在原稿中极为常见。

五、义反易讹

上下、左右、内外、前后、东西、表里、进退等含义相反的词,也容易下意识地写错。例如:将“以上”错作“以下”,将“东郭先生”错作“南郭先生”,将“意见相左”错作“意见相右”。这类错误虽属“无心之误”,却往往使词义与原来相反。

六、错分致误

前面说了,汉字里面合体字占多数。合体字一般由两个独体字组合构成,这类字拆开来是两个字。如果写作者把合体字写得松散,录排人员就会看走眼,将一个字看成两个字,校样上就会出现“错分”的错误。例如:横排将“好”错分为“女子”,将“腋”错分为“月夜”,将“明”错分为“日月”;竖排将“泉”错分为“白水”,将“炭”错分为“山灰”,将“员”错分为“口贝”。

七、错合致误

同上理,两个独体字也容易错合成一个合体字。例如:横排将“口内”错合为“呐”,将“人人”错合为“从”;竖排将“合手”错合为“拿”,将“雨林”错合为“霖”。

八、互倒致误

汉语词汇里的许多多音节词,合成词的两个字位置互换,就会变成另一个词。例如:办法—法办,人家—家人,马上—上马,感情—情感,书写—写书,北京—京北,中华—华中,女子—子女,开放—放开。

九、草字误判致误

作者的手稿上的字迹潦草,编辑加工、校对改错时字迹潦草,录排人

员因误判而误录,造成莫名其妙的错误,这种致误原因称作"草字误判"。草字误判主要有如下三种情况:

1. 结构误判

有些字如果过于潦草,字形就会变异,容易造成误判。例如:"千"字写得潦草,容易误判为"4";"乃"字写得潦草,容易误判为"13";"之"和"元"、"北"和"壮"、"如"和"为"、"王"和"五"、"反"和"仅"、"向"和"问"等字写得潦草,都容易相互误判。

2. 偏旁误判

汉字有些做部首的偏旁变形了,如果书写潦草,几乎没有区别,如"氵、讠、彳""扌、木""钅、饣"的草书几乎没有什么区别,因而造成"设、没、役""谈、淡""请、清""徐、涂""钦、饮""析、折"等字的误判。

3. 疏密无定

有的人写字不注意间隔距离,极易造成录排人员误判而错分、错合。例如:"伪"错分为"人为","又见"错合为"观"。

十、错简致误

错简即使用非规范"简化字"。主要有三种情况:

1. 错用已经废止的《第二次汉字简化方案(草案)》中的"简化字"

例如:"餐"简化作"歺","展"简化作"尸"。

2. 错误类推简化

有些字的偏旁简化了,如"邓"的左偏旁"登"简化作"又","让"的左偏旁"言"简化为"讠",右偏旁"襄"简化作"上",这种偏旁简化不能类推,或者半简半繁。常见因错误类推造成错字,如将"壤"类推简化作"圵"。

3. 自造"简化字"

十一、错繁致误

现代的规范汉字有两种:传承字,简化字。简化字里有一些字本身是传承字,同时又兼作某个或某几个繁体字的简化字。这是因为汉字简化有一种方法叫做假借,即假借一个笔画少的字充当一个或几个繁体字的简化字。这类简化字被称为"一对二、一对多"。

举例说：

卜
1. 卜,传承字,本义"占卜",引申为"预料,选择"。例如：卜卦,预卜,未卜,卜居,卜邻。
2. "蔔"(蘿蔔)的简化字。

体
1. 体,古"笨"字,义为"粗壮"。古代称抬棺人为"体夫"。
2. "體"(身體)的简化字。例如：身体,体态,体育,体罚。

淀
1. 淀,传承字,本义"浅水",多指浅水湖。
2. "澱"(沉积)的简化字。例如：积淀,沉淀。

摆
1. 擺的简化字,本义"安放,排列",引申为"显示,炫耀""摇动""陈述""脱离"等义。例如：摆放,摆开,摆设,摆布,摆列,摆阔,摆弄,摆谱,摆动,摆渡,摆脱,摆事实,摆龙门阵,等等。
2. "襬"(衣襬)的简化字。例如：下摆,前摆,摆宽,等等。

征
1. 征,传承字,本义"走远路"。例如：长征,征途,征讨。
2. "徵"(召,求,搜集,表露出来的迹象)的简化字。例如：征兵,应征,征稿,征求,征集,象征,特征。

后
1. 后,传承字,本义"国君",后又指"皇后"。
2. "後"(跟"前"相对)的简化字。例如：先后,前后,后门,后来,后会,后果,后患,后代。

系
1. 系,传承字,本义"联缀,连接",引申为"系统""牵挂"。例如：维系,系于,系统,派系,系列,系恋。高校的学系和某些学科的分类也称作"系"。
2. "係"的简化字,在书面语中义同"是",如"鲁迅系浙江绍兴人";也有"联缀,连接"义,如联系、关系、维系、所系。有的语法书把"是"叫做"系词"。
3. "繫"的简化字,义为"打结"。例如：系领带,系鞋带。引申为"拘禁",如"系狱"。

这类简化字转为繁体字时,必须对应准确。例如："先后""前后""后来""后果""后代""后患"等词中的"后",是"後"的简化字,须对应转繁为"後";"皇后"的"后"是传承字,不是简化字,不需转繁。"征集""征求""象征""特征"等词中的"征",是"徵"的简化字,须对应转繁为

“徵”;但“长征”“征途”“征讨”等词中的“征”是传承字,不是简化字,不需转繁。常见将“皇后”错误地转繁为“皇後”,将“长征”错误地转繁为“长徵”。古代五音(宫商角徵羽)之一的“徵”没有简化,仍写做“徵”,不存在简化或转繁问题。

十二、误用已经废止的异体字、旧字形

异体字是指一字多形,同一个字有两个甚至多个写法,如:窑,又写做窯、窰;创,又写做剏、剙;捶,又写做搥;村,又写做邨;雕,又写做彫、鵰、琱。一字多形给文字使用造成混乱。文化部和文字改革委员会于1955年12月22日发布《第一批异体字整理表》,规定:从1956年2月1日起,“全国出版的报纸、杂志、图书一律停止使用表中括弧内的异体字共1 055个”。后来,国家语言文字工作委员会根据实施过程中各方面的反映,先后3次共恢复了其中的28个字[1],停止使用的异体字还有1 027个。但是,在书稿上仍常见使用已经明令停止使用的异体字。按照国家的有关规定,异体字只可以用于姓氏。

旧字形是指与《印刷通用汉字字形表》的规范字形不同的字形。例如(括弧内的字为旧字形):即(卽),婕(媫)。1965年1月文化部和中国文字改革委员会发布《印刷通用汉字字形表》,对汉字的字形作了规范。1988年3月25日,国家语言文字工作委员会和新闻出版署发布《现代汉语通用字表》,重申现代汉字字形的规范。原稿中有时会出现旧字形,电脑字库里有旧字形,录排人员会照录原稿旧字形。

十三、不同术语混淆错用

有些术语,音同但含义不同,常易混淆错用。例如:电介质—电解质,服法—伏法,辩证—辨证。

〔1〕 曾经作为异体字处理后来又恢复使用的28个字是:阪、挫、䜣、谳、晔、詟、诃、鲭、䌷、刬、鲙、诓、雠、翦、邱、於、澹、骼、彷、菰、溷、徼、薰、黏、桉、愣、晖、凋。

第三节

计算机录字排版文字出错的规律

计算机排版采用键盘输入,同铅字排版的方式完全不同。专业录排人员都采用“五笔字型编码输入法”。五笔字型编码的原理,是将汉字拆分为一个个“字根”,并把所有汉字的基本字根归纳为130个,分配于键盘上的26个字母键,以相应的键位作为字根的代码。输入汉字时,先把汉字按规则拆分为字根,再击相应的键。使用计算机录字排版文字出错,除第二节所列规律外,还有其自身的特殊的规律。主要有如下七条:

一、拆字失误

要录字,必须先将汉字拆分为字根,如果拆分失误,输入了不同的代码,就会造成输入别字。例如:长,应拆分为“丿、七”,代码为TA;若错拆成“丿、匕”,代码就变成TX,击键后输入的字是“第”而不是“长”。又如:车,是字根字,代码为LG;若错拆成“七、十”,代码就变成AF,击键输入的字是“革”而不是“车”。

二、击键错位

录入时拆分无误、代码正确但击键错位,也会产生差错。击键错位是手指移位不准或左右手动作不协调所致。击键错位有两种情况:错击邻键,错击对称键。如果错击了左右邻键,就会出现“有→的”“的→和”“上→是”“是→中”“不→为”之类的错误;如果错击了上下邻键,就会出现“有→在”“不→中”之类的错误;如是错击了对称键(如:左三误为右二),就会出现“有→不”“在→中”之类的错误。此外,操作时同时按下左右邻键或上下邻键，以及不经意间刮键，也会出现错误。

三、指令失误

录排时，字体、字号、行距、占位、接排、疏排、密排等格式的确定，都要通过击键下达指令，如果指令给错，或者给出指令后没有及时“置换”而使原指令延续，都会造成成行、成片的大面积错误。

四、串行失误

串行失误有两种情形：一是录入时录入者看原稿串行，造成重复或丢失一行至数行文字；二是改版时运用电脑自动搜索功能，将需改的字符键入令其自动搜索，遇到相同的字符鼠标便会停止，如果需改的字并非首遇字，就会将不该改的字错改而后面该改的字漏改，造成两处错误。

五、邻位、邻行错改

校对人员在校样上改正错字，录排人员改版时有时误将左右邻位或上下邻行对应字错改，而该改的字却未改，造成旧错未改又增新错。这种致误叫做“邻行邻位错改”，二校、三校和通读检查前的核红要特别注意。

六、版式转换和制片失误

作者在电脑上写作，通常采用 Word 软件，与印刷厂使用的排版软件不能兼容，因而进行版式转换时容易发生内容丢失或错乱。在制片过程中，还可能由于指令失误或其他原因，发生内容丢失或错乱。

七、储存失误

由于电脑主机储存容量有限，还要防备断电造成文件丢失，故须及时将录入文件转存磁盘。磁盘储量也有限度，溢出部分会自动消失。如果转存磁盘后弃而不用，而在主机上改版，在出胶片时又用磁盘操作，就会将后来在主机上的改动丢失，造成重大的成品差错。

第四节

作者错写、编辑错改、校对妄改的主观原因

书面材料文字出错，除上述客观原因及规律外，还有写作主体的主观原因。

一、语言文字功力不足

写作主体用字错误，主要是文字功力不足所致。文字功力不足主要表现在三个方面：

1. 识字量不够

有人作过统计：按照现行语文教学大纲的规定，学生在接受九年义务教育之后，应当认识3 500个常用字，即小学六年识2 500个字，初中三年再识1 000个字。高中以后实际上不再进行识字教育了，《全日制中学语文教学大纲(修订本)》规定的高中基本课文中，在初中以前没有学过的生字只有 380 个。大学现代汉语教材以徐中玉主编的《大学语文》为例，小学至高中没有学过的生字只有 394 个。这就是说，从小学读到大学毕业，学生的总识字量只有4 274个。

问题在于：仅仅识字4 274个，从事写作和编校工作能否得心应手？

有几个参考数据：

(1) 据有关权威部门统计：2 500个常用字加上1 000个次常用字，阅读现代汉语报刊覆盖率为 99.48%。如果再加上高中、大学新识的 774 个字，覆盖率可以达到 99.80% 以上，缺口约为 0.2%。这个缺口似乎不大。但如果用万分比来计算，缺口就是 20/10 000了。

(2)《信息交换用汉字编码字符集 · 基本集》收单字6 763个。

(3) 语文出版社出版的《现代汉语规范字典》，收单字10 000个。

(4) 国家发表的《现代汉语通用字表》收单字7 000个。

(5) 新华社统计了1988年全年通稿90 627篇,共用字6 001个。

(6) 据《汉书·艺文志》:“学童能讽书九千字以上者,方得为吏。”

显然,认识4 274个字,要著书立说,要修改加工,要校对改错,恐怕不够用。新华社的统计表明:校对新华社的通稿,必须认识6 000个汉字。而要掌握国家法定的通用文字,则必须认识7 000个汉字。

2. 只知其一不知其二

上面说的,是以统计数字为依据得出的结论。其实,由于汉字的复杂性,统计数字还不足以说明问题。因为,汉字存在一字多义、一字多音、多字同义、多字同音以及通假等复杂情况,认识了4 274个字并不等于掌握了4 274个字。新闻媒体和出版物上的文字错用、错读,不少就是出在编辑、记者、校对、主持人只知其一不知其二上。以出错频率较高的“识”“备”二字为例:

“标识”的“识”,读音为“zhì”,含义为“记号”,“标识”义为“特殊的记号”。电视台的主持人常将“标识”错读作“biāoshí”,原因就是不知“识”字的含义和读音。识,有二音三义:读“shí”,含义为“认识”“知识”;又读“zhì”,含义为“记,记号”。“广闻博识”的“识”,也读“zhì”,含义也是“记”,“博识”即多记。读错音、误解义的人也不在少数。许多从事文字工作的人,只知“shí”而不知“zhì”,只知“认识”“知识”而不知“记识”。

“备”字也有两义:一为“具有、预防”,如具备、防备;另一为“完全”。不少人只知其一而不知其二,因而将“备受”(广泛受到)、“备尝”(什么都尝到了)、“备至”(无微不至)错写作“倍受”“倍尝”“倍至”。

3. 语法不够精通

出版物上的语言文字错误,有不少是语法错误。例如:

① 新鲜的空气吹遍大地。

② 对于这些不断出现的问题,困难一个接着一个地出来。

③ 今年葡萄大丰收,一般每棵收500公斤以上,这样丰硕的收成是令人欣喜的。

④ 十来个雄壮、活泼的男女青年,直向操场北面冲去。

⑤ 他办事都是为了国家的利益出发。

例①中的“空气”跟“吹”搭配不当,“吹”应与“风”搭配,“新鲜的空气”可改为“清风”。例②中的“对于”是介词，它介绍的是“这些不断出现的问题”，跟后面的“困难一个接着一个地出来”关联不上。例③中的“丰硕”，义为“果实又多又大”，多虚用，如“丰硕的成果”。“收成”即收获的成绩，所指是实。因此，用“丰硕”作“收成”的定语，虚与实不搭配。例④中的“雄壮”，义为“气势、声势强大”，可以用来形容歌声，不能用来形容“男女青年”，可改为“强壮”。例⑤中的“为了”是表示目的，而“出发”是表示方向，“为了”可改为“从”。[1]

二、知识欠缺

有些文字错误，表面看是用了错别字，而分析致误原因却是知识欠缺。史学家陈垣在《校勘学释例》中列举沈刻本《元典章》中的错例，有一些就是不了解元代名物造成的。他列举了“不谙元时年代而误”“不谙元朝帝号庙号而误”“不谙元时部族而误”“不谙元代地名而误”“不谙元代人名而误”“不谙元代官名而误”“不谙元代物名而误”“不谙元代专名而误”“不谙元代体制而误”9 例。这 9 例都属于知识性错误。现代出版物上因知识欠缺而错用文字的现象也不少。例如写错地名、人名及其他专名，还有不同术语的混淆错用。

三、心理误区

作者写作用了错别字，编辑没有改正，校对也未察觉，除了语言文字功力不足和加工、校对不够认真以外，还有某种心理因素的消极影响。例如：整体知觉的误区，导致对错别字的认同；注意的分散，导致对错别字视而不见；消极性的减力情绪，导致编辑加工、校对猎错质量的降低。本书第十章对此已经作了详细的分析，故此处从略。

我们分析了书面材料文字出错的主观原因，探讨了文字出错的客观规律性，目的在于提高自觉性，即提高猎错的辨识力，增强发现文字错误的主观能动性，从而保证图书的编校质量。

---

〔1〕 五个病句均摘引自林连通、陈炳昭主编. 文章病例评改集全. 长沙：湖南人民出版社，1999

13

第十三章 专业图书的校对

现代的图书,品种多,学科门类多,涉及知识面广,因此,掌握一般的校对工作规律,仍不能完全应付所有图书的校对工作,还必须掌握各类图书校对工作的特殊规律。本章所论"专业图书的校对",旨在探讨比较特殊的几种专业图书校对内容的特殊性及校对工作的特殊规律。

第一节 辞书的校对[1]

辞书在图书家族中,是具有独特个性的成员。辞书的独特性主要有二:其一,它是专门供读者查检信息、知识的工具,所以又称作"工具书";其二,它是由众多内容相对独立的词条,并以词目为标识符号按一定顺序编排的。它的结构形式和编写方法有别于其他各类图书,因而其出错的类型及规律,除与其他图书存在共性外,还存在着特殊性。辞书出错的特殊性及校对防范对策如下:

一、条目技术规格不统一

辞书具有"模式化"(或称"格型化")的特点,即相同类型的条目在释文项目的数量、排列次序、表述用语等方面整齐划一,如同出自一个模子。比如,条目要否注音、人物姓名后要否另列别名,历史纪年要否括注公元纪年及如何括注,古地名要否括注今地名,涉及外国的条目中要否括注外文及如何括注,等等,全书应当完全统一。

然而,辞书是由众多专家共同编写的,编写工作是分散进行的,出现

〔1〕 本节编写参考了钱瑶华《浅议辞书校对的特殊性》(载《校对的学问》,金盾出版社1998年版)、杨桂珍《浅谈辞书校对工作中的"校是非"》[《校对的学问》(三编),浙江人民出版社、浙江教育出版社2004年版]。

相同类型的各个条目模式不一的情况并不奇怪。问题还在于，孤立地看这些条目，其内容和表述方式并无问题。例如：

李鸿章（1823—1901 年），安徽合肥人，清末洋务派和淮军首领……

李庭芝（1219—1276），字祥甫，南宋大臣，随州（治今湖北随州市）人……

孤立地看，两个条目均无问题；但对照看，就会发现两者技术规格不一致：生卒年表述方式不统一；李鸿章无“字”；李庭芝的籍贯排列在官职后面；李鸿章的籍贯后面无今地名括注。在同一部辞书里，这种“不统一”的情况是不允许存在的。辞书校对者必须具备辞书的“统一”意识，善于把握辞书技术规格的整体统一性。在校对过程中，不但要注意每个条目中是否存在错漏，而且要特别注意同类型条目的技术规格是否统一。

二、符号混淆

辞书里较多使用符号来表达特定的信息，如阴码（❶）与阳码（①）、脚点（.）与中圆点（·）、菱形（◇）与正方形（□）、数字（一）与连接号（—）以及各种箭头符号（→ ←↑ ↓）。这些符号在原稿（尤其是手写稿）和校样上都容易混淆。校对辞书时，必须特别注意原稿（尤其是手写稿）上形体近似容易混淆的符号，在校样上是否正确显示。

阴码（❶❷❸❹❺）和阳码（①②③④⑤），都是数码，但在辞书中有不同的含义。以《辞海》中“大人”条为例：

大人❶ 古代对德高者之称。《荀子·成相》：“大人哉舜，南面而立万物备。”❷ 称做官的人。《汉书·徐乐传》：“陈涉无千乘之尊，尺土之地，身非王公大人名族之后。”清代称高级的官为大人，比称老爷高一等。❸ 称尊长。① 对老者、长者的尊称、敬称。《后汉书·马严传》：“京师大人咸器异之。”② 对父母或舅姑等的敬称。《孔子家语·六本》：“向也参（曾参）得罪于大人，大人用力教参。”古乐府《孔雀东南飞》：“三日断五匹，大人故嫌迟。”❹ 古代部落首领名。鲜卑、乌桓等族各部落首领称“大人”。契丹族各部和部落联盟首领亦称“大人”，由推举产生，任期一般三年，掌管部落或部落联盟的事务。❺巨人。《山海经·大荒东经》：“有波谷山者，有大人之国。”❻（tài—）古代称大（太）卜一类占梦的官。《诗·小雅》：“大人占之。”

条目中的阴码❶❷❸❹❺❻表示“大人”词目有6个义项，即6个不同的含义；阳码①②则表示第三个义项需要分述的两个层次。“舜”“陈涉”“参（曾参）”等词下面的“＿”是人名符号，“清”字下面也有“＿”，表示的却是朝代名称符号。引证的书名中的中圆点（·）是间隔号，间隔书名与篇章名。这段释文中最容易混淆的是阴码和阳码。两种数码功能不同，混淆错用了，就会改变释文的意义。

三、条目编排失误

辞书条目的编排方法多种多样，有音序法、部首法、笔形代码法、笔画法、分类法等。不同的编排方法，可能发生的错误不尽相同，校对者要心中有数。

按音序法编排，多音字的序次容易因误读字音而错位。例如：“度德量力”中的“度”读 duó，“般若”中的“般”读 bō，“万俟”读 Mòqí。如果错读作 dù、bān 或 pán、wànsì，就会导致排序失误，给读者查检造成困难。

按部首或按笔画编排，容易发生因字形有误而导致排序失误。例如：“穀梁传”容易错作“谷粱传”，“莆田”容易错作“蒲田”，“菏泽”容易错作“荷泽”，“亳县”容易错作“毫县”，“祢衡”容易错作“弥衡”，“零件”容易错作“另件”，“蓝色”容易错作“兰色”，字形错了，笔画就不同，排序必然出错。因此，校对者如果发现了词条有错别字，不但要改正错别字，还要提出调整排序的建议。

按分类编排，如果有人物条目，一般按人物出生年先后排序，生年相同者按卒年先后排序。因此，校对者要特别注意上下条目人物的生卒年，以防范排序错位。

四、配图错误

辞书里的许多条目配有插图，目的是作为文字的补充，帮助读者理解文字释义。因此,插图必须与文字紧密衔接,绝对不可脱离条目。当然更不能张冠李戴,配错插图。所以,校对者在校对文字内容的同时,必须认真校对插图,一要核对文图是否搭配,二要核对插图的位置是否与释义文字紧密衔接。1999 年版《辞海》彩图本校样上,就曾经发生过"童芷苓"条配图(童芷苓形象)丢失,好在校对者发现了,才避免了错误。

五、索引失误

辞书的索引一般包括两个要素:款目和地址。款目即正文中的词目;地址即该词目在正文中所处位置,通常用标页码表示。这两个要素,各具有从属性:款目必须与相应词目对应;地址必须与相应页码对应。任何一个要素有误,都会使索引失去导引功能。因此,在校对索引时,必须认真校核,确保两个要素都准确无误。

索引通常在原稿定稿后制作,但正文的词目可能存在错别字,或者在校对阶段进行局部增删,这样就容易发生正文词目改动、页码变动了,而索引上的款目、地址未作相应变更,造成一个要素不对应或两个要素均不对应的错误。因此,校对者如果发现了正文词目中的错别字,或者发现编辑在校样上对正文有所增删,必须同时校对索引,保证索引内容与正文内容完全一致。尤其是在终校之后,必须依据付印清样再次校核索引。

第二节 科技图书的校对[1]

科技图书本身就是一个大家族,有数、理、化、天、地、生、医、农、工程技术等学科门类,每个学科的出版物都有自己的专业特性和对校对的特殊要求。本节拟"求同",探讨科技图书的共同特点及对校对的共同

〔1〕 本节编写参考了黄小敏《科技书刊差错及辨识规律》、王乐《浅议科技书刊校对工作的特点》(两文均载于《校对的学问》,金盾出版社 1998 年版)及张庆岚《出版物出错规律及校对防范(科技部分)》(《中央部门出版社校对岗位培训班讲课提要》)。

要求。

科技图书的共同特点,主要有如下三条:

(1) 专业术语多,符号多,数据、公式多,图表多,外文种类多。

(2) 版式复杂,规范化程度高。

(3) 量和单位必须符合国家标准。

科技图书因为存在上述三条共同特性,它们的出错也存在某些共同规律。科技图书中的差错现象虽然多种多样,但出现频率高的集中在三个方面:名词术语错误,符号使用错误,版面格式错误。因此,校对者应当相对集中注意力,重点防范这三个方面的错误。

一、防范名词术语错误

科技名词和专业术语十分复杂[1]。有些名词,不同学科有不同的称谓。例如:数学名词"概率",在物理学上称作"几率",还有的学科称作"或然率",作为科技常用术语又称作"最可几的"。其实,这些不同称谓源于同一单词"probability",指一事件出现的可能性大小。有些名词术语的定名有其特殊由来,人们如果不知其然就可能写错。例如"棉铃虫",指危害棉蕾的害虫。棉蕾的外形像一个小铃铛,因而得名"棉铃",危害棉蕾的害虫也因而得名"棉铃虫"。人们往往不知究竟,凭想当然将"棉铃虫"错写或错改作"棉蛉虫"。有机化学名称,如"戊醇""己烷",前面都有个序数,这序数是按天干(甲乙丙丁戊己庚辛壬癸)排列的,人们不知底里,往往误用地支(子丑寅卯辰巳午未申酉戌亥),"戊醇""己烷"常错作"戌醇""巳烷"。数学名词"乘幂"的"幂",音 mì,本义"覆盖东西的巾",作为数学名词表示一个数自乘若干次的形式,如 t 自乘 n 次的幂为

〔1〕 常见科技名词术语错误(括号内为正字):
树酯(脂) 驰(弛)豫 涵(函)数 慧(彗)星 海棉(绵) 乙稀(烯) 聚脂(酯)
菜苔(薹) 脉博(搏) 黄莲(连) 拓朴(扑) 毛莨(茛) 酒藥(蘖) 姆(拇)指
石碳(炭)酸 金钢(刚)石 枸椽(橼)酸 英(因)特网 爱(艾)滋病 蒸溜(馏)水
麻疯(风)病 天燃(然)气 搔(瘙)痒症 水蒸汽(气) 三迭(叠)纪 腐植(殖)质
螺旋浆(桨) 棉蛉(铃)虫
常见易混名词术语:
声纳—声呐 摩擦—磨擦 地质—地盾 蒿草—嵩草 欧姆—姆欧 支原体—衣原体
电介质—电解质 综合证—综合征

t^n,“乘幂”即一个数自乘若干次的积数,也称“乘方”或“次方”“次幂”。“幂”是非常用字,因而“乘幂”容易错作“乘幕”。古代农书上常有“耒耜”一词。“耒”音 lěi,义为“犁柄”;“耜”音 sì,义为“犁铧”;“耒耜”即古代耕地用的犁。“耒”跟草书“来”形似,因而“耒耜”容易错作“来耜”。中医图书有个专业术语叫“辨证施治”,含义是“根据病人的发病原因、症状、脉象等,全面分析,进行诊治”。这个“辨证”极易错作“辩证”。还有些术语,一字之差,含义迥异。例如“电解质”和“电介质”,前者是在水溶液或熔融状态下能导电的化合物,后者是绝缘体,二者在导电性能上正好相反。又如“声纳”和“声呐”,前者是一个物理量,后者是一种水声定位器。

综上所述可知,名词术语出错有两条规律:一是误用同音字,二是不同术语混淆错用。为了防范名词术语错误,校对工作者必须花气力熟悉常用名词术语的写法及其含义,在校对实践中掌握名词术语的出错规律,将常见名词术语错用整理成正误表,这样就可以提高猎错率。

二、防范符号使用错误

科技读物的符号表示学科内具有特定含义的内容,是国际通用的最简洁、最精辟的代号。符号的使用,各学科都有明确的规定,校对时应严格以相关规定为依据改正错误。

国际通用符号的使用,有如下基本规定:

(1) 表示变量、物理量的为白斜体;

(2) 数学运算符号、量的单位、国际单位的词头和化学元素为正白体(表示额外元素时为白斜体);

(3) 表示向量用黑斜体;

(4) 表示张量为黑正体(一般不使用箭头的方式表示向量和张量);

(5) 严格区分符号的大小写,因为大小写表示不同的含义(如词头 M 表示 10^6,而 m 表示 10^{-3},pH 为酸碱度,PH 为苯基)。

此外,校对科技符号还应注意如下几点:

(1) 符号有了附加成分,就改变了它原有的意义;

(2) 如果一个符号被赋予了特定意义,在一本书中就不可更改;

(3) 同一个符号在不同学科有不同意义;

（4）同一个意义可用不同的符号表示；

（5）一个符号放置的位置不同，其意义也不相同，如/表示“两数相除”，|表示“整除”，\表示“差号”，要注意区分；

（6）有些符号形体相似，但代表的意义不相同，如∠表示“角”，而<表示“小于”，应该严格加以区别。

三、防范版面格式错误

版面格式指全书文、图、表等的排版格式。由于科技读物的图表多、数据多、公式多，版面格式比其他读物要复杂得多，因此科技图书的版式不但要求美观、实用，还要求科学、规范，在校对过程中必须认真处理好。

版心、行距、标题、文字、标点、页码、目录、书眉、注释、参考文献等的处理，与其他图书大致相同，比较特殊的是正文转行、插图、表格、数学式、化学式等的处理。

1. 正文转行的禁则

下列情况不得分拆：

（1）整组数字；

（2）数码前后有附加符号；

（3）化学式的键号；

（4）简单的化学分子式；

（5）不以键联系的化学结构式；

（6）分子分母均为单项式的分式；

（7）简单的根式，单项的积分式、行列式、矩阵式；

（8）外文字母组成的运算符与被运算对象；

（9）限制符号与被限制对象；

（10）上下角与主体；

（11）单音节的外文词；

（12）整组的缩写词；

（13）带词头的单位。

2. 插图处理

插图的版式有跨页图、超版口的图、小于1/2版面的图、等于或大于1/2版面的图、整页图、连续图、超开本的插页图等类型。

插图的处理，必须注意如下事项：

（1）图紧跟正文，一般不得跨节；

（2）不超版口的图一律排页码，超版口而不超开本的图为暗码，超开本的图作为插页图处理，不排页码也不占页码，但必须注明插于何处；

（3）图旁串文的图靠切口排；

（4）图旁说明文字的方向，横坐标的字同图的方向，纵坐标的字顶左抵右；

（5）图与图题、图注相符，形象示意图要与正文内容一致；

（6）图尽量排在一段文字之末；

（7）防止图的倒置和反片；

（8）图题的字号应小于正文字号；

（9）图序必须连续；

（10）不标明续图字样的接排图之间不得排正文；

（11）标有计量单位的图，计量单位必须使用国标符号；

（12）图中如有外文符号，其字体、大小写均应与正文一致。

3. 表格处理

表格是图书内容的一种重要表现形式。表格有两种形式：一是无线表，二是有线表。无线表指表中不用线条而用位置和空格表示分隔；有线表指用线条分隔成栏目。表格由表题、表头、表身、表注组成。表格的格式一般先排表序、表题，然后排表头、横竖表线、数字、注释、资料来源等。表序一般以章节顺序和表格顺序组成。表格版式有5种类型：① 表格的转栏，分为竖转表和横转表两种；② 表头互换；③ 合页表，分为竖放合页表和横放合页表两种；④ 接排表，分为竖放接排表和横放接排表两种；⑤ 插页表。

表格的处理，必须注意如下事项：

（1）表格紧跟正文，避免跨节；

（2）表格的开始和结束用反线，表中用正线；

（3）表格的行栏必须对准，不能错位；

（4）表题的字号应小于正文的字号，表题过长转行时可居中，也可齐肩；

（5）表头的栏目中有单位名称或符号时，应用“/”隔开；

（6）栏目中的文字不论横排或竖排，均应统一；

（7）表中的数字位一般以末位数对齐（小数点、个位、限制号、范围号等）；

（8）项目中的隶属关系要清晰，小项目要缩格排；

（9）合页表必须双页跨单页；

（10）小于1/2版面的表格须表旁串文，大于1/2版面的表格可居中排；

（11）不超过版心的整页表占页码，超版心、不超开本的表格为暗码；

（12）超开本的表格作为插页表处理，不排页码也不占页码，但必须注明插于何处；

（13）竖排接排表转页时不得拦腰冲断；

（14）表与续表之间不得排正文，续表必须加排表头；

（15）表序必须连续；

（16）图中的附表四周框以正线以示区别。

4. 数学公式处理

数学公式的版式处理，主要指数学式的排法、数学式的转行和数学式的变形。

（1）数学式的排法：

① 重要数学式和带序号的数学式以居中排为原则，数学式的序号应加圆括号、齐右版口排，数学式与序号之间不加导点；

② 数学式中的说明文字应另行顶格排；

③ 数学式前简短文字与数学式排在一行，文字后不加标点；

④ 数学式中代量字母排斜体，数学符号、数学缩写符号和不变的常数排正体；

⑤ 数学式中的数学缩写运算符号与字母、数字四分空，不得密排；

⑥ 数学式的主体应对齐，主体部分必须在同一个水平线上；

⑦ 数学式的主辅线要严格区分；

⑧ 数学式中“线”的长短要严格分清；

⑨ 数学式中每个单元不能交叉排；

⑩ 行列式矩阵式中的元素行和列均须对齐，并且每行每列的间距要一致。

（2）数学式的转行：

根据“当一个表示式或方程式需要断开、用两行或多行来表示时，最

好在紧靠其中记号 = ，+ ，- ，÷ ，×，· 或/后断开，而在下一行开头不应重复这一记号”的规定，简述如下：

① 在等号（包括 <，>，《，》，≤，≥，≡，～等）处转行；

② 在 + - 号（包括等）处转行；

③ 在 ×（·）/号处转行；

④ 在累次积分累次求和、积符号处转行；

⑤ 在逗号和分号处转行；

⑥ 分式的转行，分子分母均为多项时转行用“→←”连接，分子分母为单项式时用“×”连接，分式竖排也可改为横排后转行；

⑦ 根式的转行，有三种方法：指数法，接线法，去线法。

（3）数学式的变形：

数学式在变形时要注意两点：变形后数学意义绝对正确，变形后符合数学式正确排法的要求。

① 单项式的分式，必须分清分子分母的关系；

② 多项式的分式，必须把分子分母变为整体后才能变形；

③ 分式可用指数形式表示。

数学式结构复杂、层次多，在处理时应注意：

① 数学式中数字、字母、符号是否正确；

② 数学符号是否正确，数学符号的附加成分是否正确；

③ 字体、字号、大小写是否正确；

④ 数学式的排法、转行、变形是否正确；

⑤ 数学式是否规范，是否符合版式要求。

第三节 古籍的校对

古籍校对，指经过校勘整理定稿发排的古籍的校对，古籍校勘不是现代校对的任务。因此，古籍校对的基本原则是对校定本负责。古籍校对的这种特殊性，对校对者提出了如下特殊要求：精细校异同，切忌妄改，拾遗补阙。

一、精细校异同

“归其真正”,“克复其旧”,是古籍校勘的基本原则。用现代的语言来表述,就是“存真”。这是古籍校勘的基本原则,也是古籍校对的基本原则。古籍校对的“存真”,具体表现在对校定本负责,即依据校定本逐字逐句对照,做到一不错、二不漏,保证校定本准确而完整地转换成印刷文本。所以,古籍校对工作的重心是校异同。这是古籍校对与其他图书校对最根本的区别。

二、切忌妄改

妄改通常发生在如下两种情况:一是以今义理解古义,二是把通假字当做错别字。

略举数例说明[1]:

中国诸侯。

有人用“中国”的今义来理解句中的“中国”,以为“中国”二字倒置了,挥笔改为“国中”,结果改不误为误。“中国”在古汉语里是个多义词。上古时代,华夏族建国于黄河流域一带,以为居天下之中,故称“中国”,后泛指中原地区。例如宋惠洪《冷斋夜话》:“岭外梅花与中国异,其花几类桃花之色,而唇红香著。”句中的“中国”指的就是“中原”,说的是岭外的梅花色香均与中原的梅花不同。在古汉语里,“中国”也指生活在中原地区的人。例如《晋书·宣帝纪》:“吴以中国不习水战,故敢散居东关。”句中的“中国”指“中原人”,说的是吴人以为中原人不习水战。“中国”还指京师。例如《诗·大雅·民劳》:“惠此中国,以绥四方。”诗句中的“中国”,指的是京师。校对古籍时,不能简单地以今义理解古义,而要了解它的真实含义,以免妄改。

〔1〕 本节所引实例,多数引自桓明、余宏《存真——古籍校对的通则》[《校对的学问》(三编),浙江人民出版社、浙江教育出版社2004年版]。

人言公之畔，陛下必不信。

有人以为“畔”是错别字，挥笔改为“叛”。其实，畔字古有二义：作名词用，含义是“边”；作动词用，通“叛”。在这个句子里，“畔”是“叛”的通假字，是不该改的。

子曰：“吾以女为死矣。”

句子里的“女”，不是“女子”“女儿”，而是“汝”。这句话的意思是：孔子（对颜渊）说：“我以为你死了呢。”“女”作代词在古汉语里通“汝”。成书于清代的《红楼梦》里还这样用，第五十回：“名利何曾伴女身，无端被诏出凡尘。”“伴女身”即“伴汝身”。

於戏！吾不为也。

有人以为“於”已简化为“于”，遂将“於戏”改为“于戏”。殊不知，“於戏”即“呜呼”，音义皆同。

门第清华。

有人觉得“清华”用词不当，改为“繁华”，结果不但改错了意思，而且犯了语法错误，“门第”与“繁华”不搭配。“清华”的含义是“高贵”，“门第清华”形容的是宅院里的人家社会地位高贵。

要避免妄改，必须学习古汉语知识，掌握古汉语字词的含义及其用法，掌握古汉语文字通假知识。

三、拾遗补阙

我们强调校异同，强调对校定本负责，并不是否定校是非，否定改正校定本错漏的必要性。从总体来讲，经过专家学者的校勘整理，古籍中的讹、脱、衍、倒等错误应该基本解决，所以，校对环节的首要任务，是依据校定本改正录排错漏。但是，古籍校勘整理是一件复杂而艰巨的工作，校勘整理工作难免存在少量的遗漏。因此，校对环节还有拾遗补阙的任务。如果校对者具有一定的古汉语知识，又善于把本校、他校、理校结合起来质疑，是可以发挥拾遗补阙作用的。下面是几位校对员对古籍校对质疑的实例：

斯调洲湾中，有自然监纍，如细石子，国人取之，一车输王，余自入。

“自然监纍”无解，疑有误。校对者看到，本文前面曾提及邻国有“青鹽（盐），不假煎煮，日晒而成”云云，疑“自然监纍，如细石子”乃“自然鹽（盐），纍如细石子”（自然盐堆积如同细石子）之误，“鹽”“監”二字形似致误。这是运用本校法“前后互证”质疑的典型例子。

《考工记》曰，稚牛之角直而泽，老牛之角紾而昔，疢疾险中，瘠牛之角无泽。

原刻本“险”后面一字模糊，点校者描为“中”，并用逗号点断。“疢疾险中”无解，疑有误。揣摩句意，推理判断，疑为“疢疾险牛、瘠牛之角无泽”，意为“病牛、瘦牛的角没有光泽”。“牛”错作“中”，应用顿号却误用了逗号，造成两处错误。这是运用理校法质疑的典型例子。

新故、越州诸番。

“新故、越州”不知何义，且与后面的“诸番”文意不贯。校对者查上文有“新州、旧州”，疑“新故、越州”乃“新故（旧）越州”之误。这个错误是误点顿号造成的。这是综合运用本校法和理校法质疑的典型例子。

山形分对嵯峨，若蓬莱、万丈之幽。

“蓬莱、万丈之幽”不好理解。校对者知道，蓬莱、方丈、瀛洲并称三神山，疑“万丈”乃“方丈”之误，“万”与“方”二字形似而讹。这是运用已有知识推理判断质疑的典型例子。

上述校对质疑实例告诉我们：“校是非”也是古籍校对的重要功能，

只要善于质疑，古籍校定本中的疏漏是可以发现并补正的。

第四节

少儿读物的校对[1]

少儿读物是以少年儿童为特定读者对象的读物，同成人读物相比，它有三个基本特点：一是深入浅出，通俗易懂；二是版式活泼，文图并茂；三是汉语拼音多。由于这些特点，少儿读物容易发生知识错误、版式错误和汉语拼音错误。因此，少儿读物校对，必须重点防范上述三类错误。

一、防范知识错误

少年儿童处在长知识的阶段，由于对知识的渴求，又由于对知识的真伪缺乏辨别力，会把少儿读物中的一切内容当做知识吸收进去。因此，为了少年儿童的健康成长，少儿读物里的知识材料必须准确无误，更不能存在丝毫伪科学和反科学的内容。少儿读物的作者，多数不是相关学科的专家学者，本身就存在知识的局限性，加上又要将深奥的科学知识化为通俗的语言，书稿中出现知识错误是不奇怪的。所以，校对作为图书质量的把关环节，应当把防范知识错误作为重要任务。

少儿读物中常见的知识错误有如下几个类型：

1. 物理、化学知识错误

在物理学图书中，要注意插图上的知识点。例如两节电池组的连线应是从负极到正极，常常错作从正极到正极，从负极到负极。化学图书中，要注意专业名词的区别。例如不要把电解质和电介质弄混淆了。电解质是在水溶液或熔融状态下能导电的化合物，如食盐等。电介质是不导电的物质，如空气等。还有氕（音撇）、氘（音刀）、氚（音穿）是氢的三个不同的同位素，在校对中一定要注意它们的区别。

---

〔1〕 本节编写参考了车飞《论少儿图书校对的特殊性》[《校对的学问》（三编），浙江人民出版社、浙江教育出版社 2004 年版]。

2. 国名、地名、历史人物姓名错误

尤其是地名，许多地方在不同历史时期，会有不同的名称。例如北京，辽时称燕京，金时称中都，元时称大都，明、清时称京师，通称北京。民国初期也称北京。1928 年设北平特别市，1930 年改为北平市。1949 年 10 月 1 日中华人民共和国成立后复称北京市。又如越南第一大城市胡志明市，在 1976 年以前称西贡市。校对者遇到此类地名时，不要一扫而过，而要仔细核实资料，决不放过任一可能出错的地名。

3. 历史年代错误

校对历史年代时，校对者也要认真查找相关的资料。例如有的原稿写“八·一三”发生在“一九三一年”，而历史事实“八·一三”发生在“一九三七年”。“东汉建武九年(34)”应为 33 年。有的作者还往往漏写公元前的“前”字，如把“西汉(公元前 206—公元 25)”错写为“西汉(206—25)”。

4. 数字及计算错误

校对者在校对数字及其计算时要特别注意，因为这是作者常常容易出错的地方。

5. 成语及名言警句中有错别字或释义错误

二、防范版式错误

少儿读物的版面格式可谓五花八门，样式多，插图多，字体字号变化多，很容易发生错误。

少儿读物中常见的版式错误有如下几个类型：

1. 插图的形象与文字内容不吻合，画虎不成反类犬的情况极为常见

这类错误是绘图者没有认真理解文字内容或者缺乏相关知识造成的。例如：一本宋诗选读收有宋诗《游园不值》：“应怜屐齿印苍苔，小扣柴扉久不开。春色满园关不住，一枝红杏出墙来。”诗人于早春雨后游园，久叩柴扉不开，虽然未能进园，却从墙头一枝红杏感受到“春色满园”。插图作者不解诗意，在插图中画一杏枝伸出墙外，杏枝上有几颗红色杏果。不但毫无诗中意境，而且将早春的杏花画成杏果。

2. 插图置放错误或图与文字不对应

插图置放错误常见的有两种情况：一是将照片反置，二是图不跟

文字。

3. 全书版式不统一

例如：同级标题字体、字号、占行、位置不一致，同级内容的正文字体、字号不一致等。

三、防范汉语拼音错误

儿童读物大都逐字逐句标注汉语拼音。校对时，必须同时校对文字和汉语拼音，保证汉语拼音正确，并与文字对应。

常见汉语拼音错误有如下几种类型：

1. 声调标注错误

这类错误又分两种情况：一是普通声调标注错误，二是变调字的声调标错。一、七、不、八这四个字在不同声调的字前声调标注不同。(1)"一"字单用或在一词一句末尾念阴平，例如五一(yī)，一一得一(yī)；在去声字前念阳平，例如一(yí)旦；在阴平、阳平、上声字前念去声，例如一(yì)般、一(yì)连、一(yì)起。(2)"七"字单用或在一词一句末尾或在阴平、阳平、上声字前念阴平，例如十七(qī)、一七得七(qī)、七(qī)夕、七(qī)绝、七(qī)巧板；在去声前念阳平，例如七(qí)窍。(3)"不"字单用或在阴平、阳平、上声字前念去声，例如不(bù)卑、不(bù)成、不(bù)等；在去声字前念阳平，例如不(bú)是。(4)"八"字单用或在一词一句末尾或在阴平、阳平、上声字前念阴平，例如十八(bā)、一八得八(bā)、八(bā)仙、八(bā)行、八(bā)股；在去声字前念阳平，例如八(bá)卦、八(bá)路军。

2. 韵母标注错误

由于受方言的影响，一些作者常把 i、u 标错。例如熊(xióng)错标为 xóng，渊(yuān)错标为 yān。特别要注意韵母 ü 的用法。ü 前面没有声母的时候，ü 上两点省略；ü 与声母 j、q、x 相拼时，ü 上两点也省略；ü 与声母 n、l 相拼时，ü 上两点不省略，仍写成 nü、lü。

3. 整体认读音节标注错误

整体认读音节指不能拼读、直接给汉字注音的音节，如 zi、ci、si、zhi、chi、shi 等，都属于整体认读音节，经常有作者把它们弄混淆了。例如知(zhī)道错标成知(zī)道，石(shí)头错标为石(sí)头。

4. 多音字标注错误

汉字中的多音字很多，同是一个字，但意思却相去甚远。例如数有三个音，数（shǔ）九、数（shù）学、数（shuò）见不鲜。校对者要注意区分，不要弄混淆了。

5. 轻声标注错误

这种差错在拼音稿中最多，主要是固定词标错，例如知识（shi）、眼睛（jing）、时候（hou）、便宜（yi）……校对者在校对时，最好将是轻声的词就记下来，然后再总结、记忆，以免下次遇到而校漏。还有一种轻声是单个动词重叠时，第二个动词用轻声，如走走（zou）、说说（shuo）。需特别注意的是，如果书稿是教辅读物，那么有关固定词轻声的标法，就要查看教辅对应的课本。因为一、二年级课本中固定词轻声的标法与《现代汉语词典》的标法有些出入。

6. 儿化标注错误

一些带儿化的词，例如花儿、一会儿被错标成花儿（ér）、一会儿（ér）。

标注汉语拼音，是为了帮助小读者掌握汉字在不同语境中的正确读音的。标注错了会产生误导，甚至会影响小读者学习现代汉语。

第五节

其他专业图书的校对

还有一些更加特殊的专业图书，如地图、美术、英语等图书。这些图书的校对，要特别关注它们各自出错的特殊性。

一、地图的校对

地图涉及国家主权与领土完整和国家的外交立场与政策，我国政府对疆域界线的表示有着极其严格的要求，容不得丝毫差错。

在校对过程中，必须特别关注如下问题：

1. 我国疆域、领土的完整性

(1) 国界线必须按照中国地图出版社 1989 年出版的 1:400 万《中华人民共和国地形图》绘制。

(2) 无论何种地图，或书刊插附的地图，都要包全东南西北四个至点[1]。

(3) 在表示中国地图及海南省地图时，必须完整表示南海诸岛的点状岛屿的分布范围及归属范围线。

(4) 台湾是我国省级行政区域的组成部分，因此设色与其他省(区)设色方式相同，在地图上台湾的表示要素、内容亦与其他省(区)相同，台湾省地图必须包括钓鱼岛、赤尾屿。

(5) 在帕米尔高原地区，从乌孜别里山口向南至中国、塔吉克斯坦、阿富汗三国交界点，沿萨雷阔勒岭绘未定国界，色带连续套印。

(6) 香港特别行政区和澳门特别行政区，在地图上字体、用色同其他省(区)。

2. 准确把握部分邻国地图内容的表示

(1) 克什米尔为印、巴争议区，在地图上作为单独的地区处理，印巴停火线两侧分别标注“巴基斯坦实际控制区”“印度实际控制区”字样，分国设色的地图克什米尔内部不设色。

(2) 日本北方四岛在地图上归属日本，国界绘在择捉岛以北，在图面出现日本北方四岛岛名时括注“俄占”字样。

(3) 俄罗斯远东地区历史上属于中国，有 8 处地名必须括注中国地名[2]。

(4) 朝鲜和韩国均以独立国家表示，平壤和首尔(汉城)均以首都表示。

3. 掌握示意性中国地图国家规定表示的三条原则

三条原则是：

(1) 海岸线与陆地国界线用粗细不同的线划符表示，同时，国界线绘

---

〔1〕 我国疆域的四个至点：东起乌苏里江与黑龙江的交汇处，西至帕米尔高原，北起黑龙江省最北部，南至曾母暗沙。

〔2〕 8 处地名是(括号内为中国地名)：符拉迪沃斯克(海参崴)；乌苏里斯克(双城子)；萨哈林岛(库页岛)；哈巴罗斯克(伯力)；尼古拉耶夫斯克(庙街)；布拉戈维申斯克(海兰泡)；涅尔琴斯克(尼布楚)；斯塔诺山脉(外兴安岭)。

成实线，西部未定界用虚线表示，南海诸岛归属范围线绘9段，并表示岛点分布。

（2）海岸线、国界线以同样粗细的实线表示，西部不表示定界，南海诸岛不表示归属范围线，但要表示岛点范围。

（3）中国版图用色块表示时，南海诸岛不表示范围线，只表示岛点，岛点用色同大陆色。

二、美术图书的校对

美术图书有两大特点：图版形式多样，文字少而字体多。因此，美术图书的校对工作，要重点防范图版技术性差错、图版中文字性差错、图文不符的差错以及图画中的知识性错误。

1. 防范图版技术性差错

图版技术性差错，主要出现在漫画、卡通、连环画等读物上。造成这类差错的主要原因是：作者运用电脑设计制作时忽视一些细节。例如：同一场景的几幅图中，人物的服饰不统一。校对时，要运用“校异同”的方法，将几幅图片反复对照，仔细观察细节，防范因为技术上的失误而造成差错。

2. 防范图版中文字性差错

校对者对正文中的文字差错都比较注意，而对图版中的文字差错往往忽视，然而这方面的差错却相当普遍。所谓图版中的文字性差错，是指图中的题字，例如国画中的题跋，漫画、卡通中的人物对话。由于绘图作者文字修养不足，错别字、错简字、繁简混用、自造字时有出现。这是美术图书特有的差错，校对者必须予以重点防范。

3. 防范图文不符的差错

有一幅连环画稿：一个牧童骑在牛背上吹箫。而文字描述的却是，牧童吹的是笛。箫和笛外形相似，但吹箫和吹笛的握姿不同：竖箫横笛。如果不认真将图文对照，这类错误是不容易发现的。

4. 防范图画中的知识性错误

插图、漫画、卡通中出现知识性错误也是常见的，这是绘画人知识局限、创作态度又不够严谨造成的。世界现代出版史上有这样一则故事：1957年，瑞士画家费克斯·霍夫曼创作了名为《狼和七只小羊》的图画书，出版后备受读者青睐，美、英、法等国纷纷转译出版。七年之后，日本福音馆书店买到版权，在转译过程中，一位喜爱并研究过动物的人在校对时，发现山羊的瞳仁画错了，霍夫曼把山羊的瞳仁画成猫的瞳仁。猫的瞳仁是竖的，而山羊的瞳仁是横的。类似错误在插图、漫画、卡通中极为常见，例如开屏的雌孔雀，毛色艳丽的野鸭妈妈，从西山升起的朝阳，夕阳下朝东的向日葵，长着偶蹄的老虎，马、牛、猪的尾巴一模一样，举着望远镜远眺的航海家哥伦布（哥伦布死后一个世纪才发明望远镜），解放军帽上两个角朝上、一个角朝下的五角星（正确的军徽五角星构图是：一个角朝上、两个角朝下），等等。

在一家电视报上有一幅漫画，画面上，一位患有"电视症"的"病人"躺在病床上打点滴，盖在身上的被褥上印有一个醒目的红十字。漫画作者以为"红十字"是医院的标志，其实却犯了知识性错误：红十字是国际红十字会的标志，不是一般医院的标志。我国卫生部早已决定，医疗机构的统一标志为：正方形白底蓝十字。早在1983年，国家就颁布了《红十字法》，明令"禁止滥用红十字"。

三、英语图书的校对

英语图书校对最常见的问题是：单词拼写，单词中大小写，标点符号，词语搭配，计算机编校软件使用。

1. 单词拼写错误是校样中最常见的错误

英文在键盘输入过程中，单词中若有两个字母的位置在键盘上相邻，输入时就非常容易发生误击邻键的拼写错误。例如：键盘上相邻的字母有a与s，o与p，g与h，q与w，e与r；极易发生are—ear，as—at，abroad—aboard之类的错误。单词拼写错误还有一种原因：字母漏打。例如：success—sucess，漏打一个c；suggest—sugest，漏打一个g。标题中的单词字母全大写，漏打一个字母就更加难以察觉，校对时更要特别细查。

英语是由单词构成的，在词与词之间必须留出空格，该留空而不留空会令人费解。这类情况在校样上极为常见。例如：

People use metal for making machines.　　常错作：

（人们用金属来制造机器。）

People use metalfor makingmachines.　　字母全都没错，错在两处词

间末留空。

2. 单词中字母大小写也容易出错

英文除句首单词的第一个字母要大写外，还有专名、人名、地名、国名、节日名、书名、标题等第一个字母也要大写。句首第一个字母错排作小写，由于句首位置明显，错误容易发现。而专名、人名、地名、国名、节日名、书名等单词，混杂在正文中间，排错了往往不易察觉。有些单词第一个字母大写或小写含义完全不同，写错了会产生歧义。例如：china，第一个字母“c”大写是“中国”，小写则是“瓷器”；又如：sally，第一个字母“s”大写是人名，小写则是“突然冲击”。再如：He offered US $1 000.（他提出要给美国1 000美元。）He offered us $1 000.（他提出要给我们1 000美元。）

3. 英语标点符号与汉语标点符号有同有异

英语的标点符号有几个跟汉语的标点符号不同：

（1）省略号，连用三点，且置于下部。

（2）逗号，符号形态跟汉语逗号相同，但功能相当于汉语的逗号和顿号，英语没有顿号。

（3）句号，跟汉语句号不同，是下圆点“.”。

（4）省略符号或所有格符号，是右上角一撇，如：I am = I’m，do not = don’t。

（5）英语没有书名号，文中提及书名时往往用斜体或加下划线来表示。

（6）连字符，一般占半格，即一个字母的位置，在连接两个单词或转行时使用。

专业图书种类很多，除上述七类外，还有戏剧、音乐、医药、宗教、其他外文文种、我国少数民族文字等图书，它们都有各自的特殊性。校对者必须掌握相关的专业知识，探索它们出错的规律，才能掌握校对的主动权。出版社领导人和校对工作管理者，要有意识地培养特殊专业图书的校对人才。[1]

---

〔1〕 本节编写参考了下列论文：黄亚杰、黄晓风《地图出版物审校应注意的问题》（载《校对的学问》，金盾出版社 1998 年版）、尚永红《论美术类图书校对的重点及难点》［载《校对的学问》（三编），浙江人民出版社、浙江教育出版社 2004 年版］、佟永红《谈淡英文书稿的校对》及谈维《试析画中错》［《校对的学问》（续编），云南教育出版社 1998 年版］、陈颖男《英语校对中常见错误的辨析》［《校对的学问》（三编），浙江人民出版社、浙江教育出版社 2004 年版］。

第十四章

校对的人才

第一节

校对的职责与才能

新闻出版署颁布的《图书质量保障体系》，把图书的质量保障体系分为前期保障、中期保障、后期保障三个环节。前期保障指选题策划与作者物色，其质量保障表现在选题和书稿的优化上。中期保障分为两个阶段：前阶段为编辑审读加工，其质量保障表现在书稿内涵的优化上；后阶段为排版过程中的校对工作，其质量保障表现在消灭排版过程发生的差错上，同时发现并改正编辑发排文本可能存在的差错，从而将一切差错消灭在图书出版之前。后期保障指印刷装订，其质量保障表现在印制精美上。三个环节，前后衔接，和谐协作，从而保证图书以完善的内容和精美的包装问世。

图书出版的实现，在一定意义上是集体劳动的结晶。作者的创造性劳动无疑为图书出版的实现打造了基础，编辑的创造性劳动为图书出版的实现创造了条件，但是，经过审读加工的编辑文本，即使达到"齐、清、定"的要求，也还不具有出版的完备条件，还必须注入排版、校对人员的创造性劳动。首先必须经过排版和校对活动，将编辑文本准确而完整地转换为印刷文本；其次还要通过校对活动，发现和改正编辑文本可能存在的错漏，发现和改正版面格式可能存在的差错。只有这样，出版的条件才算完备，才能付印出版。

从上述分析可知：在图书出版流程中，校对处在图书内在质量保障体系的最后环节。校对工作做得好，图书的内在质量就有保证；反之，作者和编辑的劳动都将功亏一篑。所以，校对的职责可以用一句话来概括：将一切差错消灭在图书出版之前。正是从这个意义上说，校对是编辑工作的必要延续，是对编辑工作的补充和完善。

校对的这一职责，要求校对活动发挥两种功能：校异同，消灭排版的差错；校是非，发现并改正原稿可能存在的差错。在此基础上，再通过文字技术整理,完善版面格式。原稿上的差错,是作者写作和编辑加工过程发生的;校样上的差错,是录入、排版、改样和制片过程发生的。校对工作者必须一次又一次地校对,既校异同,又校是非,还要做版面格式的规范和统一工作。鲁迅曾经指出:“校对和创作的责任是一样重大的。”他把校对摆在与创作等同的地位,给图书出版过程的校对环节以明确的责任定位。校对的这种职责,不但要求校对工作者认真负责,还要具备相应的才能。

才能是什么? 才能主要由知识和能力构成。

知识是人们在改造世界的实践中所获得的认识和经验的总和,能力是人们从事认识和改造世界的主体活动的前提条件。知识和能力,相互依存又相互制约。一方面,能力是掌握知识和技能的前提,人的能力发展水平,通常是掌握知识快慢、深浅、难易和巩固程度的重要原因之一;另一方面,知识的掌握又是发展能力的条件、因素和中介,人正是在学习和运用知识的过程中发展能力的。增长知识,发展能力,是实现校对职责的条件。

知识有常识与特识之分。常识即从事任何活动都必须掌握的基础知识,特识即从事具体职业必须掌握的专门知识。这两种知识有机地结合,构架人的知识结构。能力有一般能力和特殊能力之分。一般能力即从事任何活动都必须具备的能力,它由观察力、记忆力、想像力、思维能力、操作能力五个基本要素组成;特殊能力即从事具体职业必须具备的特殊能力和专门技能。这两种能力有机地结合,架构人的能力结构。

本节讨论的主题是:职业校对需要具备什么样的特殊才能?或者说,职业校对需要具备什么样的知识结构和能力结构?

关于校对人才的才能,中外名人学者有过不少议论。例如:列宁主张校对人才应当“有学识,精通文字,细心,而且经过专门训练”。鲁迅认为:“校对员一面要通晓版面格式,一面要多认识字。”《校仇学史》作者蒋元卿强调:“不明校雠之法,固不能为功;然即有精密之法,若不悉古书致误之由,则亦无所施其技。”英国19世纪著名作家狄更斯认为,校对人才要“表现出他们的本能的智力,高度的修养,好的记忆力和明晰的理解力”,“并不仅仅靠眼睛尖锐,还需要忍耐和训练”。上述议论,大致勾勒了校对人才的才能结构。

具体地说,现代校对人才除了必须具备一般知识和能力外,还必须具备从事校对职业的特殊知识和能力，或曰特殊的素质。

《图书校对工作基本规程》[1]指出，现代校对人才必须具备如下特殊素质：

（1）熟悉语言文字的各种规范，掌握语言文字的出错规律，对语言文字使用错误有较强的辨识力。

（2）通晓图书版面格式知识，能敏锐地发现版面格式错误。

（3）熟练地掌握各种校对方法，并且善于综合运用。

（4）具备比较广博的知识积累，不同学科图书的校对人才还必须掌握相关学科的基本知识。

（5）能够熟练地使用工具书。

（6）具备良好的心理素质，耐得寂寞，注意集中，自觉地控制情绪，保持良好的心态。

上述六条里，要特别强调三种基本功：语言文字基本功，校对操作基本功，心理自控基本功。这三种基本功加上广博的知识积累，是现代校对人才才能结构的主要内容。一个校对员的校对工作水平，在很大程度上取决于才能的水平。

衡量人的价值有两种尺度：一个是质，另一个是量。这个“质”和“量”是哲学概念。毛泽东说：“一个人能力有大小，但只要有这点精神，就是一个高尚的人，一个纯粹的人，一个有道德的人，一个脱离低级趣味的人，一个有益于人民的人。”说的就是用“质”的尺度衡量人的价值。但是，同质的事物有着不同的量，这个“量”就是“能力有大小”。能力大的人和能力小的人对社会的贡献无疑是有区别甚至是有很大区别的。做校对工作也是如此，由于学识修养和专业能力的差异，校对质量的差别是很大的。负责任、有抱负的校对工作者，应当努力加强自身修养，不断提高自身素质，这样才能为图书出版事业作出更大的贡献。

---

[1] 《图书校对工作基本规程》是中国出版工作者协会制定的，是图书出版校对工作的行业规范。2004年10月20日发布。见本书附录三。

第二节

校对人才的知识结构[1]

一个人的知识结构,必须服从于他所从事的职业的需要,因而有着明显的职业特征。

我们研究校对人才的知识结构,当然必须从校对活动的需要出发。校对是出版行业的独特专业,以猎错改错为职业特征。要猎错改错,就必须具有猎错的职业敏感,正误的识鉴能力,广博的知识积累,相当的语言文字功底,熟练的校对操作技能。因而,校对人才的知识结构表现出专业性与广博性相结合的特征。

在长期校对实践中,我国校对工作者探索的知识结构,主要有如下三种模式:层次结构模式,网络结构模式,发散结构模式。

一、层次结构模式

所谓层次结构,是指知识的结构是立体的、有层次的。这是校对活动的特殊性决定的。校对活动的对象,具有多学科、多层次和动态发展的特点,所以,校对人才的知识结构必须以扎实的基础知识为根基,然后在这个基础上,适应知识的发展和校对工作的需要,不断增长相关知识,形成立体的层次结构。

层次结构有两个基本特征:核心层次特征,动态调节特征。

所谓核心层次特征,是指校对人才必须具备语言文字学和出版校对学的知识修养,这是校对人才知识结构的核心部分,是校对人才知识结构

[1] 本节编写参考了孟卿《对构建校对知识结构模式的一点浅见》、张寰《校对工作者的知识结构》、彭英《论校对人的知识结构模式》,三文均载《校对的学问》(续编),云南教育出版社1998年版。

的根基,具备了核心知识就保证了从事校对活动的基本需要。正如古人所说:“欲为一代经纶手,须读数篇要紧书。”核心知识就是校对人才须读的“要紧书”。因此,校对工作者必须读好如下“数篇要紧书”:现代汉语的文字规范,现代汉语语法,标点符号用法,数字用法,量和单位用法,现代出版学、编辑学、校对学等。

所谓动态调节特征,是指仅仅具备核心知识还不能完全适应校对活动的需要,还必须根据出版事业发展的需求,学习其他方面知识,不断调整和充实自己的知识结构。这种调整和充实,不是采用系统学习的方法,而是在校对实践中有针对性(主要是针对实际工作的目标)地学习,边校边学,“校学相长”。在校与学的过程中,又要因人而异,找到个人才能的生长点,掌握特殊知识,把自己造就成特定学科的校对人才,或掌握特定校对方法的高手。这个才能生长点,是建立在核心知识基础之上的,又是更高层次的,是宝塔形层次结构的顶点。

层次结构模式示意图

由于校对客体内涵知识的多样性,校对猎错的识鉴力必须以广博的知识积累为依托。古代学者早就指出,“校是非”需“通识者为之”。下面是一位校对员发现的有错误的句子:

A. ……如像帕格尼在一根琴弦上演奏那样……

B. 画中人物以疏放的中锋画成,线条流畅飞扬。

C. 道子雅薄,绵密纤润……(会稽王道子,孝武帝子)

D.《洛神赋图》在宋及以前的著录权仅《历代名画记》中载西晋明帝司马昭作有此图。

E. 石砚上刻有“片石唐装琢金齿,行远有文硅步始”。

F. 张延济,嘉兴举人,后结芦而隐,以金石自娱……

上述六个句子均存在错误。A 句中的“帕格尼”当作“帕格尼尼”。B 句中的“中锋”指运笔方式,不应用“疏放”来形容它,“疏放”通常形容笔触。C 句中的东晋孝武帝与会稽王道子是兄弟关系,并非父子关系。D 中的司马昭并未称帝,他属于三国时代人物,而且西晋也无“明帝”其人;《洛神赋图》出于东晋“明帝”司马绍之手,跟司马昭不相干。E 句中“硅步”显然是“跬步”之误。“跬步”出自荀子《劝学》:“不积跬步,无以致千里。”“跬步”即半步。F 句中的“结芦”乃“结庐”之误。“结庐”出自陶渊明《饮酒》诗:“结庐在人境,而无车马喧。”芦,茅草;庐,简陋的屋舍;结庐,即盖间简陋的屋舍。识鉴上述六个句子中的错误,仅仅具备现代汉语语言文字知识是不够的,还必须具备音乐知识、国画知识、中国古代史知识、中国美术史知识以及古文、古诗知识。没有广博的知识积累,是发现不了这些错误的。由此可见,高级校对人才应当是知识结构合理的“通识”型人才,即所谓耦合型人才。

校对需要“通识”人才,也需要“特识”人才,这是校对客体的复杂性和校对工作的多样性决定的。比如各种学科读物校对人才,古籍校对人才,辞书校对人才,外文、汉语拼音、音乐、美术、地图、医药、军事等特殊读物校对人才,文字技术整理人才,校对管理人才,等等。“通才”和“特才”的结合,是校对人才队伍的合理结构。所以,在校对人才的培养上,不但要在“通识”上下功夫,还要注重知识结构的个性化,即培养具有特殊知识和能力的校对人才。

二、网络结构模式

网络结构是另一种层次结构模式。校对人才知识的层次结构,可以进行重新分类,例如分为专业知识修养、语言文字修养、广博的知识积累及识鉴能力和思想政治修养四个层次。这四个层次的知识,是互相依存又相互交叉而形成网络结构的。试将它们的网络关系用如下坐标示意图表示:

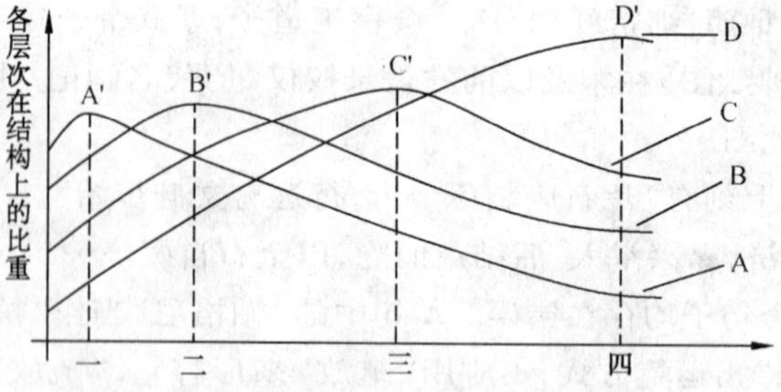

注:A. 专业知识修养,B. 语言文字修养,C. 广博的知识积累及识鉴能力,D. 思想政治修养;一、二、三、四表示知识结构发展的四个阶段。

从示意图中,我们可以得到如下启示:

其一,人的知识结构有个由低到高逐渐成熟的发展过程,各层次知识不是齐头并进的,而是交叉递进的。这种交叉递进,是符合人的认识规律的。

其二,网络结构表现出开放性的特点,在发展的不同阶段,各层次知识的比重会有所变化。在初级阶段,专业知识和语言文字知识是知识修养的主要内容,这些基础知识在知识结构中占据最大比重;而随着基础知识修养的逐渐完善,广博的知识积累及识鉴能力、政治敏感性的提高,就成了完善知识结构的主要修养内容。

其三,人的知识结构趋于成熟的表现是:以深厚知识积累和思想政治修养为依托的识鉴能力发展得最好。这说明:人的知识结构越成熟,识鉴能力就越高,因而表现出超常的猎错能力和政治敏感。

其四,各层次知识的比重无论发生怎样的变化,语言文字和校对业务等基础知识的修养始终是知识结构的根基。

总之,以基础知识修养为根基,不断汲取和积累各种知识,并且在实践和学习过程中,根据自身条件形成个性知识优势,这就是网络结构模式的特点。

这种开放的、交叉的网络结构,丰富了层次结构内涵,为校对工作者的自我修养和个性发展提供了一个颇有新意的模式。

三、发散结构模式

所谓发散结构,是指以语言文字和专业知识为中心,从校对活动的实际需要出发,有选择地涉猎其他知识,逐渐形成知识的辐射网络。

不同的出版社,由于出书的专业分工不同,校对人员知识修养的辐射方向当然不同。同一家出版社的校对人员,由于自身条件或工作分工的不同,知识修养的幅射方向也不尽相同。这样,就形成中心相同而辐射方向有异的个性鲜明的知识发散网络。例如:

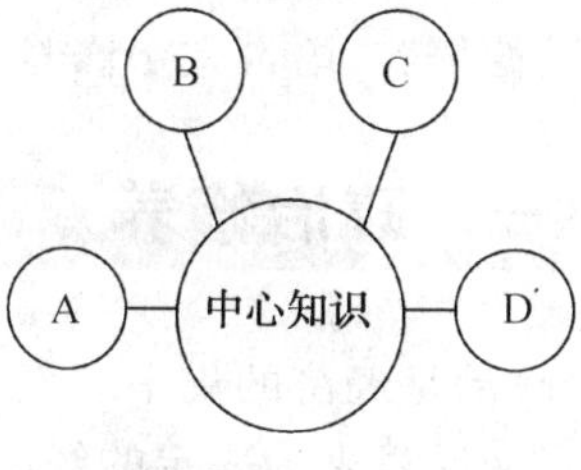

发散结构模式示意图

某文学出版社某校对员,主要承担现代文学读物的校对工作,他给自己规划的知识结构是:以语言文字和出版校对知识为中心,向中国现代文学史、世界现代文学史、现代文学理论辐射。同时,力争粗通英语,学点美学知识,关心时事政治。

某社科读物出版社某校对员,主要承担历史读物的校对工作,他给自己规划的知识结构是:以语言文字和出版校对知识为中心,向世界史、中国史辐射。同时,粗通英语,学点哲学、文学知识。

发散结构模式的主要特点有三:一是中心知识基础扎实,有利于专业人才的成长;二是学习知识针对性强,有利于造就专业图书校对人才;三是知识辐射面广,有利于不断扩大知识积累。

三种知识结构模式有同有异,“同”表现在都重视打好基础知识的根底,“异”表现在结构模式不同。层次结构模式注重知识结构的多层次性和动态发展,网络结构模式注重知识的交叉性和开放性,发散结构模式注意知识的有选择地合理辐射。应当说,都符合培养耦合型校对人才的要求,因而都有可取之处。

第三节 校对人才的自我修养

前面已经论述,校对主体的工作对象,涉及政治、经济、科技、文化的各个领域,因而校对人才应当是耦合型人才,其自我修养的特点是:内容的广博性和方法的实践性。

具体地说,要在校对活动实践中加强如下六个方面的修养:政治修养,道德修养,语言文字修养,知识修养,情商修养,心理素质修养。

一、政治修养

政治是经济的集中表现。政治是上层建筑,产生于一定的经济基础之上,又反过来为一定的经济基础服务,给经济的发展以巨大的影响。出版是上层建筑的组成部分,是一定的经济基础决定的,也是为经济基础服务的。任何国家的出版事业,都是以维护统治阶级利益为前提的,绝对的“出版自由”是不存在的。

我国是社会主义国家,我国的出版事业是中国共产党领导的社会主义事业的组成部分,其根本方向是为人民服务、为社会主义服务。江泽民在中共十六大的报告中指出:“必须坚持马克思列宁主义、毛泽东思想和邓小平理论在意识形态领域的指导地位，用‘三个代表’重要思想统领社会主义文化建设。坚持为人民服务、为社会主义服务的方向和百花齐放、百家争鸣的方针，弘扬主旋律，提倡多样化。坚持以科学的理论武装人，以正确的舆论引导人，以高尚的精神塑造人，以优秀的作品鼓舞人。大力发展先进文化，支持健康有益的文化，努力改造落后文化，坚决抵制腐朽文化。”这是我国出版工作必须遵循的基本准则。

在实际出版工作中，迷失方向、违背准则的情况时有发生，例如宣扬错误的政治观点，表现错误的思想倾向，违反国家的法律、法规和政策，传播伪科学、反科学，书刊内容低俗化等。防范这些政治性错误，是校对工作的重要职责。而要防范政治性错误，校对工作者必须具有较高的思想政治水平。所以，政治修养是校对工作者自我修养的重要内容。政治修养包括政治理论修养、政策法规修养。

实践性是政治修养的根本特点，就是说，不但要学习政治理论，学习政策法规，而且要身体力行，用马克思主义的立场、观点、方法，用党的方针政策和国家的法律法规，指导自己的工作、学习和生活，做到学、用、行三结合。这样，才能真正提高自己的政治素养，提高自己的政治是非辨识力。

二、道德修养

中国有句古话：“太上有立德，其次有立功，其次有立言。”这句话说的是：圣人之所以为圣人，首先是有德，道德高尚；其次是立功，建功立业；再次才是立言，著书立说。爱因斯坦也说过类似的话，他说：“第一流的人物对于时代和历史的进程，在其道德品质方面，也许比单纯才智成就方面还要大。”这些充满哲理的箴言，告诉我们一个基本道理：无论是从事何种职业的人，首先要做一个有道德的人，其次才是“立功”“立言”。出版工作是引导人、塑造人的事业，作为出版工作者中的一员，应当按照道德理想进行职业活动，站在“做有益于社会的人”的高度，来对待自身的道德修养。

道德修养也强调实践性，就是说，要通过对道德规范的认识和体验，使自己形成稳定的内心信念，锤炼自己的道德品质，提高自己的精神境界。

道德修养的一个重要方面是职业道德。校对工作者的职业道德,需要着重解决的一个问题,就是校对工作最终对谁负责的问题。

校对工作是图书质量保障的最后防线,校对工作的质量最终决定着图书的内在质量,所以,极端负责应该是校对职业道德的核心。讲到"极端负责",必然涉及"校对工作对谁负责"这样一个根本问题。有两种答案:一曰"对原稿负责",一曰"对读者负责、对社会负责"。有些校对员强调"对原稿负责",对因原稿本身的问题而造成的错误表现出"事不关己"的漠然态度。从道德责任的要求来讲,仅仅"对原稿负责"显然是不够的。校对工作的对象是原稿,但校对工作的服务对象是读者、是社会,校对工作的终极目的是为读者、为社会提供"善本",这就是校对工作者的道德责任。校对的职业行为,会对社会精神文明、人的思想文化素质乃至文化传承产生重大影响,因此,校对行为的动机纯正,校对人格的正直,校对行为的良好社会影响,是职业道德对校对的要求。所以,校对工作不能停留在"对原稿负责"的要求上,而必须努力做到将一切差错消灭在图书出版之前,为读者、为社会提供"善本"。在这方面,古代的校雠家为我们作出了榜样,他们"于己甚劳,而为人则甚忠","有功古人,津逮后学","一字之疑,一行之缺,必博征以证之,广询以求之"。古代校雠家的这种无私奉献精神,值得我们学习、继承和发扬。

三、语言文字修养

中共中央《关于加强建设社会主义精神文明若干重要问题的决议》指出:"新闻媒体和出版物要为全社会正确使用祖国语言文字做出榜样。"这就要求新闻出版工作者尤其是为语言文字把关的编辑、校对提高自己的语言文字修养水平,正确地使用祖国语言文字。

所谓正确使用祖国语言文字,应当包含如下五个方面的内容:

(1) 正确用字,不写错字和别字。

(2) 正确用词,准确地表情达意。

(3) 正确造句,符合现代汉语的语法规则,把文章写通顺。

(4) 正确使用数字、量和单位,符合国家的规范和标准。

(5) 正确使用标点符号,符合国家标点符号用法标准。

本书第十一章讲过,出版物中的差错归纳起来有三个方面,即语言文字差错、版面格式差错和思想内容差错。统计数据表明,这三个方面的差错,主要的是语言文字错误,占各类差错总数的80%以上。因此,语言文字差错是校对防范的主要对象。语言文字差错的主要表现,就是用字错误、用词错误、语法错误以及标点符号、数字、量和单位使用不符合国家标准。造成这些差错的原因是多方面的,例如编辑工作粗放,校对投入不足,质量管理混乱,等等。还有一个重要原因,就是编辑、校对语言文字功力不足。编辑、校对由于语言文字功力不足,就会对一些语言文字错误失去辨识力,甚至指瑜为瑕,改不误为误。《校雠广义·校勘编》作者程千帆研究了古今校雠成果,得出一条结论:"校雠主要是纠正书面语言的错误,所以成就突出者,大抵得力于语言学知识的丰富精深。"

语言文字应当是校对工作者的基本功,每个校对工作者都必须练好这个基本功。具体地说,有以下几个方面:

1. 必须多认识字

对校对工作者来说,"多认识字"不仅仅是多认识几个字,还有更深层的含意。校对是以猎错改错为职业特征的,不但要善于发现错别字,而且要善于改正错别字,因而对校对员的识字有更高的要求。认识一个汉字,不但要掌握它的形体特征,而且要了解它的本义和引申义,它在不同语境中含义有什么变化,还要了解它有几种读音,不同的读音与含义又有什么关系。这种识字,叫做"知其一又知其二,知其然又知其所以然"。只有这样,才能得心应手地猎错改错。

2. 必须掌握现代汉字使用规范,包括简化字规范、异体字规范、简转繁的对应关系

掌握现代汉字使用规范,必须特别注意如下七个问题:(1)注意简化字的细微差别;(2)注意类推简化的范围;(3)注意简化字的一般用法和特殊用法;(4)注意1986年重新发表《简化字总表》时恢复的四个字(叠、覆、像、啰);(5)注意识别异体字(以《第一批异体字整体表》为标准);(6)注意区别新旧字形(以《现代汉语通用字表》的字形为标准);(7)注意简转繁对应准确。

3. 必须掌握标点符号、数字、量和单位用法的国家标准

4. 学好语法、修辞和逻辑

5. 掌握书面材料语言文字出错的规律

校对工作者的语言文字修养,可以从三个方面入手:其一,系统地学

习，即有计划地阅读汉字、语法、修辞、逻辑方面的书，比较系统地掌握汉字、语法、修辞、逻辑知识；其二，在校对实践中碰到疑点、难点，带着问题查阅相关图书，通过排疑、解难掌握知识，达到“校学相长”的目的；其三，经常练习写作，例如写作专业论文、总结实践经验等，通过写作实践运用语言文字知识，从而牢固地掌握语言文字知识。

四、知识修养

校对的功能之一是“校是非”，即发现并帮助编辑改正原稿中的错误。原稿中的错误，有一类是知识性错误。鲁迅说过：“专门家是多悖的，悖在倚专门家之名，来论他所专门以外的事。”即使是专家的著作，由于作者知识的局限性，也难免存在知识性错误，所以，发现并改正原稿上的知识性错误，是校对工作的重要任务之一。要发现知识性错误，首先自己必须具备丰富的知识，所以，知识积累是校对工作者自我修养的内容。

知识是个无边的海洋，不仅广博，而且不断更新。古人说：“书到用时方恨少。”说的就是这个道理。校对客体知识的广博性和校对主体知识的有限性是一对矛盾，矛盾转化的条件就是广泛涉猎，不断积累，成为“杂家”。清代校雠家孙庆增在《藏书纪要·校雠》中指出：“非博学好古，勤于看书，而又安闲者不能动笔校雠书籍。”他提出做校雠工作必须具备三个条件：博学，勤读，耐得寂寞。现代校对工作者也应当具备这三个条件。博学的途径是什么？勤读书，广涉猎，重积累。要尽量多读些书，知识的涉猎面要尽量广一些，并且坚持长期积累。校对工作者要养成一个习惯：多闻阙疑。多闻，就是力求见多识广，厚积薄发；阙疑，就是碰到疑难不要轻易下判断，而要把它留下来，多方寻求释疑解难答案。这是校对工作者知识修养的主要方法。

五、情商修养

“情商”是从国外引进的一个名词，它是相对于“智商”的概念，其内涵有五：情绪自察，自我激励，情绪控制，挫折承受，人际沟通。我国心理学家这样定义“情商”：情商是指一个人控制自己情绪及揣摩、观察和驾御别人情绪的能力,以及面对压抑情景的挫折承受能力与应变能力。[1]从上述内涵可知,情商偏重于自我管理和待人接物,与智商不同,属于生活智慧。

情商修养的内容,归纳起来有五项:自知,自控,自励,知人,待人。这五项内容,相互关联,相辅相成。只有有了自知之明,才能自控、自励;只有有了知人之明,才能处理好人际关系。自知和知人,也是相互联系的,无自知之明很难有知人之明;反之亦然,无知人之明也谈不上自知之明。所以,情商修养的核心就是:自知,知人。

情商修养对于人生事业的成败,与智商修养具有同等重要的作用。泰戈尔说过:"任何领域的成功者、领导者,都有与众不同之处,那便是他们有较高的情商。"心理学家把情商比做感性和理性的调节器,比做生命力量的源泉。

校对在图书出版生产流程中,处在承前启后环节,前承编辑工作,以编辑的劳动成果——发排书稿和依据书稿录排的校样为工作对象,以校异同和校是非为工作方式,以猎错改错为工作目的,为后续的图书印制创造条件。校对的任务就是挑编辑的错、挑录排的错,处在与编辑、录排对立的位置,发生编校、录排之间的矛盾,是不可避免的。其中,能否处理好同编辑的关系,是对校对工作者情商修养的考验。

处理同编辑关系的关键,就是上面说的"自知,知人"。具体地说,要遵循下述三条原则:

1. 严于律己,宽以待人

对自己要严格要求,以极端负责的精神猎错改错;对责任编辑则要有更多的理解,在编辑工作重心转向策划、发稿量日增的情况下,编辑加工粗放、原稿差错增多,是难以避免的,要真心实意地帮助编辑拾遗补漏。

2. 坦诚相见,得理让人

校对纠错,是社会赋予的责任,因此,发现了差错要坦诚提出,不容有任何犹豫;但是,要采取对事不对人的态度,如果双方对差错的认定意见相左,则必须虚心听取对方的意见,耐心陈述自己的理由。必要时提请有关领导或专家认定,这时要特别注意得理让人。

---

[1] 参见徐振寰主编.潜能与创造力开发.北京:中国人事出版社,2000

3. 相互学习,取长补短

编辑和校对各有所长,这是不争的事实。对具体书稿来讲,编辑对全书内容的总体把握,对相关领域知识的熟悉,肯定都优于校对员。当然,校对员也有自己的优势,例如掌握校对方法,掌握出错的规律,掌握语言文字使用的规范标准,这些都优于编辑。各有所长,就有了相互学习、取长补短的基础。校对工作者处在"挑编辑的错,补编辑的漏"的特殊地位,要采取主动态度向编辑学习,发现问题提出质疑,也要采取商榷的态度。

校对工作者成年累月面对的是书稿和校样,成年累月做的是对照和分析,枯燥、乏味、寂寞,发生自我内心的矛盾也是不可避免的。要做好校对工作,就必须学会自我情绪控制,保持一种平静的心境。

总之,正确地处理好内外矛盾,保持良好的心态,维护编校合力,是校对工作者自我修养的重要内容,这种修养就是"情商"修养。

六、心理素质修养

校对工作的特殊性,对校对工作者的心理素质提出了特殊的要求:要始终保持良好的心态。校对良好心态的特征,可以归纳为"三心":耐心,静心,适心。

何谓耐心?就是耐得寂寞,不烦不躁,工作有韧性。校对工作的对象是原稿和校样,校对工作的主要方法是对照,校对工作的环境是屋子、桌子、椅子。如此这般,日复一日,年复一年,寂寞难耐,枯燥乏味。因此,校对工作者首先要耐得寂寞,心态平和。没有耐心,没有韧性,是不能做好校对工作的。

何谓静心?就是排除杂念,心静如水。校对工作的职责是查错改错,要在字里行间猎获差错,注意力必须高度集中。近代校勘家叶德辉认为,校勘之功有"八善",而"习静养心,除烦断欲,独居无俚(俚者,俗也。无俚,即除却俗念。——摘引者注),万虑俱消,一善也"。静心是校勘之功"八善"之首。校对工作也是如此,要一字一符地查,一字一符地对,静不下心来,心猿意马,是做不好校对工作的。

何谓适心?适心是一种乐业的内心体验。如果热爱校对工作,全心全意去查错改错,以发现差错为乐事,就不会感到寂寞、枯燥,这样,校对工作就不再是被动的负担，而是主动的创造，不再是痛苦，而是一种享受。这是校对心理修养的最高境界。

本书第三章第三节曾经提出“校对三境界”的论点：第一是悟境，第二是法境，第三是通境。悟境指的是：对校对工作有了正确认识，有了做好校对工作的志向，也就是说，悟出了道理，真正地敬业乐业。法境指的是：掌握了校对的方法和规律，从而工作起来得心应手。通境指的是：对校对工作融会贯通，运用自如。通境是校对的最高境界，是校对工作者自我修养的最高目标。悟境，法境，通境，是相互联系、逐步提升的。只有达到悟境，才能把对校对工作的乐趣与社会责任感和人生理想结合起来，自觉地深入研究校对工作，从而掌握校对工作的规律，达到运用自如的法境。只有超越法境，才能对校对工作融会贯通，达到校对的最高境界通境。“校对三境界”是对校对修养的高度概括，既提出了修养的方向和目标，又提出了修养的方法和步骤。校对工作者的自我修养，既要有正确的方向和高远的目标，又要从敬业乐业做起，脚踏实地，一步一个脚印。校对工作者的修养，不是闭门面壁，而是在实践中自我修养。

15

第十五章

现代校对的管理

第一节

管理的概念、作用和职能

一、管理的概念

管理是什么？管理是指在特定的环境中，管理者通过执行计划、组织、领导、控制等职能，整合组织中的各种资源，实现组织既定目标的活动过程。

管理的这一定义有如下三层含义：

1. 管理是一种有意识、有目标的活动过程

管理服务并服从于组织目标。任何组织都是为了实现某种目标而组成的人和技术的系统，管理就是围绕组织目标而对被管理者施加影响的、有意识的活动过程。

2. 管理是一个连续进行的活动过程

计划、组织、领导、控制等职能之间是相互关联的，贯串这些职能的关联链，就是组织活动的目的性，即实现组织目标，因而管理过程是一个连续进行的活动过程。

3. 管理活动是在一定环境中进行的

管理者必须充分估计环境对组织活动的影响，审时度势，机智应对，排除干扰，以确保组织目标的顺利实现。

二、管理的作用

在现代社会中，生产力的构成要素不断增加，除了传统的人力、物力、财力等要素外，时间、信息、技术也成为生产力的新要素。管理的作用就在于：激活组织中的各种细胞，整合组织的所有资源，挖掘各种生产力要

素的潜力，创造有利于创新的组织氛围，适应不断变化的内外环境，从而使生产力系统的整体功能大于各个要素功能的总和，实现“1+1>2”的效应。

三、管理的基本职能

1. 计划职能

计划职能即针对要实现的组织目标和应采取的行动方案作出精心的选择和安排，从而使组织目标和行动方案得到有步骤的实现。

2. 组织职能

组织职能即根据既定组织目标和行动方案，对组织中的各种要素之间的关系进行科学的安排，包括设计组织结构，建立管理体制，合理配置资源，构建信息网络，明确责、权、利等。

3. 领导职能

领导职能即管理者为了实现组织目标而对被管理者施加影响，指导组织成员的活动，调动组织成员的积极性和创造性，及时而有效地解决组织成员之间的矛盾，促进组织成员之间的团结协作，从而使组织的所有活动统一而和谐。

4. 控制职能

控制职能即对组织绩效进行监控，防止活动过程中出现偏差；一旦出现了偏差，能及时找到产生偏差的原因，并妥善地予以纠正，从而保证组织的一切活动符合既定的目标和计划。

四、校对管理的职能

校对组织是出版社组织的一个组成部分，是图书出版系统的一个子系统，它处在上承编辑、下启印制的特殊环节，其组织目标是：在出版计划规定的时间内，保证将编辑发排文本准确而完整地转换为印刷文本，并在转换过程中发现和改正编辑文本可能存在的错漏，发挥对编辑工作补充和完善的作用，从而为读者、为社会提供没有差错或差错极少的优质图书。

校对是出版行业中的独特专业，所以校对管理有其独特性，其表现是：

（1）校对科室规模不大，但校对组织成员却相当复杂，主要表现是校对主体多元化。校对主体有五个部分：本社专职校对员，作者，编辑，社外非专业校对人员，社会上的校对公司从业人员。

（2）校对资源除上述校对主体外，还有计算机校对技术、计算机校对管理系统。

（3）校对的组织目标包括三个方面的内容：① 校对周期，即具体书稿校对工作的完成时间；② 校对工作量，即计划年度内必须完成的校对任务，以总字数计算；③ 校对质量，即灭错率和留错率的下限。校对组织目标能否按时、按量、按质实现，直接影响着出版社出书计划、经营目标的实现。

（4）校对计划存在着诸多不确定因素。例如：出版社发稿的不均衡，发稿计划的经常变更，因应市场需求而突击发稿带来的突击校对任务；发排书稿质量的参差不齐造成部分书稿校对难度增大；由于特殊原因，作者、编辑在校样上增删过多造成校次增加。这些不确定因素，常常冲击校对计划的正常执行；而计划的经常变更势必增加校对管理的难度。

（5）校对工作的内外环境，也不利于校对活动的健康开展。这主要表现在如下五个方面：① 校对在出版工作中的重要作用和地位，尚未成为出版界的共识，"校对是简单劳动""校对不创造财富"等错误观点仍在出版界流行。② 校对员的待遇（包括职称和报酬）普遍低于编辑，校对员的劳动得不到应有的尊重，因而校对员普遍不安心工作。③ 由于出版市场化，编辑工作重心转向策划，导致加工粗放，原稿差错增多，校是非难度加大，而校对队伍的整体素质偏低，缺少担当校是非的高级校对人才。④ 由于受"对原稿负责"的传统校对理念的影响，校对组织成员中存在着要求权利而推卸责任的倾向，把校是非看做额外的负担和不该承担的责任。⑤ 社会上的校对公司，缺乏必要的资质认证，从业人员缺乏必要的专业培训，对校对公司的质量监控又无必要的法规依据。

校对管理应当从上述实际出发，执行计划、组织、领导、控制的职能，整合组织的各种资源，实现组织的目标。具体地说，必须加强如下五项工作：

（1）加强校对队伍的建设，推行主体多元化与专业化相结合、集体交叉与责任校对相结合、人校与机校结合，从而有效地整合校对资源，实现整体大于部分之和的效应。

（2）加强校对活动的目的性，使校对活动有明确的目标，有周到的计划，有效地应对不确定因素的冲击，从而保持校对活动的有序化。

（3）加强统一管理、统一要求、统一安排、统一监控，防范主体多元而计划失控，防范校对活动社外循环而质量失控，从而确保组织目标的实现。

（4）加强校对调度，因才用人，充分挖掘各类校对人才的潜能，激发全体组织成员的积极性和创造性，从而有效地保障校对质量。

（5）加强编校协作，处理好以“质疑与排疑”为特点的编校矛盾，从而促进编校和谐合作，并在合作过程中相互学习、共同提高。

第二节 校对组织建设和制度建设

一、校对组织建设

校对活动是有组织、有目标的群体活动。校对群体的特点是主体多元化与专业化相结合。就是说，校对主体是多元的，校对主体群中，有作者，有编辑，有本社专职校对员，有社外校对人员，还有社会上校对公司从业人员。从个体素质讲，本社专职校对员的业务素质、心理素质、责任心均高于其他成员，是校对主体群的核心力量。社外校对人员和校对公司从业人员，人数众多，是校对的重要辅助力量，在整个校对队伍中是一个方面军。基于上述实际，校对组织建设的重心应当抓住组织队伍建设和组织文化建设。

（一）校对组织队伍建设

校对组织队伍建设的重心是：建设好两支校对队伍，即建设好精干的专业校对队伍和相对稳定的社外校对队伍。

1. 精干的专业校对队伍

本社专职校对人员是校对主体群的核心，是图书校对质量的最后把关人，是实现组织目标尤其是质量目标的中坚力量。出版社必须建立专业的校对机构，对全社的图书校对工作实行统一管理。校对是图书出版生产流程中的独立工序，它上与编辑工作衔接，下启制片印装，独立承担编辑后、印制前的图书质量保障任务，实质上是特殊的编辑部门，把它看做出版生产技术部门显然是错误的，名实相副的名称应该是“校对编辑室”。为校对机构正名，对于明确校对工作的地位，发挥校对组织的作用，造就校对的专门人才，都有着重要意义。

本章开头在为“管理”定义时就明确指出：任何组织都是为了实现某种目标而组成的人和技术系统。校对组织也是如此，它是为了实现“将一切差错消灭在图书出版之前”的目标而组织的人和技术系统。而完善校对组织系统的一个重要内容，就是《图书质量保障体系》规定的“必须配备足够的专职校对人员”。这个“足够”的含义是：完成本社图书校对任务必需的专职校对员数量。校对任务是由编辑发稿数量决定的，在数量上以总字数表示，在质量上以出书后的留错率下限（差错率不得超过图书总字数的1/10 000）为最低要求。因此，校对员的配置应与编辑人数保持科学的比例关系。

根据测算，1 个校对员最多只能完成 3 个编辑发排书稿的校对任务。以 1 个编辑年发稿 3 种、900 000字（平均每种300 000字）为例，“三校一读”，校对任务为900 000（字数）×4（校次）=3 600 000（字数）。再乘以 3（3 个编辑）：3 600 000（字数）×3（编辑人数）=10 800 000（字数）。《图书校对工作基本规程》提出的定额标准是：在保证校对质量的前提下，一个校对员平均日校对定额为20 000字，月定额为400 000字，年定额为4 800 000字。据此推算，1 个校对员只能完成 3 个编辑发排书稿校对任务的44.4%。现在编辑年发稿数量实际上不止 3 种，而是 3 种的一倍甚至两倍三倍。按照保守的测算，并且把利用社外校对力量和应用计算机校对软件等因素考虑在内，编辑与校对员的配置的科学比例是 3∶1，即 3 个编辑配置 1 个校对员。

“足够”不只是数量要求，包括质量要求，即足够的、具备校对专业基本素质的校对员。所谓校对专业的基本素质，具体含义有四：其一，具有大学本科以上的学历；其二，有一定的语言文字功底；其三，具备良好的心理素质;其四,经过校对专业培训,掌握校对的基本知识、基本方法和操作技能。这四条是从事校对职业的必备条件,而且缺一不可。比如,学历虽高但语言文字功底欠缺的人,不适合做职业校对。又比如,其他条件都已具备,但心理浮躁、耐不住寂寞的人,也不适合做职业校对。一支精干的专业校对队伍,是出版社不可或缺的,是出版社实现经营目标的重要保障力量。

2. 相对稳定的社外校对队伍

校对工作是专业性很强的工作,称职的校对人才需要三至五年的专业培训和实践锻炼,一支社外校对队伍只有训练有素,才能真正成为出版社校对的辅助力量。因此,出版社必须建立起相对稳定的社外校对队伍。社外校对队伍有两种:一种是出版社从本社出书需要的实际出发而组建的编外校对队伍,一般采取公开招聘、择优录用,然后进行专业培训等办法。这样的队伍,不占编制,可以补充本社校对人力资源的不足。这支队伍能否发挥作用,关键在于队伍整体素质是否符合要求,人员能否相对稳定,能否实施有效的统一监控。另一种是利用社会上的校对公司,即选择具备校对资质的校对公司,并通过必要的契约,规范双方的责、权、利,以便实施有效的监控。这两种社外校对队伍都只能充当校对的辅助力量,一般只能承担一校、二校任务,终校、通读检查和责任校对都必须由本社具备条件的专职校对员担当。

(二)校对组织文化建设

在建设校对组织队伍的同时,还必须建设校对组织文化。

什么叫做组织文化?《管理理论与实务》一书是这样定义的:"组织文化是组织在长期的实践活动中形成的,为组织成员普遍认可和遵循的,具有本组织特色的价值观念和行为规范的总和。"[1]该书认为,组织文化的内容主要有三:其一,组织的价值观。包括价值主体的价值取向、价值主体对价值客体及自身的评价等。组织的价值观具体体现在组织存在的意义和目的,组织中各项规章制度的作用,组织成员的行为与利益之间的关系等方面,是组织生存和发展的方向。其二,组织精神。即组织经过共同奋斗和长期培养而逐步形成的认识和看待事物的共同心理趋势、价值

〔1〕 赵丽芬主编.管理理论与实务.北京:清华大学出版社,2004.155

取向和主导意识，组织精神是一种具有整合功能的文化氛围，是一个组织的基本素养、精神风貌和精神动力。其三，组织伦理。它是一种微观的道德文化，以道德规范为内容和基础，既对组织成员心理和意识具有引导作用，又对组织和成员的行为具有规范作用，从而使组织目标转化为全体成员的自觉行动。

1. 校对组织的价值观

校对组织的价值观即校对组织成员对校对的功能、作用、地位的认识，对校对的文化价值和社会价值的认识。人们的校对价值观有多种，例如："校对是简单劳动"，"校对不创造财富"；校对是"最重要的出版条件"（列宁的校对价值观），"校对和创作的责任是一样重大的"（鲁迅的校对价值观），"有功古人，津逮后学"（近代学者叶德辉的校对价值观）；等等。组织共同的价值观念是组织的灵魂，直接影响着校对组织成员的行为，影响着校对活动的绩效。

2. 校对组织精神

校对组织精神集中表现在校对理念上，校对理念又突出表现在校对活动"对谁负责"上。有两种校对理念：一种是强调"对原稿负责"，一种是坚持"对读者负责、对社会负责"。"对谁负责"决定着校对活动的根本目的和根本方向。强调"对原稿负责"，就会把校对工作看做无所作为，缺乏发挥主观能动性的精神动力，满足于"字对字"的机械比照。坚持"对读者负责、对社会负责"，就会充分发挥主观能动性，为消灭差错而殚精竭虑。一个校对组织树立了"对读者负责，对社会负责"的共同理念，组织活动就会有高远的目标，就会充满创造活力。

3. 校对组织伦理

校对组织伦理即校对职业道德。职业道德包括职业理想、职业责任、职业良心、职业态度、职业纪律、职业技能、职业荣誉七个方面的内容。职业理想是道德理想在职业活动中的表现，反映了职业活动的目的性和道德价值观。职业责任在道德层面表现为职业的道德义务，要求人们行为动机的纯正性。道德赖以维系的力量有二：一是社会舆论；一是内心信念，内心信念是一种自我评价力量。这个内心信念就是"良心"。职业良心在职业活动中起着检查动机、监督行为、评价行为后果的作用。职业态度是一个人对社会、对他人履行劳动义务的基础。职业纪律是组织内部行动一致和组织成员规范行为的保证。职业技能是实现职业理想、履行职业责任的基础。崇高的职业理想、高度的职业责任心和高超的职业技能的结合，是职业道德的理想模式。职业荣誉既是社会用以评价劳动者行为的尺度，又是劳动者对自己职业活动所具有的社会价值的自我意识。一个校对组织具有良好的组织伦理，组织目标就会转化为全体成员的自觉行动。

二、校对制度建设

校对活动是校对主体与客体的矛盾运动过程，一方面客体存在着讹误，一方面主体要改正讹误，两者互为条件，相互对立又相互依存。校对活动又具有群体性特征，校对的主体多元性和集体交叉性，不可避免地会产生校对主体之间的矛盾，如作者校对、编辑校对与专职校对员之间的矛盾，校对质疑与编辑排疑之间的矛盾，专业校对与业余校对之间的矛盾，各校次之间的矛盾。有些矛盾表现为思想认识的不一致，有些矛盾表现为对差错认定标准的不一致，有些矛盾表现为对责任认定的不一致，有些矛盾表现为因相互尊重不够而产生的思想或情感的隔阂。解决好这些矛盾，协调好编校之间、专业校对与业余校对之间、各校次之间的关系，对于整合校对资源，调动组织成员的积极性、主动性和创造性，有着十分重要的意义。解决矛盾、协调关系、整合资源的重要方法之一，就是建立并完善校对管理制度。

现代校对的基本制度有四项：

(1) 三校一读。

(2) 校对主体多元化与专业化相结合。

(3) 集体交叉校对与责任校对相结合。

(4) 校对质疑与编辑排疑相结合。

这四项基本制度的具体内容，本书第七章已有专门阐述，故本节从略。

第三节 校对人力资源配置和整合

这里说的资源，是经济学概念，即可以投入生产并创造财富的一切生产力要素的通称。资源可以分为五个大类，即自然资源、资本资源、信息资源、时间资源和人力资源。本节讨论的主题是：校对人力资源配置和整合。

人力资源是生产活动中最活跃的因素，是校对组织的第一资源。人力资源的优化配置是开展校对活动的前提条件，是实现校对目标的基本保证。因此，人力资源的管理是校对管理的主要内容。

人力资源管理的核心内容有两项：一项是资源的配置和整合，实现整体大于部分总和的组织效应；另一项是人才培养，使组织成员的知识和技能成为不断更新的资源。

校对组织的人力资源配置和整合，要着重抓住如下四条：

一、建立精干的专业校对队伍，实现人力资源的优化配置

专业校对队伍，是校对主体群的核心力量，是实现校对目标的组织保证。建立专业校对队伍的基本要求是精干。所谓精干，就是经济学说的"人力资源优化配置"。人力资源配置的原则，是确保组织运营对人力资源的需求。校对活动对人力资源的需求是多方面的。首先是数量需求，要配置足够的校对员，这是校对活动正常开展的基本条件。其次是质量需求，校对员选聘要符合一定的质量标准，包括身体、学历、心理素质、知识和技能的标准，"认得字的都可以做校对"的观点是错误的。再次是结构需求，校对活动要求不同层次、不同知识结构、不同技能的人才，形成适应校对活动需求的优化组合。足够的数量、一定的选聘标准和合理的人才结构的结合，就是人力资源的优化配置。

关于校对员的配置数量和选聘标准，本章第一节已作专门论述，这里着重讨论校对组织人力资源配置的结构问题。校对的对象具有多学科、多种类、多校次的特点。多学科是指书稿涉及的学科领域多种多样，多种类是指书稿的种类多种多样，多校次是指校对的对象有校次之分。校对活动有“校异同”和“校是非”两大功能，不同功能的实现要求采用不同的校对方法，“校异同”要采用对校法，“校是非”则要采用本校法、他校法和理校法。不同学科、不同种类的书稿的校对，不同功能、不同校次的不同校法，对校对主体的知识结构、业务能力和心理素质的要求是不同的。能够适应多学科、多种类、多校次、多校法需求的“万能校对员”，是很少有的。因此，必须从人力资源配置入手，满足校对工作的不同需求。通过人力资源的合理配置，充分发挥全体员工的才能，实现组织内部的优势互补，这就是人力资源整合效能。

二、做好校对调度工作，发挥交叉校对效能

集体交叉校对是校对工作的基本制度之一，是整合人力资源发挥群体优势的有效办法。校对组织的成员个体，存在着年龄差异、性格差异、知识结构差异和校对技能差异，即所谓各有所长、各有所短。用人之道，正在于因人制宜，用人之长避人之短，发挥资源整合效能。

校对调度是校对人力资源整合的重要手段之一。如前所述，校对组织的成员个体存在着差异。例如：有的人语言文字功底较深，知识面较广，辨别是非能力较强，适宜做三校和通读检查工作；有的人专业学科知识基础较牢，胜任相应专业学科书稿的校对工作；有的人“校异同”技术娴熟，速度快，效率高，适宜做一校、二校工作；有的人心细如丝，作风严谨，适宜做辞书校对和文字技术整理工作；有的人英语水平较高，辨识英文差错能力较强，适宜做英语读物或夹带英文较多的学术著作的校对工作。通过有意识、有目的的人力资源调度，选择合适人员做合适书稿或合适校次的校对工作，扬长避短，使具有不同优势的个体充分发挥各自的优势，把各自的工作都做到最好。同个人包校或自由交叉校对相比，优化整合的优势是显而易见的，因为经过整合的集体，是优 + 优 + 优的优化组合。

三、建立科学的绩效评估制度,激发校对人员的积极性和创造性

科学而有效地进行绩效评估,对于组织成员认识自己的才能和价值,认识组织目标和个人目标的一致性,从而激发增长才干的主动性和积极性,有着重要的推动和导向作用。绩效评估还能对组织成员进行全面的综合考察,对他们的现实能力和发展潜力作出客观评价,为人力资源的调整(职务晋升、职务调动、换岗、解聘)和人才培养提供决策依据。所以,要将定期的绩效评估作为校对管理的重要内容。

绩效评估通常有两种标准:一是主观标准,二是客观标准。主观标准即评估者对组织成员的个人特征、工作行为、工作结果作出主观描述。客观标准即用数字测量组织成员的工作结果。但是,这两种标准都存在自身的缺陷。主观标准的缺陷是:缺乏客观的统一的评价尺度,难免受到评估者非理性(如个人好恶、片面性等)的影响。客观标准用数据作标准,具有公正、客观的优点,但单纯依靠数字评价无法体现被评估者工作的现实状态和潜在能力。所以,必须同时采用主观标准和客观标准,将两种标准综合起来进行评估。

校对绩效的主观标准评估,可以着重从工作结果(数量、质量、突出作为等)反观被评估者的学识、能力、精神状态和工作态度,并与其他被评估者进行比较,从而作出接近实际的主观描述。

校对绩效的客观标准评估,主要通过数据(完成校对字数和灭错率、留错率等)客观地评价工作结果。客观标准评估也存在难度,主要难在对差错的责任认定。纸介质书稿校对,有两个校对对象,一个是原稿,一个是校样,校对员的职责是消灭排版过程中发生的差错,"对原稿负责"。排版差错没有全部排除,校对员无疑要承担责任。消灭原稿上的差错是责任编辑的责任,校对员可以不承担责任。由于存在原稿和校样两个客体,差错的责任认定就有了客观依据。现在的书稿介质电子化了,电子书稿将传统的原稿和校样合二而一了,原稿即校样,校样即原稿,差错的责任认定因而缺乏客观依据。为此,《图书校对工作基本规程》对图书差错责任认定作了如下分析:

磁盘打印稿将传统的原稿与校样合二而一了,也将录排差错与

写作差错合二而一了。编辑在磁盘打印稿上加工,排版人员根据编辑的加工修改磁盘稿,再按照版式设计要求进行版式转换,打印出来就是校样。这个校样除编辑加工修改部分以外,与磁盘稿并无二致。因此,校样上可能存在5类差错:(1)作者录入差错;(2)作者写作差错;(3)编辑错改;(4)排版人员修改磁盘稿时的漏改、错改;(5)版式转换过程可能发生的内容丢失和错乱。这5类差错除第4类、第5类差错可以用核红、对校的方法发现外,均以是非形式隐藏在校样的字里行间。校对主体实际上是进行"无原稿校对"操作,通过是非判断发现差错。

现代校对的校是非,有5个方面的任务:(1)发现并改正常见错别字;(2)发现并改正违反语言文字、标点符号、数字、量和单位等使用的国家规范标准的错误;(3)发现并改正违反语法规则和逻辑规律的错误;(4)发现并改正事实性、知识性、政治性错误;(5)做好版面格式规范统一的工作。

上述"校是非"任务(1)(2)(5)是校对员的职责,(3)(4)两类错误,本应在编辑加工过程中予以消灭,因而不应让校对员承担责任。

这段分析看起来相当详尽,但是具体分辨起来依然有一定的难度。所以,在绩效评估过程中,对差错的责任认定必须作实事求是的分析。

校对绩效评估,必须与利益分配结合起来,即根据绩效评估的结论,落实利益分配(包括超校报酬、校对优质奖励、发现重大错误的特殊奖励等),将校对人员绩效贡献与个人利益有机地结合起来,这对校对人员也是一种激励。

四、做好外部协调工作,为校对活动改善外部环境

校对活动是在特定的环境中进行的,包括特定的内部环境和特定的外部环境,两种环境都会对校对活动产生直接的影响。内部环境的改善,要靠人力资源整合和科学评估绩效,把校对组织的目标变为全体校对人员的共同目标,变为全体校对人员的自觉行动。外部环境的改善,要靠做好外部协调工作。例如:在执行计划方面,协调好校对计划与出版计划,

两者发生了矛盾则要服从出版计划；在校对质疑与编辑排疑方面，要做好编校之间的沟通工作，促进相互理解，对事不对人，共同消灭差错。还要多做宣传工作，特别是用事实改变人们的偏见和误解，营造全社会重视校对工作、支持校对工作、尊重校对人员的氛围。

第四节 校对人才的培养

一、校对人才培养的内涵

人才培养是人力资源管理的一项重要内容。校对人才培养的内涵有二：一是全面提高校对队伍的整体素质；二是为有发展潜力的校对人员的才能发展创造条件，造就高级校对人才。无论是提高整体素质还是造就高级人才，都是一种人力资源的更新和开发。在一定时期内，组织成员的数量可能没有增加，但是，由于整体素质的提高和高级人才的脱颖而出，组织的实力却大大增强了。

按照经济学的观点，人力资源是一种可再生资源。这种再生性，既表现为人力资源的新陈代谢，也表现为现有资源的再度开发。与物质资源相似，人力资源在使用过程中会出现“磨损”。这种磨损有两种表现，一种是有形磨损，另一种是无形磨损。有形磨损是指由于个体的疲劳、疾病、衰老、体质下降、技能退化等原因造成的劳动能力下降。无形磨损是指由于社会和科技进步而导致的个人知识、技能、经验的相对老化，而不适应出版发展的需求。有形磨损要靠资源更新来解决，无形磨损要靠资源开发来解决。

从本质上讲，人力资源是其数量和内在质量的统一，包括量和质两个方面的规定性。人力资源的“量”可以用绝对数量来表示，“量”的规定性是由组织活动的实际需求决定的，前面说的“必须配备足够的专职校对人员”，就是根据校对活动正常开展而提出的数量要求。这个“量”应当保持相对的稳定。人力资源的有形磨损是不可抗拒的。一个校对组织，总会有人因为不同的原因而转换岗位，总会有人因为年老或多病而离开岗位,因此必须有计划地更新,实现正常的新陈代谢,以保证组织运营中人力资源的有效供给。人力资源的无形磨损也是必然的,尤其是当今时代,科技进步神速,知识更新加快,个人的知识、技能、经验老化是必然的。但是,解决人力资源的无形磨损,不必采取人力资源吐故纳新的办法,而可以采用人力资源再度开发的办法,开发现有组织人员,不断更新他们的知识,不断提高他们的技能,即不断提高人力资源的“质”。既保持相对稳定的“量”,又不断提高内在的“质”,这就是人力资源再生的辩证统一。从微观组织人力资源管理来讲,应该更加注重“质”的提高,这就是强调校对人才培养的原因。

二、提出校对人力资源的规划建议

校对组织的人力资源管理,必须有长远的规划和短期安排,并且纳入全社人力资源管理系统。因此,校对组织必须提出人力资源规划的建议。人力资源规划的主要内容有如下三个方面:

(1) 人力资源配置的框架,包括人力资源的需求,人力资源的投资,以及人员结构、职务结构等的总体构想。

(2) 人力资源的更新,包括由于退休、解聘、转岗的减员补充,补充人员的选聘和使用等。

(3) 对新来人员进行早期开发的措施,包括培训、实习、绩效评估等。

(4) 根据本社发展规划,根据校对组织成员的情况,预测校对人力资源需求的变化,提出相应的校对人力资源发展规划建议。

三、做好校对人力资源的再度开发

人力资源的再度开发,是指对现有组织成员的评估、使用、调整、晋升、培训。

现有人力资源也是可再生的资源,现有人力资源再生的途径就是再度开发,包括对新来人员的早期开发和原有人员的深度开发。

1. 对新来人员的早期开发

对新来人员的早期开发,主要内容有三项:

(1) 对调入校对机构的新人进行系统的专业培训。我国现在校对专业高等教育很不发达，校对从业人员多数没有受过职前的高等教育，职后教育又大多数是“师傅带徒弟”的落后方式，这种状态与出版事业的迅猛发展很不适应。因而对校对新人的早期开发，主要依靠出版社自身力量。出版社招聘新人后，要举办短期培训班，进行系统的专业培训。培训的内容包括编辑出版知识，校对的基本理论和基本知识，校对的方法和操作技术，出版物出错的类型和规律，常见语言文字错误辨析等。

(2) 培训结束后进行校对实习，在实习过程中进行业务指导，帮助他们掌握校对方法、操作技术和校对工作的基本规律。

(3) 经过一定时期（例如三个月）的实习后，要组织专家对他们的实习绩效进行评估，决定下一步如何使用。

2. 对原有校对人员的深度开发

对原有校对人员的深度开发，是指更新知识，提高技能，调整岗位，晋升职务，挖掘潜能，防止知识和技能的老化，减少或消除人力资源的无形磨损。

对原有校对人员资源的深度开发，可采用以下几种方法：

(1) 定期对校对人员进行绩效评估，并与个人物质利益挂钩，奖优罚劣，释放潜能，激励上进。

(2) 在人力资源使用中，坚持因人制宜，扬长避短，并引导他们营造自己的知识结构，确定自我发展的方向，为高级校对人才的成长创造条件。

(3) 坚持终身教育，经常主办知识讲座，定期进行业务培训，不断更新知识，不断提高业务能力。

(4) 将校对专业技术职务并入编辑系列，设置高级专业技术职务，让校对人才享有与编辑人才同样的成长发展条件。

(5) 组织校对理论研究，引导校对人员总结实践经验，进行理论概括，并根据校对活动的实际需求开展科学实验和理论探索。

四、创造校对智能资源共享条件

每个校对组织成员都会有各自的知识、才能优势，这些知识、才能优势就是校对的智能资源。创造智能资源共享条件，是校对人力资源深度开发的重要方式。对于智能资源共享的意义和作用，美国著名作家萧伯纳有个形象而确切的比喻："如果你有一个苹果，我有一个苹果，彼此交换一下，每人只有一个苹果；如果你有一种思想，我有一种思想，彼此交换，我们每个人就有了两种思想。"智能资源与物质资源不同，共享后不但不会减值反而会增值，各方都可以取得智能的线性增长。

校对智能资源共享必须具备如下三个条件：

1. 需要智能资源共享的平台

校对理论研讨会、校对经验交流会、校对专题讨论、典型经验介绍和观摩等，都是校对智能资源共享的平台。

2. 需要挖掘智能资源的机制

校对智能资源存在于每个校对人员的头脑里，有的经过自我整理，因而是有序的；有的还不自觉，因而杂乱无章；有的比较肤浅，因而有待在实践中深化。管理者的责任就在于创造一种机制，把比较成熟的挖掘出来，把杂乱无章的加以提炼整理，引导比较肤浅的在实践中深化。最有效的机制就是理论研究和经验总结。

3. 需要有将智能资源提炼汇总的措施

例如：有组织、有计划地开展校对理论专题研究，组织校对新技术、新方法实验，组织一个时期校对绩效的评估、统计和分析，编制汉字使用正误辨识表，等等。

第五节 管理控制与以人为本

一、管理控制

控制与计划、组织、领导并列为管理的四大职能。所谓管理控制，是指为了确保组织的目标以及为此而制定的计划的实现，将计划指标转化为控制标准，评价被管理者的工作，衡量被管理者的绩效，发现并及时纠正工作中的偏差。管理控制有两个目的：一是确保组织目标实现，二是检讨原定的目标而提出新的目标。因此可以说，管理控制的过程，就是检查、监督、纠偏和创新的过程。

校对管理控制的内容有二：一是动态控制，二是质量控制。

（一）动态控制

动态控制即对校对活动过程进行监控，在监控过程中及时进行微调，以保证校对活动按照计划进行。

1. 校对周期控制

校对目标之一是校对周期。校对的基本制度之一是“三校一读”，即每部书稿至少要经过三个校次并在终校后通读检查，方能交付印制。“三校一读”以及校读过程中的改版及文字技术整理，构成一个校对周期。校对周期的长短直接影响着图书能否适时推向市场，所以，一部书稿发排后，校对组织就必须根据出版计划的要求，编制具体书稿的校对周期表，确定“三校一读”的操作程序和日程安排。日程安排确定后，管理者的职责就是通过周期监控，使各校次按照日程安排有序进行，保证如期完成校对工作。在校对操作过程中，可能会出现变数。例如：由于作者在校样上增删过多而增加后续改版和校对的难度，甚至不得不增加校次；由于校样差错过多增加改版难度而延误时间，从而打乱原来的校次交接安排；由于校对者个人或家庭的特殊原因而无法按时完成校对任务，而不得不进行人员的重新调度；等等。因此，管理者要随时掌握进度，了解情况，必要时及时采取微调措施，以确保校对周期不变。如果遇有特殊情况需要后延，则要做好同有关部门的协调工作。

周期监控是一种时间控制，从管理学上讲，一个校对周期就是一个时间单位。管理者要树立“时间”也是生产力要素的观念，尽最大的努力做好监控，实现校对周期计划。

2. 校对预先控制

预先控制是防范性控制，即事先通过对情况的分析和规律的掌握，预计可能发生的问题，采取预先防范措施，防止组织所使用的资源在“质”和“量”上产生偏差。

校对工作预先控制的主要内容如下：

（1）制定规章制度，规范校对工作的职责和程序。

（2）根据全社发稿计划和出书计划，制定年度、季度、月度校对计划，并根据计划做好校对人力资源和技术资源的统筹安排。

（3）接到具体书稿的校对任务，要了解书稿的内容，分析校对的难易度，并据此确定校对人选、校对周期和程序安排。

3．校对过程控制

过程控制又称即时控制、同期控制，是指在某项活动或工作的过程中进行的控制。过程控制有利于及时掌握正在进行的活动的情况，及时进行指导、监督，以保证活动按既定的要求、程序和方法进行。实施过程控制，可以使管理者了解情况，调整计划，纠正偏差，把问题处理在萌芽状态。

校对过程控制既具体又复杂。在一个时期内不可能只做一种书的校对工作，常会有几种书甚至十几种书同时进入校对流程，因此校对过程控制具有多线性和动态性的特点。例如：甲、乙、丙、丁四种书先后进入校对流程，甲书正在三校，乙、丙两书正在二校，丁书刚刚一校。再如：一校、二校的书均已分发给社外校对，社内专职校对员则在做三校或通读工作。又如：同时进入校对流程的书稿，种类不同，内容各异。一部百万字的大部头书稿，实行分章交叉校对，由张、王、李、赵、武、周六人承担，张、王、李、赵分校一二章、三四章、五六章、七八章；二校时，张与王交换，李与赵交换；三校时武校前四章改由周校后四章。此外，时常还会有急件书稿送来校对，要求组织突击校对，这时就需要对校对流程进行局部调整。管理者要编制流程表，确定各校次退改的时间表；编制交接表，规定不同校次或不同篇章的校对人选和上校次与下校次的交接关系。进入校对流程后，则要根据流程表、交接表进行检查监控。必要时还要及时调整人员和程序，以适应变化了的情况。

要特别加强对社外校对的过程监控。社外校对活动在"社外循环"，校对者在社外，而且分散各处，监控的难度较大。为此，外校必须由专业校对机构统一组织，一人次分派校对任务的字数不宜过多，每次校对完成时间不宜过长，大部头书稿不宜交给外校。总之，必须把外校过程置于有效监控之中。

校对过程控制系统，有两个关键词，即统一监控、全程监控。统一监控，是指全社的图书校对工作，都必须由专业校对机构统一安排、统一监控。全程监控，是指实行全过程监控，而不是仅仅检查结果，要将偏差处理在校对过程之中，不要等到出现不良结果之后再去返工。

本章开头就说过，时间也是生产力的构成要素，也是一种重要资源，它对管理者尤为珍贵。美国管理学会主席吉姆海斯指出:“一个人可以学会更有效地使用多种管理工具,以便在同样多的时间里使自己富有成效。”流程监控要做到快捷而准确,最好的办法是利用计算机,编制校对管理系统,将计划、安排、调度、进度、调整信息输入计算机,随时查检,了解情况,掌握进度,使管理者对整个校对活动的进程了如指掌,在有限的时间里,管理更有成效。

4. 校对事后控制

事后控制是反馈性控制,是指在一部书稿的校对活动结束后,通过质量抽查和质疑分析等,对该项校对活动进行小结,总结经验教训。也指在一个时期(一个季度、一年)的校对活动结束之后,对该时期的校对工作进行总结,分析质量,检讨计划,评估绩效,查找不足。事后控制虽然是“马后炮”,但是通过总结过去的经验教训,可以为将来的计划制定和活动安排提供借鉴。事后控制的重要方法是统计分析。统计分析是指通过对统计数据的分析,评估以往校对活动的绩效,并与事前的计划和安排作对比,从而了解得失,揭示校对管理的内在规律。统计分析是最直观、最简单的控制方法。统计分析需要制定若干报表,如“校对流程明细表”“校样流程分配单”“校对质量统计表”“校对质疑排疑表”“月度、年度校对灭错分析表”等。(见附录3)

(二)质量控制

质量控制是校对管理控制的重要内容。校对活动的结果有两个:一个是周期,即是否如期完成校对;另一个是质量,即是否符合校对质量标准。质量同周期相比,质量更为重要。如果周期拉长了,则会影响图书的适时出版,造成一定的经济损失;而如果质量不合格,则会使图书报废,造成无可挽回的损失。所以,质量控制是关系全局的控制。

1. 质量标准量化

校对的质量有两个概念:一个叫做灭错,即消灭了多少差错;一个叫做留错,即还有多少差错没有改正。灭错和留错,都可以用数量来表示:改正了的差错数占差错总数的百分比,叫做“灭错率”;图书出版后仍然留在图书里的差错数占图书总字数的万分比,叫做“留错率”。一校、二校的质量标准采用“灭错率”,终校和通读检查的质量标准采用“留错率”。

《图书校对工作基本规程》对不同校次的质量要求提出如下量化

标准：

一校灭错率为75%；

二校灭错率为一校留错的75%；

三校原则上要消灭全部残存差错，最低标准为留错率不超过1/10 000，超过此限为不合格。

这个标准把质量要求完全量化了，质量可以通过数量的统计来表示，一目了然，明明白白。

如果把上述标准称作“硬标准”，那么就还有个“软标准”，即不属于文字错漏的错误，例如事实性错误、知识性错误、政治性错误。这类错误无法用数量来表示，有些错误性质的严重程度，不在于出现次数的多少，有时出了一处性质严重的错误，这种书就不能发行。在校对过程中发现了这类错误，尤其是避免了重大错误，其功绩是无法用百分比或万分比计算的。《图书校对工作基本规程》指出：“校对人员发现了原稿的错误，应视错误的性质给予物质奖励。”

2. 组织控制、群体控制和自我控制

质量控制有三种方式，即组织控制、群体控制和自我控制。

（1）组织控制。组织控制是指由管理人员实施控制，主要方法是制定计划，制定标准，调配人力资源，以及在校对过程中和对结果进行质量抽查。

（2）群体控制。群体控制是指校对人员相互控制，主要方法是后校次检查前校次的质量。这种检查无需单独进行，因为后校次查出的差错就是前校次遗漏的差错。管理者只需做两件事：一是对后校次发现的差错进行认定，二是计算这些差错占差错总数的百分比。按照《图书校对工作基本规程》提出的标准，一校必须消灭全部差错的75%，二校必须消灭一校遗留差错总数的75%，三校的留错率不得超过总字数的1/10 000。只要得出各校次的灭错率，其校对质量就有了客观而准确的评估依据。

（3）自我控制。自我控制是指校对人员自觉地按照要求规范自己的行为，并对行为的结果负责。自我控制是自觉行为，取决于行为者自身的素质，具有良好素质的校对人员，自我控制能力就强，其校对质量就有保证。

三种控制必须有机地结合起来，在不断提高校对人员自我控制的自

觉性基础上，开展群体控制和组织控制，就会收到事半功倍的效果。

二、以人为本

管理的核心是：管理人的行为，调节人际关系，引导人的心理反应，从而实现管理的目的。

美国出版家德索尔指出：出版社是一种“人”的企业〔1〕。美国另一个出版家贝利说得更明白：“出版社不单是一个组织，而是一个由不同的人为了共同目标组织在一起的集体。这个集体聚集着各种人才，他们具有各自的个性、能力和目的。出版社管理者的主要职责就是让每个人各尽其能，为实现出版社的共同目标而共同努力。”〔2〕德国贝塔斯曼出版集团雄踞世界传媒之首，他们总结的成功经验有九条，其中的一条是：凭借独特的伙伴制——尊重个人和企业内部伙伴式的合作精神是公司经营思想的基石。西方出版企业的这种管理理念，用一个词语来表述就是：以人为本。

说到底，管理的要义就是做人的工作。人的本质是基本相同的，而人的行为能力却千差万别，管理者的职责，就是创造条件使每个人的行为能力充分发挥出来，在实现组织目标的同时实现各自的自我价值。

校对组织是出版社组织整体的一个组成部分，也是由不同个性、能力的人为了共同目标组织在一起的集体，因而校对管理也是做人的工作，也要遵循“以人为本”的管理理念。

校对管理“以人为本”主要体现在如下四个方面：

（一）启迪乐业的志趣

孔子说过：“知之者不如好之者，好之者不如乐之者。”德国诗人歌德也说：“工作能成为乐趣，人生就是乐园。”诺贝尔物理奖得主丁肇中也认为，在人的成长历程中，“兴趣比天才重要”。他们说的是一条千古不灭的真理：兴趣是人们敬业的一种内在驱动力。

校对工作要靠人去做，校对目标能否实现，关键在于组织目标能否变成全体成员自己的目标。那么，组织目标怎样才能变成每个成员自己的

〔1〕〔2〕 转引自陆本瑞主编. 外国出版概况. 沈阳：辽海出版社，2003. 283

目标呢？一个重要途径是：在校对活动中启迪校对人员爱岗乐业，热爱校对工作。校对人员对校对工作产生浓厚的兴趣，把做好校对工作作为人生的乐事，作为实现自我价值的平台，就会自觉地把校对工作做到最好。

兴趣是人们探究某种事物或从事某种活动的积极态度与倾向。兴趣在人的心理与活动中有着重要的作用。兴趣与知、情、意有着密切的联系。一个人对某事物感兴趣时，就会对它产生特别的注意力，对它感知敏锐、记忆牢固、思维活跃、情感深厚。就是说，人们对某种事物有了兴趣，就会积极地去探究；对某种活动有了兴趣，就会全身心地投入。校对是个很枯燥、很艰苦的工作，校对人员如果没有浓厚的兴趣是很难持久地从事校对工作的。兴趣不是与生俱来的，而是在社会实践中产生和发展的。校对管理的艺术就在于，在校对活动实践中，引导校对人员体验校对活动的文化美感和精神乐趣，并发展成为生活的志趣。

兴趣有三个发展阶段：有趣→乐趣→志趣。

有趣是兴趣发展的低级阶段，它很不稳定，往往转瞬即逝。有趣是人们对某种事物或某种活动的新奇感引发的，随着新奇感的产生而萌发，也会随着新奇感的消失而破灭。校对人员刚做校对工作时，都会产生新奇感，管理者要引导他们去探究校对工作的奥秘，探究文字出错的规律，体味“有功古人，津逮后学”的愉悦，从而将短暂的“有趣”发展成为职业“乐趣”。

乐趣使兴趣由感性向理性发展，此阶段的兴趣相对稳定，注意力能长期指向校对活动，对校对活动有了情感体验和理性认识，并在校对实践中产生了职业成就感。此时，管理者要不失时机地引导校对人员认识校对工作的社会意义，将乐趣与社会责任感、乐趣与人生理想结合起来，使乐趣上升为志趣。

志趣是人行动或意志的趋向，具有社会性、自觉性和方向性。校对人员如果产生了校对志趣，就会把做好校对工作作为自己的人生追求。这时，什么枯燥、寂寞、艰苦乃至社会偏见，都不可能动摇其职业取向。

（二）实行民主决策

什么是决策？《管理理论与实务》是这样定义的：“所谓决策，就是为了实现某一目的而制订行动方案，并从若干可行方案中选择一种满意方案的分析判断过程。"[1]决策是管理的基础,贯穿于管理的全过程。首先,没有决策就没有计划,计划目标的确立,信息的筛选和分析,行动方案的选择,都离不开决策。其次,组织、领导、控制职能的实现也离不开决策,组织结构形式的确定、领导方式的选取、控制什么和怎样控制,都需要通过决策来解决。因此,在组织活动开始之前,必须就活动方向、方式进行决策,决策的正确与否关系着组织的存亡。

民主决策又称群体决策,即发动组织全体成员参与决策。民主决策的优势在于:决策群体拥有大量的信息,多方位的思考,更多的可供选择的方案。实行民主决策,让全体成员成为决策主体,必然激发全体成员的主人翁意识,从而自觉地把组织目标变成自己的目标。

民主决策的重点内容有:

1. 定额标准

定额管理是校对管理的重要内容,通过工作责任量化指标,将校对人员的责、权、利结合起来。《图书校对工作基本规程》已经提出了通用定额标准,各个出版社还应从本社的实际出发,按照"平均先进,公平合理"的原则,确定本社的定额基本指标及不同种类图书的定额系数。

2. 质量量化标准

质量量化是评估校对工作质量的有效方法。质量量化指标主要有五项:(1)一校、二校的灭错率;(2)终校后的留错率;(3)发现并改正原稿差错的计奖标准;(4)发现重大错误的计奖标准;(5)未达到质量指标的处罚标准。

3. 本年度的校对工作计划

4. 特殊书稿的校对工作安排

上述内容都是关系到校对组织全局、直接影响校对活动的。发动全体成员共同商讨,作出全体或多数成员认同的决策,既可以保证决策的正确性,又有利于决策的贯彻实施。

(三)倡导团队精神,协调组织内部关系

前面说了,校对组织"是一个由不同的人为了共同目标组织在一起

[1] 赵丽芬主编.管理理论与实务.北京:清华大学出版社,2004.89

的集体”,校对工作是以“集体交叉”为特点的群体活动,校对组织目标的实现,要靠群策群力、团结协作,所以组织内部的和谐合作十分重要。集体的和谐合作,不能单纯依靠制度制约,还要靠良好的人际关系,要靠相互信任、相互帮助、相互学习、相互激励的良好氛围。

要倡导团队精神。团队精神是一种目标一致、同甘共苦的集体情感,有了这种集体情感,校对主体就会同心协力,就会相互支持,共同努力促成组织目标的实现。

由于校对主体的多元化和校对过程的集体交叉,校对主体之间难免发生矛盾冲突,管理者要做好预防工作,出现了矛盾冲突则要及时化解。

(四) 责、权、利三落实

校对管理以人为本,还表现在责、权、利的落实。校对人员的职责、权利和利益是一个统一体,要他们承担责任,必须同时赋予他们相应的权利,还要同他们的物质利益联系起来。

责、权、利三落实的主要内容如下:

(1) 确定校对定额和质量量化指标,将校对的职责数量化。

(2) 制定奖惩制度,落实超额付酬、缺额扣罚和优质奖励、劣质处罚的标准。

(3) 明确编校的职责分工,图书出版后发现了差错,要实事求是地进行责任认定,不应让校对人员承担编辑的责任。

(4) 在明确编校职责分工的基础上,明确校对人员在校对过程中的职权:哪类差错有权在校样上直接修改,哪类差错只能质疑而不能直接修改。

《图书校对工作基本规程》对此提出了原则意见,各个出版社可以从本社的实际出发予以细化。

总之,要坚持以人为本的管理理念,把人的因素放在显要位置,确保组织成员的主体地位,启迪全体成员自我管理的主体性和自觉性,并主要依靠这种主体性和自觉性,开展全方位的管理活动。

附　录

附录一

中华人民共和国国家标准
校对符号及其用法　　GB/T 14706—93
Proofreader's Marks and Their Application

1　主题内容与适用范围

本标准规定了校对各种排版校样的专用符号及其用法。

本标准适用于中文(包括少数民族文字)各类校样的校对工作。

2　引用标准

GB 9851　印刷技术术语

3　术语

3.1　校对符号　proofreader's mark

以特定图形为主要特征的、表达校对要求的符号。

4　校对符号及用法示例

编号	符号形态	符号作用	符号在文中和页边用法示例	说　明
		一、字符的改动		
1	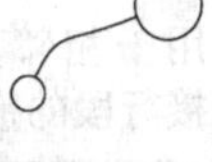	改　正	增高出版物质量。(提) 改革开(攻)——(放)	改正的字符较多，圈起来有困难时，可用线在页边画清改正的范围 必须更换的损、坏、污字也用改正符号画出
2	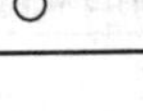	删　除	提高出版物物质质量。	

续表

编号	符号形态	符号作用	符号在文中和页边用法示例	说明
3	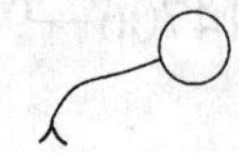	增 补	要搞好校工作。对	增补的字符较多，圈起来有困难时，可用线在页边画清增补的范围
4	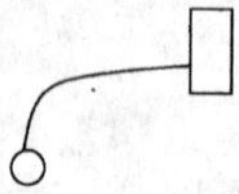	改正上下角	16 = 42 2 H_2SO4 4 尼古拉。费欣 · 0.25 + 0.25 = 0 。5 . 举例：2 × 3 = 6 : X：Y = 1：2 :	
		二、字符方向位置的移动		
5		转 正	字符颠倒要转正。	
6	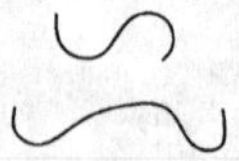	对 调	认真经验总结。 认真验结经总。	用于相邻的字词 用于隔开的字词
7		接 排	要重视校对工作， 提高出版物质量。	
8	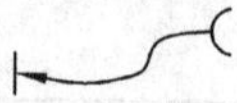	另起段	完成了任务。明年……	
9	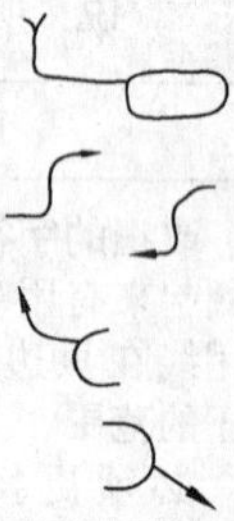	转 移	校对工作，提高出 版物质量要重视。 "。以上引文均 见中文新版《 列宁全集》。 …… 编者 年 月 各位编委：	用于行间附近的转移 用于相邻行首末衔接字符的推移 用于相邻页首末衔接行段的推移
10	 或 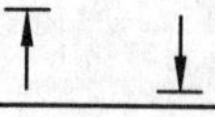	上下移	序号 名称 数量 01 显微镜 2	字符上移到缺口左右水平线处 字符下移到箭头所指的短线处

续表

编号	符号形态	符号作用	符号在文中和页边用法示例	说 明
11	 或 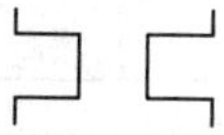	左右移	←— 要重视校对工作，提高出版物质量。 3 4 5 6 5 欢呼 歌 唱	字符左移到箭头所指的短线处 字符左移到缺口上下垂直线处 符号画得太小时，要在页边重标
12	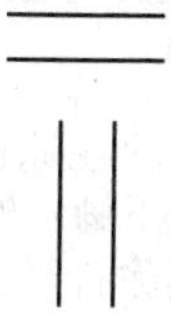	排 齐	校对工作非常重要。 必须提高印刷质量，缩短印制周期。 国家标准	
13	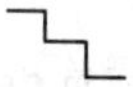	排阶梯形	RH_2	
14		正 图	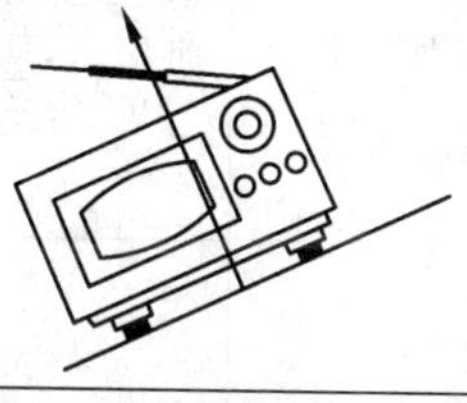	符号横线表示水平位置，竖线表示垂直位置，箭头表示上方
		三、字符间空距的改动		
15	∨ >	加大空距	←— 校对程序 —→ ∨ > 校对胶印读物、影印书刊的注意事项： >	表示在一定范围内适当加大空距 横式文字画在字头和行头之间
16	∧ <	减小空距	二、校对程 ∧ 序 ∧ < 校对胶印读物、影印书刊的注意事项： <	表示不空或在一定范围内适当减小空距 横式文字画在字头和行头之间

续表

编号	符号形态	符号作用	符号在文中和页边用法示例	说明
17	# ≠ ≠ ≠	空 1 字距 空 1/2 字距 空 1/3 字距 空 1/4 字距	第一章校对职责和方法 1. 责任校对	多个空距相同的，可用引线连出，只标示一个符号
18	Y	分 开	Goodmorning!	用于外文
			四、其 他	
19	△	保 留	认真搞好校对工作。	除在原删除的字符下画△外，并在原删除符号上画两竖线
20	◯=	代 替	◯色的程度不同，从淡◯色到深◯色具有多种层次，如天◯色、湖◯色、海◯色、宝◯色…… ◯=蓝	同页内有两个或多个相同的字符需要改正的，可用符号代替，并在页边注明
21	○○○	说 明	改黑体 第一章 校对的职责	说明或指令性文字不要圈起来，在其字下画圈，表示不作为改正的文字。如说明文字较多时，可在首末各三字下画圈

5 使用要求

5.1 校对校样，必须用色笔（墨水笔、圆珠笔等）书写校对符号和示意改正的字符，但是不能用灰色铅笔书写。

5.2 校样上改正的字符要书写清楚。校改外文，要用印刷体。

5.3 校样中的校对引线要从行间画出。墨色相同的校对引线不可交叉。

校对符号应用实例

（参考件）

改黑体

〔例〕今用伏安法测一线圈的电感。当接入 36V 直流电源时，的过流电流为 6A；当插入 220V、50Hz 的交流电源时，流过的电流为 22A。算计线圈的电感。

改黑体

〔解〕在直流电路中电感不起作用，即 $XL = 2\pi f = 0$（直流电也可看成是频率 $f=0$ 的交流电）。由此可算出线圈的电阻为

$$R = \frac{U}{I} = \frac{36}{6} = 6\Omega$$

接在交流电源上，线圈的阻抗为

$$Z = \frac{U}{I} = \frac{220}{22} = 10\Omega$$

线圈的感抗为 $X_L = \sqrt{Z^2 - R^2} = \sqrt{10^2 - 62} = 8\Omega$

故线圈的电感为

$$L = \frac{X_L}{2\pi f} = \frac{8}{2\pi \times 50} = 0.025\text{H} = 25\text{mH}$$

改黑体

第七节　电容电路

电容器接在直流电源上，如图 3-13 甲所示。电路呈断路状态。若把它接在交流电源上，情况就不一样。电容器板上的电荷与其两端电压的关系为 $q = c_{u_c}$。当电压 uc 升高时，极板上

附加说明：

本标准由中华人民共和国新闻出版署提出。

本标准由全国印刷标准化技术委员会归口。

本标准由人民出版社负责起草。

附录二

图书质量管理规定

中华人民共和国新闻出版总署第26号令
(2004年12月24日)

第一条 为建立健全图书质量管理机制,规范图书出版秩序,促进图书出版业的繁荣和发展,保护消费者的合法权益,根据《中华人民共和国产品质量法》和国务院《出版管理条例》,制定本规定。

第二条 本规定适用于依法设立的图书出版单位出版的图书的质量管理。

出版时间超过十年且无再版或者重印的图书,不适用本规定。

第三条 图书质量包括内容、编校、设计、印制四项,分为合格、不合格两个等级。

内容、编校、设计、印制四项均合格的图书,其质量属合格。内容、编校、设计、印制四项中有一项不合格的图书,其质量属不合格。

第四条 符合《出版管理条例》第二十六、二十七条规定的图书,其内容质量属合格。

不符合《出版管理条例》第二十六、二十七条规定的图书,其内容质量属不合格。

第五条 差错率不超过万分之一的图书,其编校质量属合格。

差错率超过万分之一的图书,其编校质量属不合格。

图书编校质量差错的判定以国家正式颁布的法律法规、国家标准和相关行业制定的行业标准为依据。图书编校质量差错率的计算按照本规定附件《图书编校质量差错率计算方法》执行。

第六条 图书的整体设计和封面(包括封一、封二、封三、封底、勒口、护封、封套、书脊)、扉页、插图等设计均符合国家有关技术标准和规定,其设计质量属合格。

图书的整体设计和封面(包括封一、封二、封三、封底、勒口、护封、封套、书脊)、扉页、插图等设计中有一项不符合国家有关技术标准和规定的,其设计质量属不合格。

第七条 符合中华人民共和国出版行业标准《印刷产品质量评价和分等导则》(CY/T 2—1999)规定的图书,其印制质量属合格。

不符合中华人民共和国出版行业标准《印刷产品质量评价和分等导则》(CY/T 2—1999)规定的图书,其印制质量属不合格。

第八条 新闻出版总署负责全国图书质量管理工作,依照本规定实施图书质量检查,并向社会及时公布检查结果。

第九条 各省、自治区、直辖市新闻出版行政部门负责本行政区域内的图书质量管理工作,依照本规定实施图书质量检查,并向社会及时公布检查结果。

第十条 图书出版单位的主办单位和主管机关应当履行其主办、主管职能,尽其责任,协助新闻出版行政部门实施图书质量管理,对不合格图书提出处理意见。

第十一条 图书出版单位应当设立图书质量管理机构,制定图书质量管理制度,保证图书质量合格。

第十二条 新闻出版行政部门对图书质量实施的检查包括:图书的正文、封面(包括封一、封二、封三、封底、勒口、护封、封套、书脊)、扉页、版权页、前言(或序)、后记(或跋)、目录、插图及其文字说明等。正文部分的抽查必须内容(或页码)连续且不少于10万字,全书字数不足10万字的必须检查全书。

第十三条 新闻出版行政部门实施图书质量检查,须将审读记录和检查结果书面通知出版单位。出版单位如有异议,可以在接到通知后15日内提出申辩意见,请求复检。对复检结论仍有异议的,可以向上一级新闻出版行政部门请示裁定。

第十四条 对在图书质量检查中被认定为成绩突出的出版单位和个人,新闻出版行政部门给予表扬或者奖励。

第十五条 对图书内容违反《出版管理条例》第二十六、二十七条规定的,根据《出版管理条例》第五十六条实施处罚。

第十六条 对出版编校质量不合格图书的出版单位,由省级以上新闻出版行政部门予以警告,可以根据情节并处3万元以下罚款。

第十七条 经检查属编校质量不合格的图书,差错率在万分之一以上万分之五以下的,出版单位必须自检查结果公布之日起30天内全部收回，改正重印后可以继续发行；差错率在万分之五以上的，出版单位必须自检查结果公布之日起30天内全部收回。

出版单位违反本规定继续发行编校质量不合格图书的，由省级以上新闻出版行政部门按照《中华人民共和国产品质量法》第五十条的规定处理。

第十八条 对于印制质量不合格的图书，出版单位必须及时予以收回、调换。

出版单位违反本规定继续发行印制质量不合格图书的，由省级以上新闻出版行政部门按照《中华人民共和国产品质量法》第五十条的规定处理。

第十九条 一年内造成三种以上图书不合格或者连续两年造成图书不合格的直接责任者，由省、自治区、直辖市新闻出版行政部门注销其出版专业技术人员职业资格，三年之内不得从事出版编辑工作。

第二十条 本规定自2005年3月1日起实施。新闻出版署于1997年3月3日公布的《图书质量管理规定》同时停止执行。

附件：图书编校质量差错率计算方法

图书编校质量差错率计算方法

一、图书编校差错率

图书编校差错率，是指一本图书的编校差错数占全书总字数的比率，用万分比表示。实际鉴定时，可以依据抽查结果对全书进行认定。如检查的总字数为10万，检查后发现两个差错，则其差错率为0.2/10 000。

二、图书总字数的计算方法

图书总字数的计算方法，一律以该书的版面字数为准，即：总字数＝每行字数×每面行数×总面数。

1. 除环衬等空白面不计字数外，凡连续编排页码的正文、目录、辅文等，不论是否排字，均按一面满版计算字数。分栏排版的图书，各栏之间的空白也计算版面字数。

2. 书眉（或中缝）和单排的页码、边码作为行数或每行字数计入正文，一并计算字数。

3. 索引、附录等字号有变化时，分别按实际版面计算字数。

4. 用小号字排版的脚注文字超过 5 行不足 10 行的，该面按正文满版字数加 15% 计算；超过 10 行的，该面按注文满版计算字数。对小号字排版的夹注文字，可采用折合行数的方法，比照脚注文字进行计算。

5. 封一、封二、封三、封底、护封、封套、扉页，除空白面不计以外，每面按正文满版字数的 50% 计算；版权页、书脊、有文字的勒口，各按正文的一面满版计算。

6. 正文中的插图、表格，按正文的版面字数计算；插图占一面的，按正文满版字数的 20% 计算字数。

7. 以图片为主的图书，有文字说明的版面，按满版字数的 50% 计算；没有文字说明的版面，按满版字数的 20% 计算。

8. 乐谱类图书、地图类图书，按满版字数全额计算。

9. 外文图书、少数民族文字图书，拼音图书的拼音部分，以对应字号的中文满版字数加 30% 计算。

三、图书编校差错的计算方法

1. 文字差错的计算标准

（1）封底、勒口、版权页、正文、目录、出版说明（或凡例）、前言（或序）、后记（或跋）、注释、索引、图表、附录、参考文献等中的一般性错字、别字、多字、漏字、倒字，每处计 1 个差错。前后颠倒字，可以用一个校对符号改正的，每处计 1 个差错。书眉（或中缝）中的差错，每处计 1 个差错；同样性质的差错重复出现，全书按一面差错基数加 1 倍计算。阿拉伯数字、罗马数字差错，无论几位数，都计 1 个差错。

（2）同一错字重复出现，每面计 1 个差错，全书最多计 4 个差错。每处多、漏 2 ~5 个字，计 2 个差错，5 个字以上计 4 个差错。

（3）封一、扉页上的文字差错，每处计 2 个差错；相关文字不一致，有一项计 1 个差错。

（4）知识性、逻辑性、语法性差错，每处计 2 个差错。

（5）外文、少数民族文字、国际音标，以一个单词为单位，无论其中几处有错，计 1 个差错。汉语拼音不符合《汉语拼音方案》和《汉语拼音正词法基本规则》（GB/T 16159—1996）规定的，以一个对应的汉字或词组为单位，计 1 个差错。

（6）字母大小写和正斜体、黑白体误用，不同文种字母混用的（如把英文字母 N 错为俄文字母 И），字母与其他符号混用的（如把汉字的〇错为英文字母 O)，每处计 0.5 个差错；同一差错在全书超过 3 处，计 1.5 个差错。

(7) 简化字、繁体字混用，每处计 0.5 个差错；同一差错在全书超过 3 处，计 1.5 个差错。

(8) 工具书的科技条目、科技类教材、学习辅导书和其他科技图书，使用计量单位不符合国家标准《量和单位》(GB 3100～3102—1993)的中文名称的、使用科技术语不符合全国科学技术名词审定委员会公布的规范词的，每处计 1 个差错；同一差错多次出现，每面只计 1 个差错，同一错误全书最多计 3 个差错。

(9) 阿拉伯数字与汉语数字用法不符合《出版物上数字用法的规定》(GB/T 15835—1995)的，每处计 0.1 个差错。全书最多计 1 个差错。

2. 标点符号和其他符号差错的计算标准

(1) 标点符号的一般错用、漏用、多用，每处计 0.1 个差错。

(2) 小数点误为中圆点，或中圆点误为小数点的，以及冒号误为比号，或比号误为冒号的，每处计 0.1 个差错。专名线、着重点的错位、多、漏，每处计 0.1 个差错。

(3) 破折号误为一字线、半字线，每处计 0.1 个差错。标点符号误在行首、行末的，每处计 0.1 个差错。

(4) 外文复合词、外文单词按音节转行，漏排连接号的，每处计 0.1 个差错；同样差错在每面超过 3 个，计 0.3 个差错，全书最多计 1 个差错。

(5) 法定计量单位符号、科学技术各学科中的科学符号、乐谱符号等差错，每处计 0.5 个差错；同样差错同一面内不重复计算，全书最多计 1.5 个差错。

(6) 图序、表序、公式序等标注差错，每处计 0.1 个差错；全书超过 3 处，计 1 个差错。

3. 格式差错的计算标准

(1) 影响文意、不合版式要求的另页、另面、另段、另行、接排、空行，需要空行、空格而未空的，每处计 0.1 个差错。

(2) 字体错、字号错或字体、字号同时错，每处计 0.1 个差错；同一面内不重复计算，全书最多计 1 个差错。

(3) 同一面上几个同级标题的位置、转行格式不统一且影响理解的，计 0.1 个差错；需要空格而未空格的，每处计 0.1 个差错。

（4）阿拉伯数字、外文缩写词转行的，外文单词未按音节转行的，每处计 0.1 个差错。

（5）图、表的位置错，每处计 1 个差错。图、表的内容与说明文字不符，每处计 2 个差错。

（6）书眉单双页位置互错，每处计 0.1 个差错，全书最多计 1 个差错。

（7）正文注码与注文注码不符，每处计 0.1 个差错。

附录三

图书校对工作基本规程

中国出版工作者协会
(2004年10月12日)

前　言

我国出版事业迅猛发展,需要制定校对工作规程,作为规范校对工作的基本准则,以保障校对工作的有序化和校对质量的优化。《图书校对工作基本规程》是校对理论与校对实践相结合的产物,是校对工作客观规律的反映,是现代校对实践经验的总结。

本《规程》包含7项内容:校对的地位和作用;校对的功能;校对的基本方法;现代校对的其他方法;校对工作的基本制度;书稿及校样差错的基本类型;校对管理。

本《规程》对校对工作提出的规范要求,着眼于全国,着眼于宏观,各地版协校对工作委员会和各出版社校对科室,可以据此制订适合本地本社实际的"实施细则"或"具体规程"。

1. 校对的地位和作用

1.1　校对是最重要的出版条件。古代校雠学将"校勘"的目的界定为:改正书面材料上的错误。多出善本,不出错本,是我国出版工作的优良传统。做好校对工作,是出善本、不出错本的基本条件,这是既对作者负责、又对读者负责,功在当代、利及后人的事。

1.2　图书是一种思想文化信息载体,其作用在于将负载的信息传递给读者,并作为文化遗产积累传承。实现文化传播和文化积累,最重要的条件是"保真",即准确无误,完整无缺;失真的、残缺的信息是没有传播和积累价值的。图书是通过文字符号传递和贮存信息的,信息的"保真",有赖于字、词乃至标点符号使用的准确无误。真理与谬误之间,有时只是一字一点之差。

1.3 图书出版过程存在的价值，在于以作者的原创作品为对象，在作者劳动成果的基础上进行再创造，这种再创造贯穿于图书编校工作的全过程。在校对过程，再创造的表现有二：其一，消灭书稿在录排过程出现的错漏，保证作者劳动成果不错、不漏地转换成印刷文本；其二，发现书稿本身可能存在的错漏，弥补作者创作和编辑加工的疏漏。校对是编辑工作的重要组成部分，是特殊的编辑工作，是学识性、文字性的创造性劳动。"校对是简单劳动"的观点是错误的。校对在图书出版生产流程中，处在编辑后、印制前的关键环节，是图书质量保障体系的最后防线。

1.4 综上所述，关于校对工作在出版工作中的地位和作用，可以作如下界定：校对工作是图书出版生产流程中的独立工序，其作用是将文字差错和其他差错消灭在图书出版之前，从而保证图书的传播和积累价值，因而是最重要的出版条件。编辑工作和校对工作，相互衔接又相互独立，共同构筑图书质量保障体系。

2. 校对的功能

2.1 校对的基本功能有二：校异同；校是非。这是校对的性质决定的。"校对"是个集合概念，包含着"校"（校是非）和"对"（校异同）的双重含义，应当全面地认识和实现校对的功能。

"校异同"的要旨在"异同"，是指将校样跟原稿逐字逐句比照，通过查找两者异同的方法，发现并改正录排错漏。其功能是：保证原稿不错、不漏地转换成印刷文本。

"校是非"的要旨在"是非"，是指通过对原稿内在矛盾的是非判断，发现并改正原稿可能存在的错漏。其功能是：弥补编辑工作的疏漏，使书稿趋于完善。

校对的两个基本功能，同样重要，不可偏废。不校异同，则不能保证作者的劳动成果准确而完整地转换；而不校是非，则不能发现和弥补作者创作和编辑加工的疏漏。偏废校异同或者偏废校是非，后果是一样的，都会造成谬误流传，损害作者，贻误读者。

2.2 传统校对以校异同为主要功能。传统校对有两个客体：一个是加工定稿后的编辑发排文本，通称"原稿"；一个是依据原稿排字拼版打印的样张，通称"校样"。校对的首要任务是：将校样与原稿逐字逐句比照，检查两者的异同，发现了"异"，即校样上与原稿不同之处，原则上依据原稿改正校样。这样做的目的是：消灭排字拼版过程的错漏，保证排版与原稿完全一致。在此基础上，再进行通读检查，发现原稿可能存在的错漏，然后以质疑形式向编辑提出。

现在，客观形势发生了变化，多数作者交给编辑的不再是手写书稿，而是一块磁盘，磁盘打印稿将传统的原稿与校样合二而一了，也将录排差错与写作差错合二而一了。编辑在磁盘打印稿上加工，排版人员根据编辑的加工修改磁盘稿，再按照版式设计要求进行版式转换，打印出来就是校样。这个校样除编辑加工修改部分以外，与磁盘稿并无二致。因此，校样上可能存在5类差错：(1)作者录入差错；(2)作者写作差错；(3)编辑错改；(4)排版人员修改磁盘稿时的漏改、错改；(5)版式转换过程可能发生的内容丢失和错乱。这5类差错除第4类、第5类差错可以用核红、对校方法发现外，均以是非形式隐藏在校样的字里行间。校对主体实际上是进行"无原稿校对"操作，通过是非判断发现差错。"校是非"上升为校对的主要功能。

2.3　现代校对的校是非，有5个方面的任务：(1) 发现并改正常见错别字；(2) 发现并改正违反语言文字、标点符号、数字、量和单位等使用的国家规范标准的错误；(3) 发现并改正违反语法规则和逻辑规律的错误；(4) 发现并改正事实性、知识性和政治性错误；(5) 做好版面格式规范统一的工作。总之，凡是非录排造成的、用机械比照发现不了的差错，都属于"校是非"的范畴。

2.4　图书质量保障体系有两个主体：编辑和校对。编辑清源，校对净后，共同构筑图书质量保障体系。上述"校是非"任务(1)(2)(5)是校对员的职责，(3)(4)两类错误，本应在编辑加工过程中予以消灭，因而不应让校对员承担责任。但要建立激励机制，鼓励校对员发现这两类错误，并以质疑形式向责任编辑提出改正建议，以求达到消灭一切差错的目的。

2.5 要树立现代校对工作的理念。现代校对工作不能只"对原稿负责"，而应成为"编辑工作的必要延续"，负起协助编辑"把一切差错消灭在图书出版之前"的责任，即在消灭录排差错的基础上"校是非"，发现并改正原稿可能存在的错漏，从而发挥"对编辑工作的补充和完善"的作用。校对工作者必须与时俱进，树立"对读者负责，对社会负责"的现代校对理念。

3. 校对的基本方法

校对基本方法有4种：对校法；本校法；他校法；理校法。这四种方法是古籍校雠的基本方法，完全适用于现代图书校对工作，因而也是现代校对的基本方法。

3.1 对校法 对校法的特点是："照本改字，不讹不漏。"对校的客体有两个——原稿和校样，采用比照原稿核对校样的方法，通过查找异同而发现差错。现代校对的折校、点校、读校、核红等技术，都属于对校法。发现了校样上与原稿相异之处，原则上依据原稿改正校样。

3.2 本校法 本校法的特点是："定本子之是非。"现代校对的"本子"即原稿。本校的客体只有一个——改正录排错漏后的校样，采用通读检查的方法，通过文中内在矛盾发现问题，然后进行是非判断而发现原稿的差错。发现了原稿的差错，用铅笔在校样上标注，提出改正差错的建议，同时填写《校对质疑表》，向编辑质疑。校是非不同于文字加工，只管改错、补漏、删重，而不作文字润色。

3.3 他校法 他校法的特点是："以他书校本书。""他书"指其他的书。"改必有据"是校对改错的重要原则。在通读检查中发现了问题，又难以判断是非时，就得去查检相关的权威工具书或权威著作，找到判断是非、改正错误的可靠依据。

3.4 理校法 理校法的特点是：推理判断。在发现疑问又找不到可靠根据时，即应进行推理判断，包括分析字词含义、进行逻辑推理等。

上述四种基本校对方法，在实践中应当综合运用，以求得到相辅相成之效果，最大限度地消灭差错。

4. 现代校对的其他方法

现代校对实践还有其他校对方法，主要有：人机结合校对；过红与核红；文字技术整理。这些校对新方法和校对的四种基本方法一起，构成现代校对方法系统，必须综合运用。

4.1 人机结合校对 校对软件查检常见错别字及成语、专名中的错别字，辨识率高，速度快，是校对的得力工具。但是，计算机校对的本质决定了它只能处理可以形式化的问题，而文字的形式符号是一个十分有限的形式系统，自然语言更不可能彻底形式化，所以校对软件查错能力是有限的,不可能完全取代人工校对。正确的做法是人校与机校结合。人机结合校对需要找到优势互补的最佳结合模式。鉴于计算机校对误报率高,错漏多的一校样宜由人工校对,二校再用机校,机校后不改版,由人接着三校。三校的任务是:先对机校报错及改错建议逐一判断,然后通读检查一遍,发现并改正机器漏校。三校后再改版。这种"二三连校"模式,有利于人机优势互补、缩短校对周期。也可以在编辑加工之前,先实行机校,将机校的报错与改错建议作为加工时的参考;三校之后再用机校,清扫残留差错;然后,由人工通读检查。这种"清源净后"的人机结合模式,也可收到人机优势互补之效果。

4.2　过红与核红　二校样应一式三份,一份(通称正样)由校对人员校对,另两份(通称副样)分送作者和责任编辑校对。"过红"即将作者和编辑在"副样"上所作修改的字符,誊录到校对员校过的正样上。如果正样改动少而副样改动多,也可将正样誊录到副样上。誊录时,要注意副样上的修改是否合理,若有疑义则应提请责任编辑解决。如果副样上增删较大,导致版面变动,则要精心调整版面,有的还要增加校次。过红由责任校对或责任编辑负责。

核红即核对上校次纠错的字符是否改正,有无错改。核红的技术要领是:第一步,核对上校次改动的字符,至少反复核对两次;第二步,如果发现应改而未改的字符,除了重新改正外,还要搜检上下左右相邻字符有无错改,以避免邻行、邻位错改;第三步,比对红样(上校次校改样)与校样(改后打印样)四周字符有无胀缩,如有胀缩,就要对相关行及其上下行逐字细查,找出胀缩原因,改正可能存在的错误。二校、三校和通读检查,均应先核红后校对。

4.3　文字技术整理简称"整理",是现代校对的必要程序。其作用有三:(1) 弥补版式设计的疏漏;(2) 改正排版造成的技术性错误;(3) 防范多人交叉校对产生的文字处理和版面格式的不统一。

4.4　文字技术整理是一项细致的技术性工作。整理的内容有如下10项:(1) 核对封面和书名页,使书名、著译者或主编者姓名、出版单位名称、出版日期等完全一致;(2) 根据正文标题核对目录上的标题和书眉上的篇名、章名,检查文字是否一致,页码是否相同;(3) 检查正文各级标题的字体、字号、占行和位置是否符合设计要求,同级标题字体、字号、占行和位置是否一致,书眉双页、单页上的标题是否符合规范;(4) 检查插图的形象与文字说明是否相符;(5) 检查图表、公式与正文是否衔接,图表、公式的编序形式是否正确,序码(应连续)有无缺失或重复;(6) 检查表格和公式的格式是否规范,表格转页、跨页和公式转行是否符合规范,公式的变形是否正确;(7) 检查正文注码与注文注码是否相符,参见、互见页码是否准确;(8) 检查前言(序)、后记(跋)、内容提要等指示性文字,与正文内容是否相符;(9) 如系全集、文集、套书,要检查是否成龙配套,版式、体例是否一致;(10) 解决相互关联的其他问题。整理工作必须十分认真,一丝不苟。每个校次校后均应做整理工作,终校后应由责任校对进行全面整理。

5. 校对工作的基本制度

校对活动是校对主体与客体矛盾运动的过程,一方面客体存在讹误,一方面主体要改正讹误,两者相互对立又相互依存。只有当客体的讹误得到改正,主体查错正误的目标得以实现,校对活动的矛盾运动才会终止。校对又是群体活动,校对主体的多元性和校对过程的集体交叉性,不可避免地会产生校对主体之间的矛盾,只有解决好矛盾,协调好关系,才能形成合力,使校对活动健康开展,从而保证校对工作的质量。而要解决矛盾,协调关系,形成合力,就必须建立和完善校对工作制度。

校对工作的基本制度有如下 4 项:

5.1　三校一读及样书检查　“三校”即三个校次。“一读”即终校改版后的通读检查。由于校对客体差错的复杂性和出错原因的多样性,“校书如扫落叶”,校对活动不可能“毕其功于一役”,必须投入必要的校对工作量(即校次)。“三校一读”是《图书质量保障体系》规定的必须坚持的最低限度的校次;重要书稿和校对难度大的书稿,如经典著作、文件、辞书、古籍、学术著作、教科书及教辅读物等,还应相应增加校次。作者校对、编辑校对不能顶替校次,交给他们校对的校样是“副样”,“正样”仍由校对人员校对,三个校次都必须由经过专业训练的校对人员来完成。计算机校对如果使用得当,可以顶替一个校次。三校改版后打出的校样,不能算作付印清样,还必须进行一次通读检查,通读检查后改版打出的校样,才能算作付印清样。

为了保证校对的质量,凡遇到如下情况之一的校样,校对者有权提出增加 1 ~ 2 个校次:(1) 初校样的差错率超过 15/10 000 的;(2) 编辑发排的书稿没有齐、清、定，而在校样上修改的页码超过1/3的；(3) 终校样的差错超过3/10 000的。增加校次的决定权属于专业校对机构。

样书检查，指图书成批装订前先装订几本样书分由责任编辑、责任校对检查，经检查确认无误后，方能成批装订出厂。

5.2　校对主体多元化与专业化相结合　现代校对的特征之一，是校对主体多元化与专业化相结合。所谓主体多元化，是指作者、编者和专职校对员共同参与校对，还有社外人员参与校对活动，从而形成校对主体群。作者校对属于自校，编辑校对属于半自校。他们共同的优势是：对书稿内容的把握，对相关知识的熟悉。共同的劣势是：因习惯线性阅读难以感知个体字符的差异，因思维定式而往往对差错"熟视无睹"。社外校对人员，技术、经验、心态和责任心一般不如社内专职校对员。因此，校对主体多元化必须与专业化相结合，并且以社内专职校对员为校对主体群的核心。所谓以社内专职校对员为核心，有三层意思：其一，出版社必须建立专业校对机构，对全社校对工作进行统一组织和全程监控；其二，出版社必须配备足够的专职校对员（编校人员配备的科学比例为3∶1，不应少于5∶1），并由专职校对员担任责任校对；其三，必须由中级以上职称的校对员或工作认真、经验丰富的其他校对员来做三校，把好终校关。

5.3　集体交叉校对与责任校对相结合　现代校对的特征之二，是集体交叉校对与责任校对相结合。集体交叉校对，是指由不同职级、不同专长的校对者分别负责不同校次的校对，一般不得采取一人包校的做法。集体交叉校对，可以避免一人包校的知识局限，和反复校读导致对差错"熟视无睹"，有利于最大限度地消灭差错。同时，集体交叉校对还是一种相互检查、相互监督的有效方式。但是，集体交叉校对也存在不足，主要是校对者对差错的认定不会完全一致，大部头书稿分章集体交叉校对，还会造成版面格式处理的不统一。因此，在集体交叉校对的基础上，还必须实行责任校对制。责任校对是本书校对工作的总责任人和总协调员，参与本书校对全过程，承担终校或通读检查（通读检查也可以由责任编辑承担）以及文字技术整理，协助责任编辑解决校对质疑，并最后核对付印清样。责任校对应在书名页上署名，以示对本书的校对质量负责。

5.4　校对质疑与编辑排疑相结合　校对质疑编辑排疑，是现代校是非的基本形式。校对员的校是非，不同于编辑的文字加工，两者有质的区别。校是非的任务是改错，即通常说的清除硬伤，不做篇章布局调整、思想内容提升和文字润色的工作。对于明显的错字、别字、多字、漏字、错简字、错繁字、互倒、异体字、旧字形、非规范的异形词，专名错误，不符合国家规范标准的标点符号用法、数字用法、量和单位名称及符号书写，不符合设计要求和规范的版面格式，校对员应当予以改正，但改后须经责任编辑过目认定。发现了语法错误、逻辑错误以及事实性、知识性、政治性错误，校对员无权修改，只能用灰色铅笔标注表示质疑，并且提出修改建议，填写“校对质疑表”，连同校样由责任校对送给责任编辑排疑。责任编辑应当认真地对待校对质疑，虚心采纳正确的修改建议。对于认定的修改建议，用色笔圈画表示照此修改；对于不拟采纳的修改建议，则打“×”表示删去（不要用色笔涂抹，保留校对质疑笔迹，以备需要时查检）。要建立激励机制，鼓励校对员质疑，校对员质疑经责任编辑认定后，应当给与质疑者适当的奖励，其质疑表应当存入个人业务档案，作为考察校对员业务水平、晋升专业职称的依据。

6. 书稿及校样差错的基本类型

校对以猎错改错为基本职责，校对工作者对原稿和校样上可能存在的差错类型心中要有数，这样才能更加自觉地猎错改错。

原稿和校样上存在着各种差错，归纳起来主要有如下10种类型：

6.1　文字差错　包括错别字、多字、漏字、错简、错繁、互倒、异体字、旧字形等，出现频率最高的是错别字。错别字是错字和别字的合称。像字但不是字叫做错字；是字但用在此处不当的字叫做别字。通常说的错别字，主要是指别字。

文字差错还有一种类型，即外文字母使用错误和汉语拼音错误。常见的错误有：各文种字母混用；大小写、正斜体不符合规范；汉语拼音违反《汉语拼音正词法基本规则》及声调标注错误。

6.2　词语差错　常见的词语差错有：（1）错用词语；（2）褒贬不分；（3）异形词选用不符合规范；（4）生造词；（5）错用成语。

6.3　语法错误　包括词法错误和句法错误。

常见的词法错误有：（1）名词、动词、形容词使用不当；（2）数量表达混乱；（3）指代不明；（4）副词、介词、连词使用不当。

常见的句法错误有：（1）搭配不当；（2）成分多余或残缺；（3）语序不当；（4）句式杂糅；（5）歧义；（6）不合事理。

6.4　数字使用差错　《出版物上数字用法的规定》(GB/T 15835—1995)是判断数字使用正误的国家标准,但对不同类型的图书有不同的要求:(1)《出版物上数字用法的规定》不适用于文学作品和重排古籍;(2)使用阿拉伯数字,要求"得体"和"局部统一";(3)科技图书必须严格遵循《出版物上数字用法的规定》的标准。

6.5　标点符号使用差错　《标点符号用法》(GB/T 15834—1995)是判断标点符号使用正误的国家标准。标点符号有两大类:点号(7个)和标号(9个)。常见的标点符号使用差错,主要是点号错用:(1)该句断的不用句号;(2)句子内部该停顿的地方没用逗号,不该停顿的地方误用逗号;(3)非并列词语之间误用顿号,没有停顿的并列词语之间误用顿号,不同层次的停顿使用顿号造成结构层次混淆;(4)滥用分号,如并列词语之间误用分号,非并列关系的单重复句内分句间误用分号,不在第一层的并列分句之间误用分号,应该用句号断开的两个独立的句子误用分号;(5)有疑问词但并非疑问句误用问号;(6)有惊叹词但并非惊叹句误用叹号;(7)整句引文误将句号置于引号外,非整句引文误将句号置于引号内;(8)表示约数的两个数字误用阿拉伯数字或两个汉字数字之间误用顿号。

6.6　量和单位使用差错　除古籍和文学读物外,所有出版物特别是教科书和科技图书,在使用量和单位的名称、符号、书写规则时,都应符合国家技术监督局1993年发布的国家标准《量和单位》(GB 3100～3102—1993)的规定。常见的量和单位使用错误有:(1)量名称不规范;(2)量符号不规范;(3)单位名称书写错误;(4)单位中文符号的书写和使用不准确;(5)单位国际符号书写和使用错误;(6)SI词头符号的书写和使用不正确;(7)组合单位中文符号和国际符号混合构成的错误;(8)使用非法定单位或已废弃的单位名称;(9)图表中在特定单位表示量的数值时未采用标准化表示方式;(10)数理公式和数学符号的书写或使用不正确。

6.7　版面格式错误　常见的版面格式错误有:(1)规格体例不统一;(2)相关项目不一致;(3)文图、文表不衔接,不配套;(4)各种附件与正文排版格式不规范。

6.8　事实性错误　常见的错误有:事实有误;年代有误;数据有误。

6.9　知识性错误　要注意防范一般知识性错误,更要特别注意防范伪科学和反科学。

6.10 政治性错误 要注意防范政治立场、政治观点、政治倾向错误以及导向性、政策性错误。

7. 校对管理

7.1 校对人才培养 校对是出版行业里的特殊专业，需要具备特殊素质的特殊人才。现代校对人才必须具备如下基本素质：(1) 熟悉语言文字的各种规范，掌握语言文字的出错规律，对语言文字使用错误有较强的辨识力；(2) 通晓图书版面格式知识，能敏锐地发现版面格式错误；(3) 熟练地掌握各种校对方法，并且善于综合运用；(4) 具备比较广博的知识积累，不同学科图书的校对人才还必须掌握相关学科的基本知识；(5) 能够熟练地使用工具书；(6) 具备良好的心理素质，耐得寂寞，注意集中，自觉地控制情绪，保持良好的心态。

应当提高专职校对员从业准入学历，从事校对职业的学历为大学本科。对校对人员应进行系统的岗位培训，坚持持证上岗制度。按照终身教育的要求，对校对从业人员实行定期轮训的制度。校对专业技术职务，应纳入编辑系列，注重培养副编审、编审级的高级校对人才。

7.2 人本化管理 管理者要以人为本，尊重人才，善待人才，满足校对人员的精神需求，提高他们的思想、道德、文化和业务素质，培养社会责任意识，激发积极性、主动性和创造性。要营造人与人之间沟通、和谐、合作的氛围，使管理成为一种文化、一种凝合剂、一种驱动力。校对工作适合量化管理，不但工作任务可以量化，工作质量也可以量化。但是，在实施量化管理时，要同时建立激励机制，在校对功能向“校是非”为主转移的当代，单纯的量化奖惩的作用是有限的。校是非是一种心理过程，不仅是个人文化和技能功底的展现，还是个人职业道德和心理素质的展现。校对管理要培养人的职业志趣，激发人的成就感，为人的自我发展、为高级校对人才的成长创造条件。

7.3 量化管理 包括校对任务量化和校对质量量化两个方面。

校对任务量化管理，通称定额管理，即给校对人员规定校对工作量定额。校对工作量定额以字数为单位，日定额即每人一个工作日应当完成的校对字数，月定额即每人一个月实际工作日内应当完成的校对字数。当月月定额与实际完成校对字数之差，即当月的超额或缺额。超额部分按超额劳动另付报酬。缺额部分应在下月补齐。校对工作是脑体并用的劳动，过度的身心疲劳会影响校对质量，因此，非特殊情况不宜加班加点校对，平时也应对超额劳动进行必要的限制。按照平均先进的原则，一个工作日的校对定额以 20 000 字为宜，每月按 20 个工作日计算，月定额以 400 000字为宜。这个定额是一般标准，不同类型的书稿，校对定额应当有所差别，这个差别可用系数方法求出，增减幅度以日定额最低15 000字、最高25 000字为宜。核红、过红与文字技术整理的工作量可折算校对字数。二校、三校前的核红、过红与文字技术整理，均按校样总字数的 20% 折算工作量。机校及其整理工作，按校样总字数的 30% 折算工作量。样书检查按图书总字数的 30% 折算工作量。

质量量化管理，即将校对质量进行量化，对不同校次规定"灭错率"或"留错率"。灭错率按百分比计算，即以差错总数为分母，以发现并改正的差错数为分子，乘以 100%，得出百分比。留错率即漏改的差错数占校对总字数的比率，按万分比计算，以校对总字数为分母，以校后遗留差错数为分子，乘以10 000‱，得出万分比。通常要求：一校灭错率为 75%；二校灭错率为一校留错的 75%；三校原则上要消灭全部残存差错，最低标准为留错率不超过1/10 000，超过此限的为不合格。

在实施校对管理时，既要计算校对完成量（定额），又要检查校对质量指标。如果质量没有达到规定的量化指标，就应扣减相应校对完成字数作为惩罚；如果校对质量高于规定的量化指标，则应增加相应校对完成字数作为奖励。校对人员发现了原稿的错误，应视错误的性质给予物质奖励。校对字数计算方法，依据《图书质量管理规定》的附件《图书编校质量差错率计算方法》的相关规定。

7.4　校对档案管理　校对的档案是出版档案的组成部分，一种图书的校对工作完成之后，应将校对档案及时整理归档。校对档案的内容包括：(1) 校对登记表；(2) 校对质疑表；(3) 样书质量检查记录；(4) 重印书质量检查记录；(5) 送审图书质量检查记录。

7.5　外校管理　外校即由社外人员承担部分校对任务。在社内专职校对人员不足的情况下，适当使用社外校对力量，作为社内校对力量的补充，实践证明是可行的。但是，外校活动在社外循环，如果放任自流，质量是毫无保证的。所以，必须加强外校管理，将社外校对活动置于统一的、有效的监控之下。外校管理的主要内容如下：(1) 严格考核选用合适人才，建立素质较高、适合本社出书学科门类需要、相对稳定的社外校对队伍；(2)对社外校对人员定期进行业务培训和业务考核，不适合继续做校对工作的要及时淘汰；(3)外校人员一般只能承担一校、二校，只有少数退休的专业校对人员，或经过考核确能胜任者，方可委以三校；(4)由专业校对机构统一组织外校，统一实施外校全程监控；(5)外校管理也应以人为本，尊重外校人员，激发他们的积极性、主动性和创造性；(6)实行计件付酬和质量量化检查相结合的管理制度，外校按千字为单位计酬，报酬应根据书稿类型及校对难易度而定，一般每千字校对报酬1～5元。没有达到质量指标者扣减相应计件报酬，校对质量高于规定指标，或排除了重大错误，应当提高报酬标准，或给予物质奖励。

附录四

校对管理各种表格样式

表一　书稿校对流程明细登记表

书号		书名					
类型		编辑室		责任编辑			
字数		排版厂		技术编辑			
发稿	年 月 日	发排	年 月 日	收样	年 月 日	退改	年 月 日
来样	年 月 日	退改	年 月 日	收样	年 月 日	退改	年 月 日
改回	年 月 日	送编	年 月 日		年 月 日		年 月 日
收样	年 月 日	退改	年 月 日		年 月 日		年 月 日

记事人：

表二　校样流程分配单

书　名								责任校对				
页　码	初校者	取	回	二校者	取	回	三校者	取	回		取	回
~												
~												
~												
~												

记事人：

表三　月份工作情况登记表

姓名：　　　　　　　　　　　　　　　　　　　　年　月　日

日期	页码	书名	字　数					公假（时）	私假（时）
			初校	二校	三校	通读	核整		

登记人：

表四　校对质量登记表

年　月　日

书　名				总字数		
校对者	校次	校出差错数	漏校差错数	灭错率	成品书差错数	留错率

注：灭错率按百分比计算，留错率按百分比计算　　　　　　登记人：

表五　原稿质疑表

书　名			责任编辑		校 对 者	
原稿页码	校样页码	原　文	拟　改		差错性质	责编认定

注：责编认定栏内，认定打“✓”，否定打“×”　　　　质疑日期：　　年　月　日

表六　校对员工作量结算表

书　名	校对者	校次	正文(含附件)字数	核红系数	整理系数	奖罚字数	总字数

结算日期：　　　年　月　日　　　　　　　　　　　　　结算人：

表七　业余校对和外校结算表

<table>
<tr><td rowspan="5">书名</td><td colspan="7">1.</td><td colspan="8">6.</td></tr>
<tr><td colspan="7">2.</td><td colspan="8">7.</td></tr>
<tr><td colspan="7">3.</td><td colspan="8">8.</td></tr>
<tr><td colspan="7">4.</td><td colspan="8">9.</td></tr>
<tr><td colspan="7">5.</td><td colspan="8">10.</td></tr>
<tr><td rowspan="2">校对者</td><td rowspan="2">书名代号</td><td colspan="3">初　校</td><td colspan="3">二　校</td><td colspan="3">三　校</td><td colspan="3">整理、核印</td><td rowspan="2">合计(元)</td><td rowspan="2">签收</td></tr>
<tr><td>字数</td><td>千字(元)</td><td>金额(元)</td><td>字数</td><td>千字(元)</td><td>金额(元)</td><td>字数</td><td>千字(元)</td><td>金额(元)</td><td>字数</td><td>千字(元)</td><td>金额(元)</td></tr>
<tr><td></td><td></td><td></td><td></td><td></td><td></td><td></td><td></td><td></td><td></td><td></td><td></td><td></td><td></td><td></td><td></td></tr>
<tr><td></td><td></td><td></td><td></td><td></td><td></td><td></td><td></td><td></td><td></td><td></td><td></td><td></td><td></td><td></td><td></td></tr>
<tr><td></td><td></td><td></td><td></td><td></td><td></td><td></td><td></td><td></td><td></td><td></td><td></td><td></td><td></td><td></td><td></td></tr>
<tr><td colspan="2">小计</td><td></td><td></td><td></td><td></td><td></td><td></td><td></td><td></td><td></td><td></td><td></td><td></td><td></td><td></td></tr>
<tr><td colspan="2">总计</td><td></td><td></td><td></td><td></td><td></td><td></td><td></td><td></td><td></td><td></td><td></td><td></td><td></td><td></td></tr>
</table>

结算日期：　　　年　月　日　　　　　　　　　　　　　结算人：

主要参考文献

1. 程千帆,徐有富著. 校雠广义・校勘编. 济南:齐鲁书社,1998

2. 蒋元卿著. 校仇学史. 上海:上海书店,1991

3. 张舜徽著. 中国古代史籍校读法. 上海:上海书店,1986

4. 管锡华著. 汉语古籍校勘学. 成都:巴蜀书社,2003

5. 中国出版工作者协会校对研究委员会编. 校对的学问. 北京:金盾出版社,1998

6. 中国出版工作者协会校对研究委员会编. 校对的学问(续编). 昆明:云南教育出版社,1998

7. 中国出版工作者协会校对研究委员会编. 校对的学问(三编). 杭州:浙江人民出版社、浙江教育出版社,2004

8. 陈垣著. 校勘学释例. 北京:中华书局,1959

9. 车文博主编. 心理学原稿. 哈尔滨:黑龙江人民出版社,1996

10. 赵丽芬主编. 管理理论与实务. 北京:清华大学出版社,2004

11. 中国出版工作者协会. 图书校对工作基本规程. 2005

12. 欧阳广主编. 图书校对学. 南宁:广西人民出版社,2000

13. 周奇主编. 校对培训教程. 北京:商务印书馆,2005

后 记

用了将近半年的工夫,终于把这本书写完了。这应该感谢苏州大学出版社总编辑吴培华先生,实际上是被他“逼”出来的。

我从事编辑出版工作,至今年已有半个世纪。在这半个世纪里,有40年是做编辑工作的;1994年9月退休后,受中国出版工作者协会的委托,组建校对研究委员会,才开始接触校对工作。10年来,在中国版协领导下,组织全国校对工作者研究校对理论和实践,先后主持召开了五届全国校对理论研讨会和三次校对专题研讨会。这本书就是根据这八次校对理论研讨会的成果编写的,因而从一定意义上说,这本书是全国校对工作者集体创作的,我只是集全国校对理论研究大成的执笔人。

同现代编辑学研究相比,现代校对学研究起步较晚,加之出版界比较普遍地轻视校对工作,校对学研究的环境也差得多。起步晚,环境差,投入少,校对学研究自然受到制约,所以,进展不快,研究不深。这也是我写作速度甚慢的原因。提起笔来,深感理论准备不足,不得不一边学习,一边思考,一边写作。

为了写作,我读了不少古代、近代和现代的校雠学著作,翻阅了数百篇现代校对论文,力图使这本书承继古代校雠学,反映古代校雠学的研究成果,并使之为现代校对所用。

本书题为《现代校对学概论》,是“学”的“概论”,理当区别于一般校对业务教材,理当建构现代校对学的理论框架,对现代校对实践进行理论概括。但是,话又得说回来,校对学毕竟是一门应用科学,不能一味在概念上做文章,而要使它对现代校对实践有一定的指导意义。上述就是本书总体构思的基本思路。现在,书写完了,它是不是实现了写作的总体构思,有多少理论和实践的意义,就得请读者尤其是出版理论界来评说。

现代校对学是一门新兴学科,系统研究它的著作还很少,希望有更多的有识之士来研究这门学科,从而推动现代校对事业的健康发展。

周 奇

2005年元旦于怡然斋